SAFON UWCH BLWYDDYN 2

CANLLAW MYFYRIWR

CBAC

Daearyddiaeth

Llywodraethiant Byd-eang: Newid a Sialensiau

Sialensiau'r 21ain Ganrif

Simon Oakes

atebol

Y fersiwn Saesneg

Hawlfraint y testun © Simon Oakes 2017

Cyhoeddwyd y testun Saesneg gan Hodder Education sy'n rhan o Hachette UK, Blenheim Court, George Street, Banbury OX16 5BH

Y fersiwn Cymraeg

Cyfieithwyd gan Lydia Jones a Beca Jones

Golygwyd gan Glyn Saunders Jones ac Eirian Jones

Golygydd Ymgynghorol: Alun Thomas

Adran Cwestiynau ac Atebion: Erin Roberts, CBAC

Dyluniwyd gan Owain Hammonds

Llun y clawr: istock (Hegyeshalom, Hwngari: Grŵp o ffoaduriaid yn gadael Hwngari ar eu ffordd i Awstria cyn symud ymlaen i'r Almaen.)

Cyhoeddwyd gan Atebol Cyfyngedig, Adeiladau'r Fagwyr, Llanfihangel Genau'r Glyn, Aberystwyth, Ceredigion SY24 5AQ

Hawlfraint y cyhoeddiad Cymraeg ©Atebol Cyfyngedig 2018

Cedwir pob hawl. Ni chaniateir atgynhyrchu unrhyw ran o'r cyhoeddiad hwn na'i throsglwyddo ar unrhyw ffurf neu drwy unrhyw fodd, electronig neu fecanyddol, gan gynnwys llungopïo, recordio neu drwy gyfrwng unrhyw system storio ac adfer, heb ganiatâd ysgrifenedig y cyhoeddwr.

ISBN: 978-1-912261-38-3

www.atebol.com

Cynnwys

Gwneud y defnydd gorau o'r llyfr hwn 4
Gwybodaeth am y llyfr hwn 5

Arweiniad i'r Cynnwys

Llywodraethiant Byd-eang: Newid a Sialensiau

Prosesau a Phatrymau Mudo Byd-eang 10
    Globaleiddio, mudo a byd sy'n lleihau 10
    Achosion o fudo economaidd rhyngwladol 19
    Canlyniadau a dulliau rheoli mudo economaidd rhyngwladol 29
    Symudiadau ffoaduriaid 36
    Mudo gwledig-trefol mewn gwledydd sy'n datblygu 45

Llywodraethiant Byd-eang Cefnforoedd y Ddaear 50
    Llywodraethiant byd-eang cefnforoedd y Ddaear 50
    Llifoedd byd-eang llongau a cheblau'r môr 56
    Sofraniaeth adnoddau'r cefnforoedd 65
    Rheoli amgylcheddau morol 71
    Rheoli llygredd cefnforoedd 78

Sialensiau'r 21ain Ganrif 85

Cwestiynau ac atebion

Ynglŷn â'r adran hon 91
Cwestiynau sampl 92
Profi gwybodaeth – atebion 103
Atebion tasgau hunan-astudio 107
Mynegai 109

Gwneud y defnydd gorau o'r llyfr hwn

Cyngor i'r arholiad
Mae'r adran hon yn tynnu eich sylw at y pwyntiau allweddol yn y testun. Bydd hyn yn eich helpu i ddysgu a chofio. Bydd hefyd yn cynnig cyngor ar bethau i'w hosgoi yn ogystal â chynnig cyngor ar sut y gallwch chi wella eich technegau arholiad. Gwella eich gradd yn yr arholiad ydy'r nod.

Profi gwybodaeth
Cwestiynau sydyn drwy gydol y llyfr sy'n anelu at wneud yn siŵr eich bod yn deall y testun.

Atebion i'r adran Profi gwybodaeth
1 Trowch i gefn y llyfr i gael yr atebion i'r cwestiynau Profi gwybodaeth.

Crynodeb
- Ar ddiwedd pob adran graidd mae crynodeb o gynnwys yr adran. Eu pwrpas ydy cynnig rhestr o'r prif bwyntiau sydd angen i chi eu cofio. Defnyddiol iawn ar gyfer adolygu hefyd.

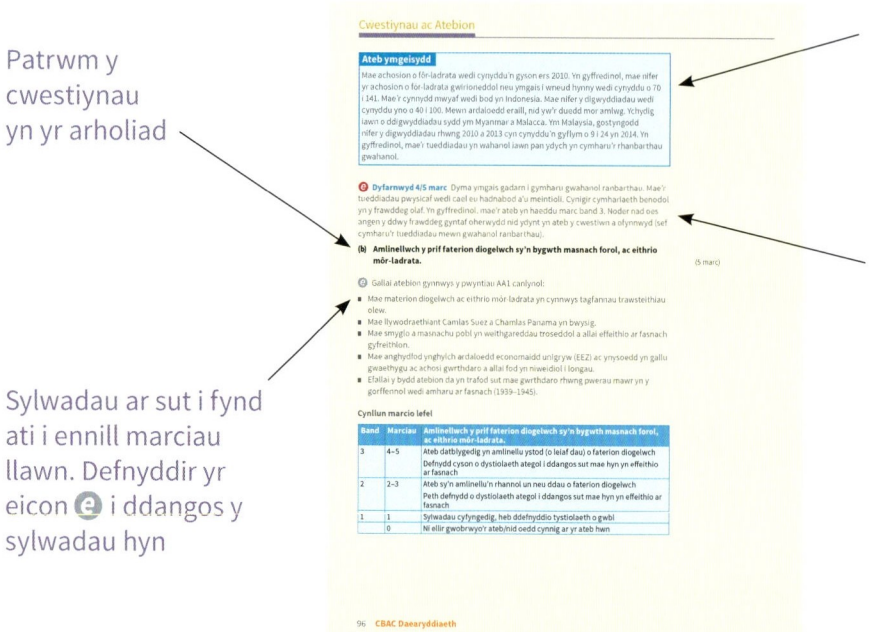

Patrwm y cwestiynau yn yr arholiad

Enghraifft o ateb myfyriwr
Atebwch y cwestiynau cyn troi at yr atebion y mae'r myfyriwr wedi'u cynnig.

Sylwadau ar yr ateb sydd wedi ei roi gan y myfyriwr
Darllenwch y sylwadau (mae'r eicon **e** wedi'i gynnwys o flaen yr ateb) i weld faint o farciau y byddai'r myfyriwr yn ei dderbyn am bob ateb y mae wedi ei roi. Mae'n dangos hefyd sut mae wedi colli marciau.

Sylwadau ar sut i fynd ati i ennill marciau llawn. Defnyddir yr eicon **e** i ddangos y sylwadau hyn

4 **CBAC Daearyddiaeth**

Gwybodaeth am y llyfr hwn

Mae'r llawlyfr hwn wedi cael ei ddylunio i'ch helpu chi i lwyddo yng nghyrsiau Daearyddiaeth Safon Uwch CBAC. Dyma'r testunau sy'n cael eu cynnwys yn y llawlyfr hwn:

- Adrannau B a C Safon Uwch CBAC Uned 3: Llywodraethiant Byd-eang: newid a sialensiau, a Sialensiau'r 21ain ganrif.

Mae'r tabl isod yn crynhoi fformat y gwahanol bapurau arholiad.

Manyleb a rhif y papur	Cyfanswm y marciau ar gyfer adrannau B a C	Amser a awgrymir i'w dreulio ar adrannau B a C	Cwestiynau strwythuredig	Ymatebion estynedig / traethawd
CBAC A2 Uned 3	61/96	75 munud mewn papur sy'n parhau 2 awr	Mae dau gwestiwn strwythuredig, gorfodol yn adran B, gydag ymateb i ddata yn cael ei farcio allan o 17	Mae traethawd wedi'i farcio allan o 18 yn adran B (dewis o ddau); mae traethawd wedi'i farcio allan o 26 yn adran C (dewis o ddau)

Dyma brif amcanion y llawlyfr hwn:
- Mae'n darparu'r cysyniadau, diffiniadau, damcaniaethau ac enghreifftiau allweddol i chi y gellir eu defnyddio i ateb cwestiynau yn yr arholiad. Mae'r enghreifftiau wedi'u dewis i roi gwybodaeth gyfredol i chi am faterion byd-eang pwysig.
- Mae'n rhoi arweiniad ynghylch sut i fynd i'r afael ag elfen synoptig yr arholiad, sy'n tynnu ar syniadau o'ch cwrs daearyddiaeth cyfan.
- Mae'n awgrymu tasgau hunan-astudio a fydd yn gwella eich gwybodaeth a'ch dealltwriaeth cyn i chi fynd i'r arholiad.
- Yn olaf, mae'n rhoi'r cyfle i chi brofi eich hun gyda chwestiynau i wirio eich gwybodaeth. Bwriad y cwestiynau hyn yw eich helpu i wirio dyfnder eich gwybodaeth. Byddwch hefyd yn gallu manteisio ar awgrymiadau i'r arholiad, sy'n rhoi cymorth pellach o ran penderfynu sut i ddysgu agweddau allweddol y cwrs.

Gwybodaeth am y llyfr hwn

Yr arholiad

CBAC

Cyfanswm amser arholiad Safon Uwch CBAC Uned 3: Systemau Byd-eang a Llywodraethiant Byd-eang yw 2 awr. Bydd gennych oddeutu 40–45 munud i ateb y cwestiynau yn adran B: **Llywodraethiant Byd-eang: newid a sialensiau**, sy'n cynnwys dau gwestiwn strwythuredig gorfodol, cwestiynau ymateb i ddata ac *un* cwestiwn traethawd estynedig. Bydd gennych wedyn oddeutu 30–35 munud i ateb y cwestiwn yn adran C: **Sialensiau'r 21ain ganrif**, sy'n cynnwys *un* cwestiwn traethawd estynedig gorfodol gyda deunydd ffynhonnell.

Bydd y ddau gwestiwn strwythuredig yn adran B yn dechrau gyda chwestiwn rhan (a) yn seiliedig ar adnodd: mae'n bosibl y bydd gofyn i chi ddisgrifio patrwm neu duedd, neu awgrymu rhesymau pam bod y data yn ymddangos fel ag y maent. Gallai'r adnodd hefyd arwain at gwestiwn yn gofyn am gyfrifo sylfaenol neu ddehongli'r data, a allai fod ar ffurf cartograffig, graffigol, ystadegol neu ffotograffig (gan gynnwys delweddau o'r awyr a lloeren). Bydd rhan (b) sy'n dilyn yn datblygu o'r testun yn (a) ac yn gofyn am esboniad cryno o adran gymharol fach o'r fanyleb; mae'n werth 4 neu 5 marc.

Mae traethawd adran B werth 18 marc. Bydd disgwyl i chi gynnig ateb strwythuredig mewn rhyddiaith barhaol. Bydd gorchymyn neu ymadrodd fel 'trafodwch' neu 'i ba raddau' yn gofyn i chi fabwysiadu ymagwedd werthusol a dod i gasgliad. Bydd dewis o ddau deitl.

Mae traethawd adran C werth 26 marc. Unwaith eto, bydd gorchymyn fel 'trafodwch' yn gofyn i chi fabwysiadu ymagwedd werthusol a dod i gasgliad. Bydd dewis o ddau deitl. Ceir cyfres o bedwar adnodd i ategu Adran C – fel mapiau neu ffotograffau – a fydd yn ymwneud ag ystod o syniadau sy'n gorgyffwrdd ac sydd wedi'u dewis o ddaearyddiaeth ffisegol a dynol. Dylech ddefnyddio'r wybodaeth hon ynghyd â'r syniadau y byddwch yn dwyn i gof er mwyn llunio gwerthusiad cytbwys o'r cwestiwn a dod i ddyfarniad.

Gwybodaeth am y llyfr hwn

Sut maen nhw'n marcio

Pan fydd eich gwaith yn cael ei farcio, bydd yr arholwr yn defnyddio **amcanion asesu (AA)**. Mae'r amcanion asesu ar gyfer Safon Uwch (CBAC) fel a ganlyn:

AA1: Dangos gwybodaeth a dealltwriaeth ynghylch lleoedd, amgylcheddau, cysyniadau, prosesau, rhyngweithiadau a newid ar amrywiaeth o raddfeydd.

AA2: Cymhwyso gwybodaeth a dealltwriaeth mewn gwahanol gyd-destunau i ddehongli, dadansoddi a gwerthuso gwybodaeth a materion daearyddol.
- AA2.1a: Cymhwyso gwybodaeth a dealltwriaeth mewn gwahanol gyd-destunau i ddadansoddi gwybodaeth a materion daearyddol
- AA2.1b: Cymhwyso gwybodaeth a dealltwriaeth mewn gwahanol gyd-destunau i ddehongli gwybodaeth a materion daearyddol
- AA2.1c: Cymhwyso gwybodaeth a dealltwriaeth mewn gwahanol gyd-destunau i werthuso/barnu gwybodaeth ddaearyddol

AA3: Defnyddio amrywiaeth o sgiliau meintiol, ansoddol a gwaith maes perthnasol i:
- AA3.1: Ymchwilio i gwestiynau a materion daearyddol
- AA3.2: Dehongli, dadansoddi a gwerthuso data a thystiolaeth
- AA3.3: Creu dadleuon a llunio casgliadau

Bandiau marcio

I'r AA sy'n cael eu profi ymhob cwestiwn, bydd yr arholwr yn defnyddio bandiau marcio i bob AA i lywio ei benderfyniad. Dyma'r rhinweddau y bydd marcwyr yn edrych amdanyn nhw ym mhob un o'r bandiau marcio a ddefnyddir i asesu ysgrifennu estynedig a thraethodau.

Band 3
- Bydd atebion i gwestiynau ysgrifennu estynedig (5 marc) yn eglur, yn ffeithiol gywir ac yn dangos gwybodaeth a dealltwriaeth dda, wedi'u hategu gan enghreifftiau datblygedig, brasluniau a diagramau. Bydd disgrifiadau yn eglur.
- Bydd atebion i **draethodau** (18 neu 26 marc) wedi'u hysgrifennu'n dda, yn strwythuredig ac yn cynnig dadl dda. Bydd y gair gorchymyn (e.e. esboniwch neu gwerthuswch) wedi'i ddilyn. Bydd gwybodaeth yn fanwl ac yn gywir, gydag enghreifftiau da i'w hategu. Bydd yr ymgeisydd yn deall y problemau dan sylw ac yn gallu eu trin yn feirniadol.

Band 2
- Bydd atebion i gwestiynau ysgrifennu estynedig (5 marc) yn aml yn anghytbwys a rhannol; efallai na fydd atebion yn strwythuredig, a bydd pwyntiau wedi'u gwneud ar hap. Mae gwybodaeth yn bresennol ond nid yw bob amser yn gywir neu wedi'i deall yn llwyr.
- Bydd atebion i **draethodau** (18 neu 26 marc) yn arddangos peth dealltwriaeth ond ni fydd yr holl bwyntiau ac enghreifftiau wedi'u cyfleu'n gywir. Bydd mwy o ddisgrifio a llai o drafodaeth neu werthusiad. Efallai y bydd yr ystod o syniadau yn gulach.

Gwybodaeth am y llyfr hwn

Band 1
- Bydd atebion i gwestiynau ysgrifennu estynedig (5 marc) yn dangos gwybodaeth ffeithiol gyfyng a thameidiog. Efallai na fydd unrhyw enghreifftiau dilys.
- Efallai y bydd atebion i **draethodau** (18 neu 26 marc) yn cynnwys syniadau amherthnasol a heb eu datblygu'n llawn (o bosibl ar ffurf nodiadau yn unig). Efallai y bydd yr arddull yn hollol ddisgrifiadol (heb unrhyw werthusiad). Efallai y bydd yr ystod o syniadau yn gul neu fod y cynnwys yn aml yn amherthnasol i'r cwestiwn a ofynnwyd.

Sgiliau daearyddol

Fel daearyddwr, mae disgwyl i chi feistroli nifer o sgiliau gwahanol. Mae meithrin sgiliau meintiol gan ddefnyddio technegau mathemategol, cyfrifiannu ac ystadegol yn hollbwysig i'ch helpu i gofnodi ffenomena a phrosesau. Mae meithrin sgiliau ansoddol (technegau nad ydynt yn rhifiadol) hefyd yn bwysig drwy ddefnyddio data cartograffig a data GIS (System Gwybodaeth Ddaearyddol), delweddau gweledol, sgiliau cyfweld a hanesion llafar. Mae'r fanyleb yn darparu rhestr lawn. Mae rhai sgiliau ystadegol wedi'u cyflwyno yn y llawlyfr hwn a bydd eraill yn ymddangos mewn llyfrau tebyg. Nid yw'r profion mathemategol ac ystadegol yn unigryw i adran hon y cwrs.

Cysyniadau arbenigol

Mae'n hanfodol bod daearyddwr Safon Uwch yr unfed ganrif ar hugain yn gwybod a deall y termau canlynol. Dylech eu defnyddio'n gywir yn eu cyd-destun lle bynnag y gallwch oherwydd efallai y bydd cwestiynau'r arholiad yn disgwyl i chi ddangos dealltwriaeth o'u hystyr. Maen nhw'n arbennig o berthnasol i adran C (Sialensiau'r 21ain ganrif), oherwydd mae'n bosibl y bydd teitl y traethawd yn cynnwys gair fel **risg** neu **wytnwch**. Ceir esboniad pellach o rai o'r termau hyn yn ddiweddarach ar dudalennau 85–87.

Achosiaeth: y berthynas rhwng achos ac effaith. Mae gan bopeth achos neu achosion. Mae achosion mudo yn cynnwys ffactorau tynnu a gwthio; mae technoleg yn achos arall sy'n hwyluso symudiad.

Adborth: sut mae newidiadau amgylcheddol yn gallu cyflymu neu arafu o ganlyniad i'r prosesau sy'n gweithredu o fewn system ddynol neu ffisegol.

Addasiad: y gallu i ymateb i newid ynghyd â'r gallu i leihau'r graddau y mae rhywbeth yn agored i niwed oherwydd newid yn y presennol ac i'r dyfodol. Er enghraifft, efallai y bydd angen i wladwriaethau addasu i argyfwng ffoaduriaid.

Anghydraddoldeb: anghydraddoldebau cymdeithasol ac economaidd (incwm a chyfoeth) rhwng pobl a lleoedd. Mae'r anghydraddoldebau hyn yn ysgogi pobl i symud.

Cyd-ddibyniaeth: perthynas o gyd-ddibyniaeth sy'n fyd-eang – mae'n bosibl y daw gwladwriaethau'n gyd-ddibynnol oherwydd mudo a'r llifoedd arian a drosglwyddir yn ôl gartref (gweler t. 31).

Cynaliadwyedd: datblygiad sy'n bodloni anghenion y presennol heb beryglu gallu cenedlaethau'r dyfodol i gyflawni eu hanghenion eu hunain (gweler hefyd t. 76).

Gwybodaeth am y llyfr hwn

Cynrychioliad: sut mae gwlad, lle neu ardal yn cael ei bortreadu gan asiantaethau ffurfiol (llywodraeth a busnesau) ac yn anffurfiol gan ddinasyddion, er enghraifft gan wefannau. Gallai effeithio ar raddfeydd mudo tuag at le arbennig.

Ecwilibriwm: cyflwr o gydbwysedd rhwng mewnbynnau ac allbynnau mewn system. Mae ecwilibriwm cyflwr sefydlog yn golygu bod cydbwysedd yn yr hirdymor ond bod y system yn anwadal yn y byrdymor. Mae gan wlad â chydbwysedd mudo net ryw fath o ecwilibriwm.

Globaleiddio: y broses lle mae'r byd yn dod yn gynyddol rhyng-gysylltiedig o ganlyniad i integreiddio a chyd-ddibyniaeth gynyddol o'r economi byd-eang (gweler t. 10).

Graddfa: gellir adnabod lleoedd ar raddfeydd daearyddol amrywiol, o diriogaethau lleol i lefel cenedlaethol neu wladwriaethol. Mae rhyngweithiadau ar raddfa fyd-eang yn digwydd ar lefel planedol.

Gwytnwch: gallu gwrthrych neu boblogaeth i addasu i newidiadau sydd wedi cael effaith negyddol arnyn nhw (gweler hefyd t. 87).

Hunaniaeth: Sut mae pobl yn edrych ar leoedd, tirweddau neu gymdeithasau sy'n newid o wahanol ganfyddiadau a phrofiadau. Y nodweddion gwirioneddol neu ddelfrydol sy'n gwneud lle neu rywun yn wahanol i eraill (ac sy'n gallu effeithio ar fudo).

Lle: rhan unigryw o ofod daearyddol. Gellir adnabod lleoedd ar raddfeydd amrywiol, o diriogaethau neu leoliadau lleol i'r lefel cenedlaethol neu wladwriaethol. Gellir cymharu lleoedd yn ôl: eu hamrywiaeth ddiwylliannol neu ffisegol; gwahaniaethau mewn cyfoeth neu adnoddau; a lefel eu rhyngweithiadau lleol a byd-eang gyda lleoedd eraill neu lefel eu hynysiad o leoedd eraill.

Lliniariad: lleihau effaith y ffactorau hynny sy'n cael effaith negyddol ar bobl, lleoedd neu'r amgylchedd.

Pŵer: y gallu i ddylanwadu ac effeithio ar newid neu ecwilibriwm ar wahanol raddfeydd. Mae pŵer yn gorwedd gyda dinasyddion, llywodraethau, sefydliadau neu randdeiliaid eraill. Mae gwledydd pwerus yn cael eu galw'n bwerau mawr neu bwerau rhanbarthol.

Risg: y posibilrwydd bod canlyniad negyddol yn deillio o broses ffisegol neu benderfyniad dynol neu weithred (gweler hefyd t. 86).

System: set o wrthrychau cysylltiedig. Gall y system fod yn gaeedig – heb symudiad i mewn nac allan o ddeunyddiau nac egni. Neu, gall y system fod yn agored – gyda symudiad hanfodol i barhad y system honno'n digwydd.

Trothwy: ffin neu lefel critigol na ddylid ei groesi os am osgoi newid di-droi'n ôl i system.

Arweiniad i'r Cynnwys

Prosesau a phatrymau mudo byd-eang

■ Globaleiddio, mudo a byd sy'n lleihau

Deall globaleiddio

Defnyddir y term **globaleiddio** i ddisgrifio'r ffyrdd amrywiol y mae pobl a lleoedd yn dod yn gynyddol gysylltiedig â'i gilydd fel rhan o system fyd-eang gymhleth. Yn Ffigur 1, mae sawl diffiniad gwahanol o'r term globaleiddio. Mae rhai'n pwysleisio mai masnach a gwaith **cwmnïau amlwladol (MNC)** sydd wrth wraidd globaleiddio. Mae diffiniadau eraill yn rhoi mwy o bwyslais ar y trawsnewidiadau diwylliannol a gwleidyddol sydd hefyd yn rhan o'r broses globaleiddio (Ffigur 2).

Mae **cwmnïau amlwladol (MNC – *Multinational Corporations*)** yn fusnesau sy'n gweithredu ar draws y byd, mewn nifer o wledydd fel gwneuthurwyr a gwerthwyr nwyddau a gwasanaethau. Mae llawer o'r rhai mwyaf yn 'frandiau byd-eang' adnabyddus sy'n dod â newid diwylliannol i'r mannau lle mae'r cynhyrchion yn cael eu defnyddio.

Mae cynnydd mawr a chyflym yn y gweithgarwch economaidd sy'n digwydd ar draws ffiniau cenedlaethol wedi cael effaith enfawr ar fywydau gweithwyr a'u cymunedau ymhob man. Mae'r math o globaleiddio sydd gennym ar hyn o bryd, gyda'r rheolau a'r polisïau rhyngwladol sy'n sail iddo, wedi dod â thlodi a chaledi i filiynau o weithwyr, yn enwedig rhai mewn gwledydd sy'n datblygu a gwledydd sy'n profi trawsnewid. *Cyngres Undebau Llafur y DU*

Proses yw globaleiddio sy'n galluogi marchnadoedd ariannol a buddsoddi i weithredu'n rhyngwladol. Mae hyn yn bennaf o ganlyniad i ddadreoleiddio a chyfathrebu gwell. *Geiriadur Collins*

Mae'r term 'globaleiddio' yn cyfeirio at y broses sy'n integreiddio economïau'n fwyfwy ar draws y byd, yn enwedig wrth i nwyddau, gwasanaethau a chyfalaf symud ar draws ffiniau. Mae'n cyfeirio at ehangiad y tu hwnt i ffiniau cenedlaethol o'r un fath o rymoedd y farchnad sydd wedi gweithredu am ganrifoedd ar bob lefel o weithgarwch economaidd – marchnadoedd pentref, diwydiannau trefol neu ganolfannau ariannol. Yn ogystal mae yna agweddau diwylliannol, gwleidyddol ac amgylcheddol ehangach yn perthyn i globaleiddio. *Cronfa Ariannol Ryngwladol*

Globaleiddio

Gellir ystyried globaleiddio fel set o brosesau sy'n ymgorffori trawsnewidiad yn nhrefniant gofodol cysylltiadau a thrafodion. Mae'n bosibl ei fynegi mewn llifoedd a rhwydweithiau o weithgarwch, rhyngweithiad a grym trawsgyfandirol neu ryng-rhanbarthol. *Held & McGrew (Globalization Theory)*

Ehangu cysylltiadau byd-eang, trefnu bywyd cymdeithasol ar raddfa fyd-eang, a thwf mewn ymwybyddiaeth fyd-eang, sy'n arwain at gadarnhau cymuned fyd-eang. *Frank Lechner (The Globalization Reader)*

Proses gymdeithasol lle mae cyfyngiadau daearyddol ar drefniadau economaidd, gwleidyddol, cymdeithasol a diwylliannol yn lleihau. Mae pobl yn dod yn fwy ymwybodol eu bod yn lleihau ac yn ymateb i hyn. *Malcolm Waters (Globalization)*

Gallai olygu eistedd yn eich ystafell fyw yn Estonia wrth gyfathrebu â ffrind yn Zimbabwe. Gallai olygu mynd i ddosbarth dawnsio Bollywood yn Llundain. Neu gallai bwyta bananas o Ecuador yn yr Undeb Ewropeaidd fod yn symbol ohono. *Banc y Byd (ar gyfer ysgolion)*.

Ffigur 1 Diffinio globaleiddio

Globaleiddio, mudo a byd sy'n lleihau

Globaleiddio economaidd
- Mae *twf cwmnïau amlwladol (MNCs)* yn cyflymu prosesau cyfnewid deunyddiau crai, cydrannau, gweithgynhyrchion gorffenedig, cyfranddaliadau, buddsoddiadau a phrynu a gwerthu trawsffiniol
- Mae *technoleg gwybodaeth a chyfathrebu (TGCh)* yn creu economi mwy rhyngwladol ei naws yn ogystal â chreu patrymau cyflogaeth penodol
- Prynu ar-lein gan ddefnyddio ffôn clyfar a llwyfannau eraill, e.e. Amazon

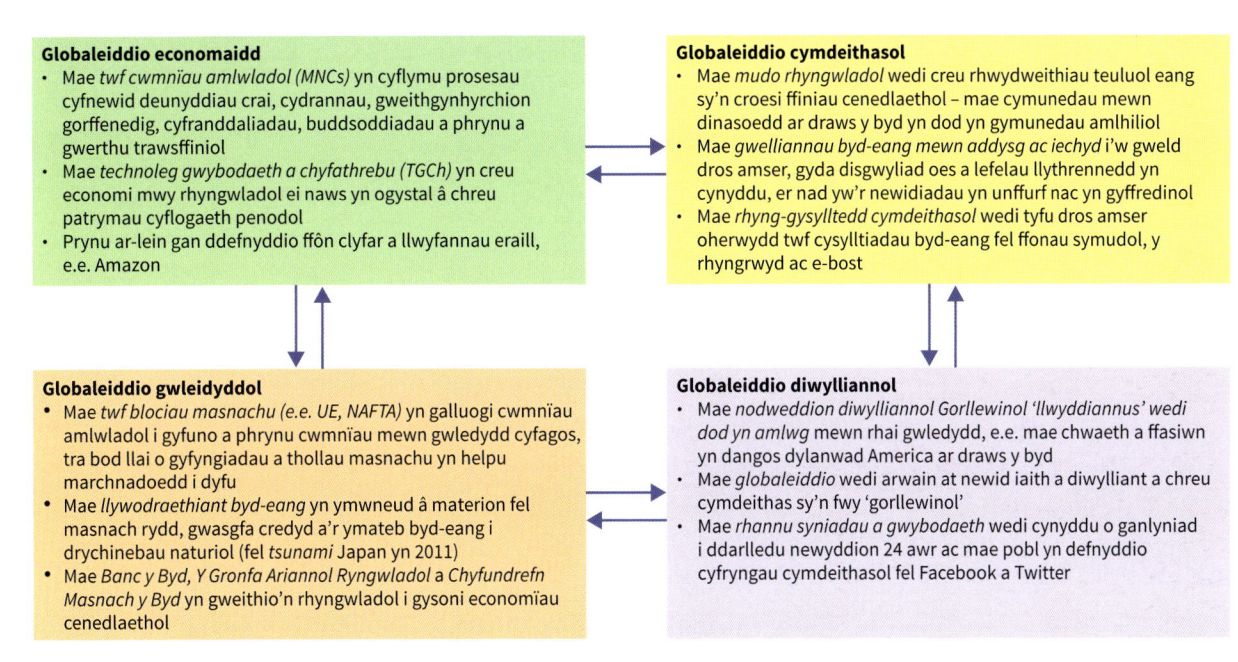

Globaleiddio cymdeithasol
- Mae *mudo rhyngwladol* wedi creu rhwydweithiau teuluol eang sy'n croesi ffiniau cenedlaethol – mae cymunedau mewn dinasoedd ar draws y byd yn dod yn gymunedau amlhiliol
- Mae *gwelliannau byd-eang* mewn addysg ac iechyd i'w gweld dros amser, gyda disgwyliad oes a lefelau llythrennedd yn cynyddu, er nad yw'r newidiadau yn unffurf nac yn gyffredinol
- Mae *rhyng-gysylltedd cymdeithasol* wedi tyfu dros amser oherwydd twf cysylltiadau byd-eang fel ffonau symudol, y rhyngrwyd ac e-bost

Globaleiddio gwleidyddol
- Mae *twf blociau masnachu (e.e. UE, NAFTA)* yn galluogi cwmnïau amlwladol i gyfuno a phrynu cwmnïau mewn gwledydd cyfagos, tra bod llai o gyfyngiadau a thollau masnachu yn helpu marchnadoedd i dyfu
- Mae *llywodraethiant byd-eang* yn ymwneud â materion fel masnach rydd, gwasgfa credyd a'r ymateb byd-eang i drychinebau naturiol (fel *tsunami* Japan yn 2011)
- Mae *Banc y Byd, Y Gronfa Ariannol Ryngwladol a Chyfundrefn Masnach y Byd* yn gweithio'n rhyngwladol i gysoni economïau cenedlaethol

Globaleiddio diwylliannol
- Mae *nodweddion diwylliannol Gorllewinol 'llwyddiannus'* wedi dod yn amlwg mewn rhai gwledydd, e.e. mae chwaeth a ffasiwn yn dangos dylanwad America ar draws y byd
- Mae *globaleiddio* wedi arwain at newid iaith a diwylliant a chreu cymdeithas sy'n fwy 'gorllewinol'
- Mae *rhannu syniadau a gwybodaeth* wedi cynyddu o ganlyniad i ddarlledu newyddion 24 awr ac mae pobl yn defnyddio cyfryngau cymdeithasol fel Facebook a Twitter

Ffigur 2 Globaleiddio – y llinynnau sy'n cysylltu'r cyfan gyda'i gilydd

Mae globaleiddio modern yn barhad o brosiect masnachu byd-eang ac adeiladu ymerodraethau economaidd a gwleidyddol sy'n hŷn o lawer. Mae economïau wedi bod yn gyd-ddibynnol i ryw raddau ers amser gwareiddiadau mawr cyntaf y Ddaear, fel yr Hen Aifft, Syria a Rhufain. Does dim byd newydd am gemau pŵer a dyheadau pobl, cenhedloedd a busnesau cryf; un ffordd o edrych ar globaleiddio yw ei weld fel pennod ddiweddaraf stori hir am bobl a lleoliadau sy'n gysylltiedig ar raddfa fyd-eang. Yn y llawlyfr hwn, byddwch yn dod ar draws enghreifftiau cyfoes a mwy hanesyddol o fudo rhyngwladol a masnach a chyfathrebu ar raddfa fyd-eang ar draws y cefnforoedd.

Mae globaleiddio modern yn wahanol i'r economi byd-eang a ddaeth o'i flaen mewn tair ffordd bwysig. Dros amser, mae cysylltiadau rhwng pobl a lleoliadau wedi:

- **ymestyn** – caiff cynhyrchion eu symud dros fwy o bellter nag a ddigwyddai yn y gorffennol; mae ymfudwyr a thwristiaid yn teithio ymhellach o'u cartref
- **dyfnhau** – mae mwy o agweddau ar fywyd bob dydd wedi dod yn gysylltiedig ar raddfa fyd-eang: meddyliwch am y bwyd yr ydych yn ei fwyta bob dydd a'r mannau niferus y daw'r bwyd ohonyn nhw drwy gyfrwng llong neu awyren. Mae'n anodd peidio bod mewn cysylltiad â phobl a lleoedd eraill o gofio'r cynhyrchion rydyn ni'n eu defnyddio.
- **cyflymu** – mae ymfudwyr rhyngwladol yn gallu teithio'n gyflym iawn rhwng cyfandiroedd gan ddefnyddio awyren; gallan nhw hefyd siarad gyda'u teuluoedd adref yn rhwydd gan ddefnyddio technoleg fel Skype.

Ydy globaleiddio yn dal i dyfu?

Mae'r cymdeithasegydd Malcolm Waters yn diffinio globaleiddio fel: 'Proses gymdeithasol lle mae cyfyngiadau daearyddol ar drefniadau economaidd, gwleidyddol, cymdeithasol a diwylliannol yn lleihau, lle mae pobl yn dod yn gynyddol ymwybodol eu bod yn lleihau, a lle mae pobl yn gweithredu'n unol â hynny'.

Arweiniad i'r Cynnwys

- Yn dilyn digwyddiadau gwleidyddol yn 2016, mae wedi dod yn bwysicach nag erioed i fyfyrio'n feirniadol ar y syniad hwn o bobl yn ymddwyn 'yn unol â hynny'.
- Yn y DU ac UDA, mae llawer o bobl wedi cefnu ar globaleiddio.
- Yn etholiad arlywyddol UDA a refferendwm y DU ar adael yr Undeb Ewropeaidd, roedd mudo a chytundebau masnach yn faterion allweddol a oedd yn effeithio ar batrymau pleidleisio. Yn y ddau achos, gwelwyd yr enillwyr yn ymgyrchu dros ail-gyflwyno rhwystrau mudo a masnachu. Dyma ddwy o brif elfennau globaleiddio.

Systemau, cysylltiadau a llifoedd byd-eang

Wrth astudio rhyngweithiadau byd-eang, mae daearyddwyr yn llunio cysyniad o'r byd fel rhywbeth sy'n cynnwys **rhwydweithiau byd-eang** o leoliadau a phobl sydd mewn cysylltiad â'i gilydd. Mae rhwydwaith yn ddarlun neu fodel sy'n dangos sut mae cysylltiadau neu lifoedd, fel masnach neu symudiadau twristiaid, yn cysylltu lleoedd gwahanol â'i gilydd. Mae mapio rhwydwaith yn wahanol i fapio topograffigol gan nad yw'n darlunio pellterau real na graddfa, ond yn hytrach yn canolbwyntio ar lefelau amrywiol cydgysylltiad i wahanol leoedd, neu nodau, a leolwyd ar y map rhwydwaith.

Mae llifoedd rhwydwaith wedi ysgogi dychymyg awduron ac arlunwyr, gan gynnwys Chris Gray sydd wedi darlunio rhannau o'r byd ar ffurf map rhwydwaith eiconig y *London Underground* (Ffigur 3).

Profi gwybodaeth 1

I ba raddau ydych chi wedi dod dan ddylanwad globaleiddio? Ewch ati i baratoi traethawd byr yn trafod y cwestiwn hwn. Defnyddiwch y fframwaith a roddir yn Ffigur 2 i baratoi eich ymateb. Meddyliwch yn feirniadol i ba raddau ydych chi'n defnyddio nwyddau sy'n dod o bob rhan o'r byd a sut mae diwylliannau eraill yn dylanwadu arnoch. A fyddech chi'n disgrifio eich hunan yn ddinesydd byd-eang?

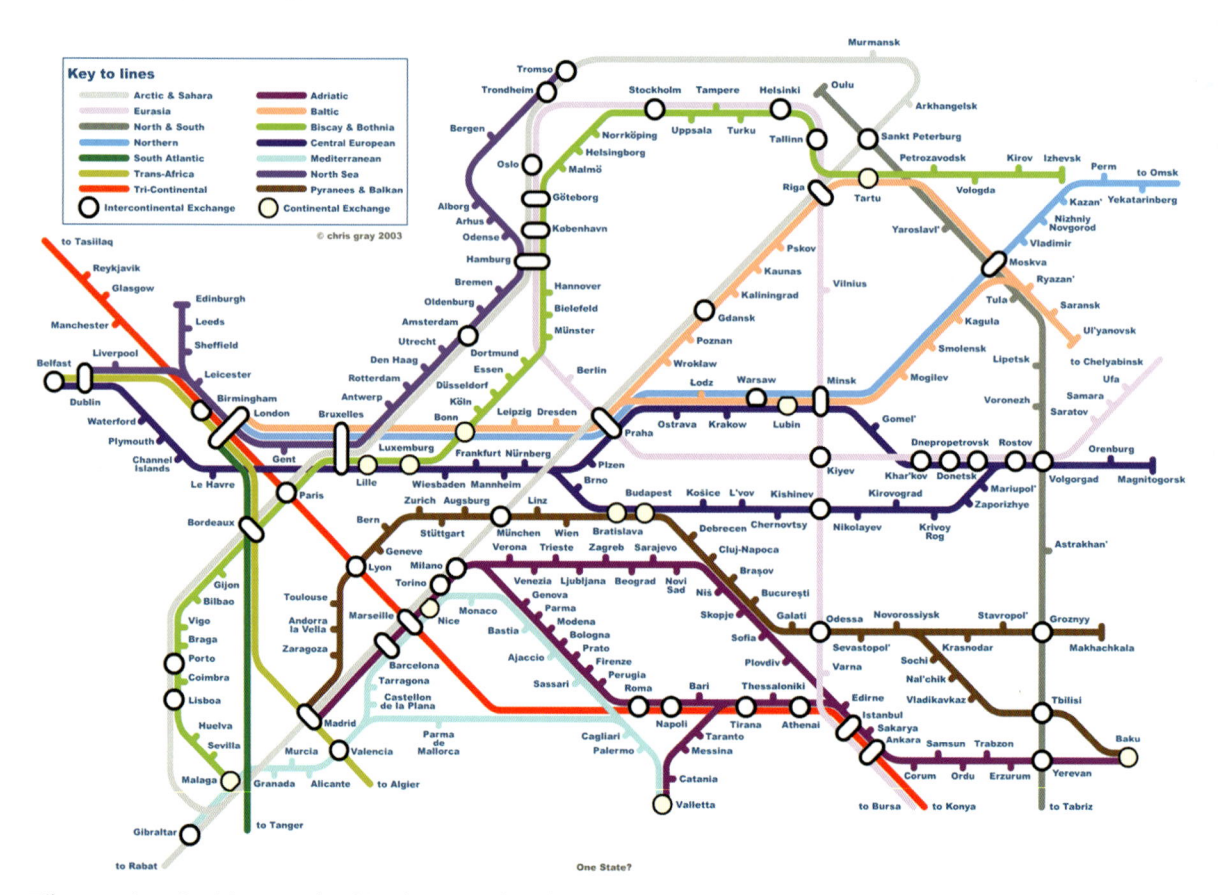

Ffigur 3 Rhwydwaith Ewrop (wedi'i selio ar rwydwaith trenau tanddaearol Llundain) (Ffynhonnell: Chris Gray)

Globaleiddio, mudo a byd sy'n lleihau

Tabl 1 Mathau gwahanol **o lifoedd byd-eang**

Llif bwyd, adnoddau a gweithgynhyrchion	■ Yn 2015, roedd gwerth masnach y byd mewn bwyd, adnoddau a gweithgynhyrchion yn fwy na UDA$25 triliwn o ran gwerth ■ Un rheswm am y gweithgarwch cynyddol hwn yw datblygiad cyflym **economïau lled-ddatblygedig** yn enwedig China, India ac Indonesia (gyda'i gilydd, mae'r gwledydd hyn yn gartref i 3 biliwn o bobl). Mae galw diwydiannol cynyddol am ddeunyddiau a galw cynyddol gan **ddefnyddwyr dosbarth canol byd-eang** am fwyd, nwy a phetrol yn gyfrifol am bron yr holl dwf yn y defnydd o adnoddau ar draws bron pob un o'r categorïau a ddangosir
Llif arian a gwasanaethau ariannol	■ Yn 2013, cyrhaeddodd gwerth trafodion cyfnewidfeydd tramor UDA$5 triliwn yn fyd-eang. Bob dydd, mae llifoedd cyfalaf enfawr yn symud drwy farchnadoedd stoc dinasoedd fel Llundain a Frankfurt, lle mae banciau buddsoddi a chronfeydd pensiwn yn prynu a gwerthu arian ■ Mae rhyddfrydoli marchnad rydd wedi chwarae rhan fawr yn y broses o feithrin y fasnach ryngwladol mewn gwasanaethau ariannol. Er enghraifft, dadreoleiddiwyd Dinas Llundain yn 1986 gan ddileu llawer iawn o 'dâp coch' gan agor y ffordd i Lundain ddod yn brif ganolfan gwasanaethau ariannol y byd ■ O fewn yr Undeb Ewropeaidd, mae masnach drawsffiniol mewn gwasanaethau ariannol wedi ehangu yn absenoldeb rhwystrau. Mae banciau a chwmnïau yswiriant mawr yn gallu gwerthu gwasanaethau i gwsmeriaid ymhob un o aelod-wladwriaethau'r Undeb Ewropeaidd ■ Mae cwmnïau amlwladol yn sianelu llif mawr o Fuddsoddiad Uniongyrchol o Dramor (*Foreign Direct Investment – FDI*) tuag at y gwladwriaethau gwahanol amrywiol y maen nhw'n buddsoddi ynddyn nhw
Llif ymfudwyr a thwristiaid	■ Ymfudodd mwy o bobl nag erioed o'r blaen i wledydd tramor yn 2015, naill ai am resymau gwaith neu i oroesi (mae'n anodd gwahaniaethu rhwng y ddau ar brydiau) ■ Fe wnaeth gwerth y fasnach dwristiaeth ryngwladol ddyblu rhwng 2005 a 2015. Credir ei bod werth UDA$1 triliwn y flwyddyn (mae'n anodd rhoi amcangyfrif manwl oherwydd y manteision anuniongyrchol sy'n cael eu creu gan dwristiaeth). Fe wnaeth nifer y twristiaid rhyngwladol sy'n cyrraedd ddyblu yn yr un cyfnod a bellach mae'r nifer yn fwy na 1 biliwn o bobl. Mae llawer o'r twf newydd hwn mewn gweithgarwch gan dwristiaid wedi'i greu gan symudiadau o fewn Asia ■ Erbyn hyn, China sy'n cynhyrchu'r gwariant twristiaeth ryngwladol uchaf, tra bod Ewrop yn derbyn mwy o dwristiaid nag unrhyw gyfandir arall
Llif technoleg a syniadau	■ Mae llifoedd byd-eang o ddata wedi tyfu'n gyflym ers yr 1990au. Gellir priodoli llawer o'r ehangiad diweddar i dwf llwyfannau cyfryngau cymdeithasol a dyfodiad gwasanaethau cyfryngau yn ôl y galw ■ Mae band eang cyflymach a chyfrifiaduron pwerus yn y llaw wedi galluogi cwmnïau fel Amazon a Netflix i ffrydio ffilmiau a cherddoriaeth yn uniongyrchol i gwsmeriaid yn ôl y galw

Ym marn Gray, nid yw'r ffiniau rhyngwladol sy'n gwahanu gwladwriaethau a dinasoedd bellach yn bresennol. Yn oes y we a'r rhyngrwyd does dim ffiniau'n bodoli. O ganlyniad mae gennym fyd o symudiadau sy'n llifo o un rhan o'r byd i'r llall. Mae'r llifoedd amrywiol hyn yn cael eu dadansoddi yn Nhabl 1.

Mae **economïau lled-ddatblygedig** yn wledydd sydd wedi dechrau profi cyfraddau uwch o dwf economaidd, yn aml oherwydd ehangu cyflym mewn ffatrïoedd a diwydianeiddio. Mae economïau lled-ddatblygedig yn cyfateb yn fras gyda grŵp gwledydd 'incwm canolig' Banc y Byd ac yn cynnwys China, India, Indonesia, Brasil, México, Nigeria a De Affrica.

Mae'r **dosbarth canol byd-eang** yn cynnwys pobl gydag incwm dewisol y gallan nhw ei wario ar nwyddau ar gyfer defnyddwyr. Mae diffiniadau'n amrywio: mae rhai sefydliadau'n diffinio'r dosbarth canol byd-eang fel pobl gydag incwm blynyddol dros UDA$10,000; mae eraill yn defnyddio UDA$10 incwm y dydd fel y meincnod.

> **Cyngor i'r arholiad**
>
> Mae rhan hon y cwrs yn cynnwys llawer o derminoleg bwysig fel globaleiddio a rhwydweithiau. Gwnewch yn siŵr eich bod yn dysgu diffiniadau'n ofalus.

Arweiniad i'r Cynnwys

Yr argyfwng ariannol byd-eang a llifoedd byd-eang

Mae'r llifoedd byd-eang yn Nhabl 1 wedi ehangu'n sylweddol dros amser. Fodd bynnag, mae twf mewn rhai achosion wedi llacio neu'n sefyll yn ei unfan ers **argyfwng ariannol byd-eang** 2007–09. Deilliodd yr argyfwng ariannol hwn ym marchnadoedd arian UDA a'r UE; roedd gwasanaethau ariannol a chynhyrchion risg-uchel gwerth triliynau o ddoleri yn cael eu gwerthu ar y marchnadoedd hyn, a dyna yn y pen draw a ysgogodd fethiant neu gwymp difrifol nifer o fanciau a sefydliadau mawr.

Roedd yr ysgytwad a ddilynodd yn gyfrifol am danseilio economi'r byd yn ei gyfanrwydd. Cwympodd maint cynnyrch mewnwladol crynswth (CMC) byd-eang yn 2009 am y tro cyntaf ers diwedd yr Ail Ryfel Byd. Cwympodd gwerth llifoedd masnach, dychwelodd nifer o ymfudwyr adref a chofnodwyd llai o dwristiaid rhyngwladol nag yn y flwyddyn flaenorol. Er bod CMC byd-eang wedi dechrau tyfu eto, mae nifer o ddangosyddion allweddol yn dangos bod cwymp cylchol neu fwy hirdymor mewn llifoedd masnach y byd wedi parhau i effeithio ar econom��au datblygedig, economïau lled-ddatblygedig ac economïau sy'n datblygu fel ei gilydd ers yr argyfwng ariannol.

- Tyfodd llifoedd rhyngwladol o fasnach, gwasanaethau ac arian yn gyson rhwng 1990 a 2007 cyn dymchwel ac aros yn eu hunfan. Am y bumed flwyddyn yn olynol, ni thyfodd masnach fyd-eang yn 2016; roedd llifoedd cyfalaf trawsffiniol o UDA$3 triliwn gryn dipyn yn is na'r brig o UDA$8.5 triliwn a welwyd yn 2007.
- Mae prisiau olew a rhai adnoddau naturiol wedi gostwng oherwydd yr arafu diwydiannol byd-eang. O ganlyniad, gwelwyd twf economaidd yn Affrica is-Sahara yn haneru rhwng 2014 a 2016, gan achosi i sawl gwlad ofyn i'r Gronfa Arian Ryngwladol (IMF) am gymorth.
- Mae economïau lled-ddatblygedig wedi arafu'n sylweddol hefyd: yn achos Brasil, Rwsia, De Affrica a Nigeria yn 2016, roedd yn fater o gofnodi ychydig iawn o dwf neu gyfnod o ddirwasgiad.

Ar y llaw arall, mae defnydd byd-eang o'r rhyngrwyd a rhwydweithiau cymdeithasol wedi cynyddu flwyddyn ar ôl blwyddyn, gan gynnwys y cyfnod 2007–09. Dyma pam ei bod yn anodd mynegi barn gyffredinol ynghylch beth sy'n digwydd i lifoedd byd-eang. Mae rhai llifoedd yn cynyddu tra bod eraill wedi oedi neu'n encilio.

Dosbarthu, meintioli a mapio mudo byd-eang

Mae globaleiddio wedi arwain at gynnydd mewn llifoedd mudo o fewn gwledydd a rhwng gwledydd.

- Yn 2013, roedd 750 miliwn o **ymfudwyr mewnol** yn byw mewn dinasoedd ar draws y byd (roedd tua un rhan o dair ohonyn nhw yn ymfudwyr gwledig-trefol o China). Yn 2008, aeth **trefoli** byd-eang heibio'r trothwy 50%, gan olygu bod mwyafrif o bobl bellach yn byw mewn ardaloedd trefol.
- Ymhellach, mae bron i chwarter biliwn o ymfudwyr rhyngwladol bellach yn byw mewn gwledydd na chawsant eu geni ynddyn nhw.

Dosbarthu a chyfrifo ymfudwyr rhyngwladol

Gellir dosbarthu ymfudwyr economaidd rhyngwladol yn rhai sy'n perthyn i un o ddau grŵp.

1. Mae **pobl sy'n symud am resymau economaidd** yn bobl sydd wedi symud yn wirfoddol am resymau gwaith a'r ansawdd bywyd gwell sy'n gallu dod yn sgil enillion uwch. Mae mwyafrif helaeth y rhai sy'n symud, ar raddfa ryngwladol a mewnol, yn ymfudwyr economaidd.

Profi gwybodaeth 2

Sut mae gwahanol fathau o lifoedd byd-eang (bwyd, ymfudwyr, arian, syniadau) yn arwain at wahanol fathau o brosesau globaleiddio, fel newid diwylliannol, datblygiad economaidd neu ledaeniad democratiaeth?

Cyngor i'r arholiad

Os yw cwestiwn arholiad yn gofyn i chi ysgrifennu am globaleiddio, bydd angen i chi baratoi eich ateb drwy ymdrin â gwahanol agweddau ar globaleiddio yn eu tro (economaidd, cymdeithasol, diwylliannol, ac ati).

Ymfudwr mewnol yw person sy'n symud o le i le tu mewn ffiniau gwlad. Yn fyd-eang, mae'r rhan fwyaf o ymfudwyr yn symud o ardaloedd gwledig i ardaloedd trefol (ymfudwyr 'gwledig-trefol'). Yn y byd datblygedig, fodd bynnag, mae pobl hefyd yn symud o ardaloedd trefol i ardaloedd gwledig (proses a elwir yn wrthdrefoli).

Trefoli – cynnydd yng nghyfran y bobl sy'n byw mewn ardaloedd trefol.

2 Mae **ffoaduriaid** yn bobl sydd wedi cael eu gorfodi i adael eu cartrefi a theithio i wlad arall. Gellir israннu'r grŵp hwn ymhellach yn bobl sy'n ffoi rhag gwrthdaro, erledigaeth wleidyddol neu grefyddol, neu drychinebau naturiol, gan gynnwys sychder ac afiechyd. Ar draws y byd, mae mwy na 20 miliwn o ffoaduriaid erbyn hyn.

Mae'n bwysig cydnabod bod y ddau grŵp yn gorgyffwrdd weithiau. Ceir safbwyntiau gwahanol ynghylch y ffordd orau i ddosbarthu pobl sy'n dianc rhag tlodi mewn ardal amaethyddol sy'n dioddef sychder; hynny yw, a ydyn nhw'n ffoaduriaid neu'n ymfudwyr gwirfoddol. Ceir safbwyntiau gwahanol hefyd ynghylch y pwynt lle mae rhagfarn ac erledigaeth yn dod mor annioddefol fel bod pobl yn teimlo bod yn rhaid iddyn nhw adael eu gwlad. Mae'r gwahaniaeth rhwng mudo gwirfoddol a mudo gorfodol yn bwysig oherwydd mae'n rhaid i bobl sy'n hawlio statws ffoaduriaid allu profi bod eu bywyd mewn perygl yn y wlad a adawyd.

Mae rhwng 3% a 4% o boblogaeth y byd yn ymfudwyr rhyngwladol.
- Daw'r data a ddefnyddir i gyfrifo'r canran hwn o ffynonellau amrywiol ac mewn rhai achosion, bras amcangyfrifon yn unig sydd ar gael. Mae gan wledydd unigol gofnodion o nifer y trigolion tramor sy'n byw ynddyn nhw. Fodd bynnag, mae cyfrifo'r nifer yn anodd oherwydd bod cymaint o fudo anghyfreithlon yn digwydd. Mewn rhai mannau o'r byd, yn enwedig canolbarth Affrica, mae llifoedd rhyngwladol o bobl yn digwydd heb neb i'w rwystro yn absenoldeb ffiniau cenedlaethol pendant a diffyg plismona neu oruchwyliaeth.
- Mae pobl o'r farn nad yw canran o bobl y byd sy'n ymfudwyr wedi newid rhyw lawer dros gyfnod o amser er gwaetha'r ffaith bod nifer y bobl sy'n mudo'n rhyngwladol wedi cynyddu. Y rheswm am hyn yw bod cyfanswm poblogaeth y byd wedi tyfu hefyd (rhwng 1950 a 2015, gwelwyd cynnydd yn y boblogaeth o 4 biliwn i 7.3 biliwn).

Mapio patrymau mudo byd-eang

Mae newidiadau pwysig wedi digwydd ym mhatrymau mudo byd-eang yn ystod y blynyddoedd diwethaf.
- Yn yr 1970au a'r 1980au, roedd mudo rhyngwladol yn parhau i anelu at gyrchfannau yn y byd datblygedig fel Efrog Newydd a Pharis. Canlyniad hyn oedd system **craidd-ymylol**: roedd y craidd datblygedig yn elwa o '**ddraen doniau**' wrth i weithwyr medrus symud i rannau eraill o'r byd (gan gynnwys meddygon o India yn symud i'r DU). Ers hynny, mae dinasoedd mawr mewn gwledydd sy'n datblygu fel Mumbai (India), Lagos (Nigeria), Dubai (Emiradau Arabaidd Unedig) a Riyadh (Saudi Arabia) hefyd wedi dechrau gweithredu fel cyrchfannau byd-eang pwysig sy'n denu ymfudwyr.
- Mae llawer o'r ymfudo rhyngwladol yn parhau i ddigwydd o fewn rhanbarthau. Yn gyffredinol, mae'r llif llafur mwyaf yn cysylltu gwledydd cyfagos fel UDA a México, neu Wlad Pwyl a'r Almaen.

Mae Ffigur 4 yn dangos sut mae gwledydd unigol yn amrywio'n fawr yn nhermau nifer neu gyfran eu poblogaeth sy'n ymfudwyr. Gellir esbonio hyn yn rhannol gan y cyfleoedd economaidd gwirioneddol neu gyfleoedd y maen nhw'n eu rhagweld y mae'r gwledydd hyn yn eu cynnig i ddarpar ymfudwyr. Mae'r gwahaniaethau yn lefel perthynas wleidyddol pob gwlad unigol gyda'r economi byd-eang yn ffactor arall pwysig. Os yw gwlad am integreiddio'n ddwfn mewn systemau byd-eang, efallai y bydd yn rhaid i'w llywodraeth fabwysiadu rheolau mewnfudo rhyddfrydol. Mae gan nifer o brif gwmnïau cyfreithiol y DU swyddfeydd rhanbarthol sy'n ymestyn ar draws y byd, o Singapore i Efrog Newydd. Er mwyn cynnal eu rhwydweithiau byd-eang, mae'r

> **Cyngor i'r arholiad**
>
> Wrth ysgrifennu traethawd, cofiwch fanteisio ar unrhyw gyfle i ddangos nad yw rhai syniadau (fel y gwahaniaeth rhwng ymfudwyr gorfodol ac ymfudwyr gwirfoddol) bob amser yn eglur yn y byd go iawn. Mae'n bwysig dangos eich bod yn ymwybodol bod theorïau daearyddol yn gallu bod yn gamarweiniol ac amherffaith a'ch bod yn gallu edrych ar y dystiolaeth yn feirniadol.

Arweiniad i'r Cynnwys

cwmnïau hyn yn dibynnu ar wledydd tramor i ganiatáu i gyfreithwyr o'r DU adleoli'n barhaol i'w swyddfeydd tramor.

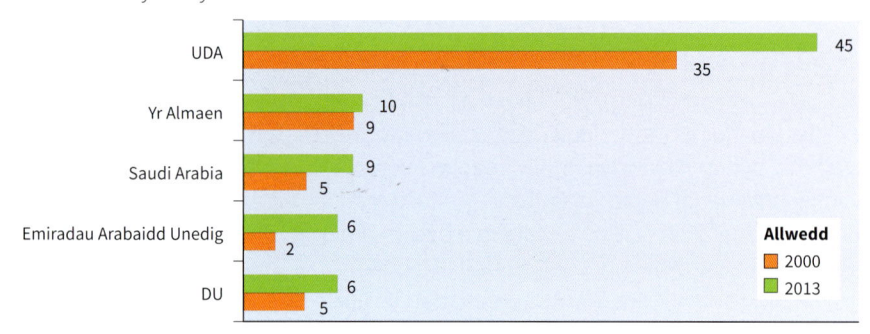

Ffigur 4 Nifer yr ymfudwyr rhyngwladol sy'n byw mewn gwledydd penodol yn 2000 a 2013 (miliynau)

Mae Ffigur 5 yn dangos patrymau mudo rhyngwladol ar draws y byd rhwng 2005 a 2010. Mae'r nodweddion pwysicaf yn cynnwys:

- llawer iawn o fudo **rhyng-ranbarthol** (mae'r rhan fwyaf o'r mudo rhyngwladol sy'n deillio yn Affrica is-Sahara wedi'i gyfeirio at genhedloedd eraill Affrica is-Sahara)
- llifoedd **mewn-ranbarthol** sylweddol yn cysylltu Gogledd America gyda rhanbarthau eraill gan gynnwys de Asia a chanolbarth America

Y ffactor unigol pwysicaf sy'n esbonio'r patrwm a ddangosir yw'r dyraniad anghyfartal o ran cyfleoedd economaidd o fewn systemau byd-eang. Yn ogystal â chael ei ysgogi gan anghyfartaledd economaidd, mae mudo hefyd yn **atgynhyrchu** ac yn gwaethygu hynny ar brydiau. Mae colli dawn a thalent pobl o'r gwledydd gwreiddiol yn cynrychioli colled economaidd i'r gwledydd hynny. Mae'n bosibl bod y gallu i **anfon arian gartref** yn gwrthbwyso hynny'n rhannol.

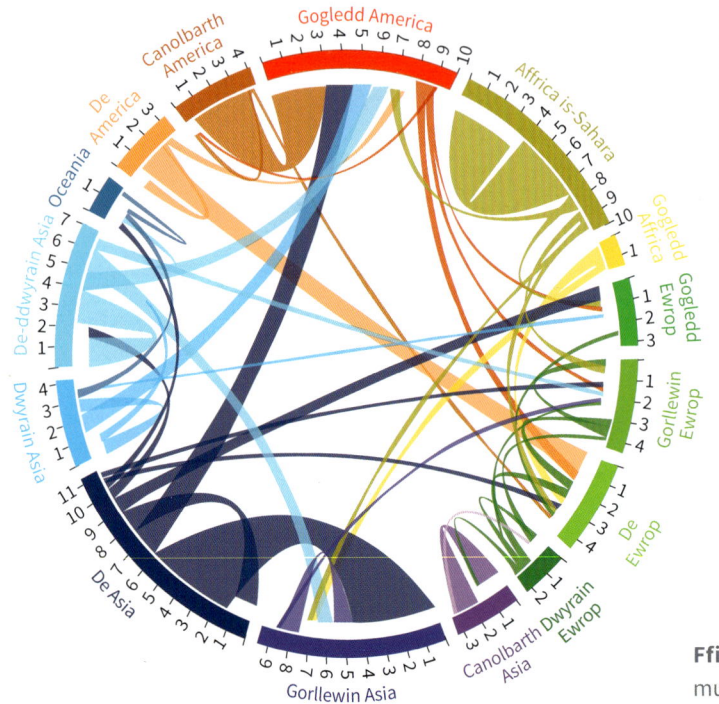

Llifoedd mudo

Mae symudiad pobl yn aml yn cael eu dangos fel llinellau neu saethau ar fap o'r byd, ond mae diagramau cylchol yn fwy effeithiol i ddangos mudo byd-eang. Mae'r diagram hwn yn dangos mudo rhwng 196 gwlad rhwng 2005 a 2010, wedi'u rhannu'n bymtheg o ranbarthau. Mae'r lliw yn dangos o ba ranbarth y daeth pob llif, mae lled y llif yn dangos y nifer, ac mae'r rhifau yn dynodi cyfanswm y mudo i mewn ac allan o ranbarth, mewn miliynau.

Ffigur 5 Diagram llif cylchol sy'n dangos llifoedd mudo rhwng 196 gwlad yn y byd rhwng 2005 a 2010

Globaleiddio, mudo a byd sy'n lleihau

> **Tasg hunan-astudio 1**
>
> Cymhwyswch eich gwybodaeth a'ch sgiliau daearyddol i'r cynrychioliad anarferol o lifoedd mudo byd-eang a ddangosir yn Ffigur 5. Gwnewch amcangyfrifiad yn seiliedig ar nifer y bobl (mewn miliynau) a fudodd i Ogledd America o bob rhanbarth yn Asia rhwng 2005 a 2010. Fel tasg estynnol, trafodwch sut mae Ffigur 5 yn gynrychioliad o **gyd-ddibyniaeth** (t. 31)

Mudo mewn byd sy'n lleihau

Dywedir yn aml mai gwelliannau mewn trafnidiaeth o ran cost a ffactorau eraill fel gwelliannau mewn technoleg gwybodaeth a chyfathrebu yw'r prif 'ysgogydd' dros fudo ar draws y byd. Yn sicr, mae datblygiadau pwysig wedi bod yn ystod y 30 mlynedd diwethaf – y rhyngrwyd a chwmnïau awyrennau sy'n cynnig teithio'n llawer rhatach i enwi ond dau ffactor yn unig. Mae'r rhain wedi cyfrannu at gynnydd mewn symudiad poblogaeth.

Mae'r gallu i gysylltu'n rhwydd yn newid ein syniad o bellter a'r hyn sydd o bosibl yn gallu rhwystro pobl rhag mudo.

- Mae'r newid hwn mewn canfyddiad wedi cael ei ddisgrifio fel cydgyfeiriant amser-gofod (Janelle, 1968) ac yn fwy diweddar fel **cywasgiad amser a lle** (Harvey, 1990).
- Plotiodd Janelle yr amserau teithio rhwng Caeredin a Llundain a gweld ei bod hi'n cymryd pythefnos mewn coets fawr i deithio rhwng y ddwy ddinas yn 1658 a'i bod bellach yn cymryd dwy awr mewn awyren. Daeth i'r casgliad bod gwahanol leoliadau yn 'nesáu at ei gilydd o ran gofod ac amser'. Mae'r ddwy ddinas yn teimlo'n agosach at ei gilydd nag yr oedden nhw yn y gorffennol, wrth i newidiadau technolegol newydd arwain at arbediadau amser pellach.
- Ers dyddiau'r llongau hwylio, mae'r gymdeithas wedi gweld **byd sy'n lleihau**. Wrth i ganfyddiad pobl o ofod newid – gan fod technoleg yn gwneud i'r byd deimlo'n llai – mae pellterau hir wedi peidio â bod yn **rhwystr sy'n ymyrryd** i rwystro mudo (Ffigur 6).

Mae **rhwystr sy'n ymyrryd** yn rhwystr ffisegol, gwleidyddol neu'n rhwystr economaidd sy'n rhwystro ymfudwyr rhag cwblhau'r daith a fwriadwyd ganddyn nhw.

Ffigur 6 Byd sy'n lleihau: y newid yn yr amser y mae'n cymryd i fynd o amgylch y byd

Arweiniad i'r Cynnwys

Datblygiadau mewn trafnidiaeth a chyfathrebu

Mae astudiaethau hanesyddol o drafnidiaeth a chyfathrebu yn llawn o gerrig milltir sy'n dynodi datblygiad newydd ac sy'n ymestyn yn ôl dros filoedd o flynyddoedd. Mae Tabl 2 yn dangos pedwar datblygiad newydd arwyddocaol ym maes technoleg a thrafnidiaeth ers yr Ail Ryfel Byd sydd wedi gwella rhyngweithio ac yn fodd i feithrin mudo rhyngwladol.

Tabl 2 Datblygiadau ym maes trafnidiaeth a chyfathrebu sydd wedi arwain at fyd sy'n lleihau ar gyfer ymfudwyr

Ffôn symudol	Roedd diffyg cyfathrebu yn arfer bod yn rhwystr mawr i fudo rhyngwladol. Heb gysylltedd, ni fydd pobl yn gwybod bod 'man gwyn fan draw' a byddan nhw'n fwy tebygol o aros ble maen nhw. Fodd bynnag, yn y blynyddoedd diwethaf, mae cyfraddau twf telegyfathrebu byd-eang wedi cyrraedd lefelau eithriadol o uchel (Ffigur 7). ■ Yn 2005, roedd 6% o bobl Affrica yn berchen ar ffôn symudol. Erbyn 2015, roedd hyn wedi cynyddu ddeg gwaith i 60% oherwydd prisiau'n disgyn a thwf cwmnïau ffôn fel Safaricom yn Kenya. 10% yn unig o boblogaeth Affrica sy'n byw mewn mannau lle nad oes gwasanaeth ffôn symudol ar gael ■ Mae defnydd cynyddol yn Asia (yn India, mae mwy nag 1 biliwn o bobl yn danysgrifwyr ar gyfer gwasanaeth ffôn symudol) sy'n golygu bod mwy o ffonau symudol na phobl ar y blaned erbyn hyn
Rhyngrwyd	Yn gynyddol, mae nifer o ddarparwyr ffonau symudol yn darparu mynediad i'r rhyngrwyd hefyd. Ni fu erioed o'r blaen yn haws i ddarpar ymfudwyr ganfod am y cyfleoedd a gynigir gan wledydd eraill. ■ Mae ymfudwyr rhyngwladol yn cyfathrebu mwy a mwy gyda'i gilydd gan ddefnyddio apiau ffonau clyfar. Yn 2015, helpodd grŵp Facebook o'r enw 'stations of the forced wanderers' fwy na 100,000 o ymfudwyr i gyfnewid cyngor ynghylch sut i osgoi'r awdurdodau a chanfod llwybrau ar draws ffiniau Ewrop gan ddefnyddio gwybodaeth GPS ■ Mae'r modd y mae'r **cyfryngau yn portreadu lle** hefyd yn gallu effeithio ar benderfyniad pobl i fudo. Mae clipiau ffilm ar YouTube yn portreadu bywyd mewn rhai gwledydd yn bositif iawn, gan ysgogi mwy o bobl i symud yno ■ Daw mudo'n haws pan fydd pobl yn gallu cynnal perthynas â theulu a ffrindiau yn rhwyddach nag yn y gorffennol drwy ddefnyddio'r rhyngrwyd. Ers 2003, mae Skype wedi darparu ffordd rad a phwerus i ymfudwyr gynnal cysylltiadau cryf gyda'r teulu yn ôl yn eu gwlad enedigol ■ Mae'r grŵp gwleidyddol milwriaethus Daesh (neu IS) wedi defnyddio'r cyfryngau cymdeithasol a YouTube i annog dynion a menywod ifanc i fudo i'r Dwyrain Canol ac ymuno â nhw
Teithiau awyr	Mae teithiau awyr wedi dod yn fwy fforddiadwy dros amser, gan alluogi mwy o bobl i symud yn rhyngwladol. ■ Roedd cyflwyniad yr awyren Boeing 747 rhyng-gyfandirol yn yr 1960au yn golygu bod teithio rhyngwladol yn dod yn fwy cyffredin ■ Mae ehangu'r sector teithiau awyr rhad, gan gynnwys EasyJet ac eraill, wedi dod â theithiau awyr yn fwy fforddiadwy i bawb: mae'r rhan fwyaf o ddinasoedd mwyaf Ewrop bellach wedi'u cysylltu â'i gilydd diolch i rwydwaith hedfan rhad EasyJet (gyda 65 miliwn o deithiau gan deithwyr yn 2014) ■ Mae'r twf yn y dosbarth canol byd-eang wedi ysgogi'r ehangiad mewn teithiau awyr rhwng gwledydd Asia hefyd; mae Safari Air Express yn Nwyrain Affrica yn darparu ar gyfer y rhai sydd â chyflogau uwch yn Kenya a gwledydd eraill gerllaw
Rheilffyrdd cyflym	Mae rheilffyrdd yn parhau i fod yn gyfrwng teithio pwysig rhwng gwledydd cyfagos. ■ Rheilffyrdd yw'r prif ddull teithio sy'n cysylltu ardaloedd gwledig ac ardaloedd trefol China. Mae gweithwyr mudo yn teithio i'r ddau gyfeiriad ar hyd llwybr 1,500km 'sky train' China-Tibet. Mae'r dechnoleg ddiweddaraf yn gallu gwrthsefyll y tywydd ar lwyfandir Tibet lle mae'r tymheredd yn gostwng i −35°C

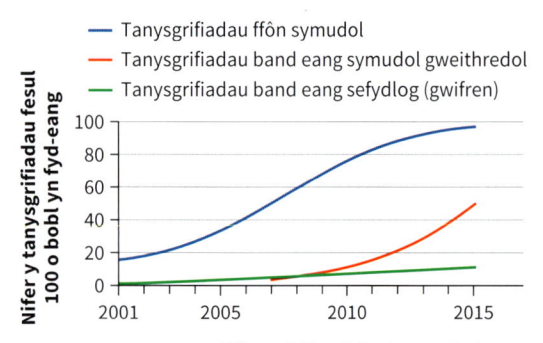

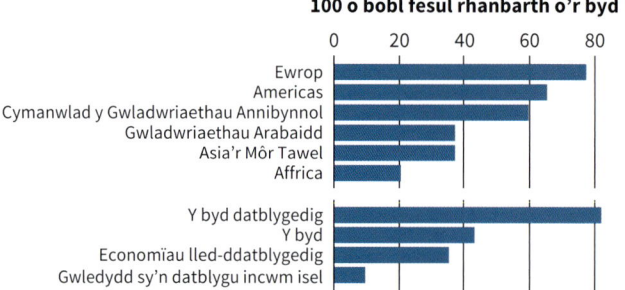

Ffigur 7 Tueddiadau a phatrymau byd-eang ar gyfer y defnydd o dechnoleg cyfathrebu

Pobl a lleoedd sydd ddim wedi'u cysylltu

Rhaid cofio nad oes gan bawb fynediad i'r dechnoleg angenrheidiol. Nid pawb chwaith sydd â'r arian neu'r rhyddid gwleidyddol angenrheidiol i deithio'n rhyngwladol.

- Ysgrifennodd y ddaearyddwraig Doreen Massey yn feirniadol am y newid sydd mewn canfyddiad o le penodol gan bobl mewn byd sy'n datblygu'n dechnolegol. Roedd yn dadlau bod cywasgiad amser-lle yn adlewyrchu gwahaniaethau cymdeithasol: nid pawb sy'n profi'r teimlad o fyd sy'n lleihau i'r un graddau o ganlyniad i'r gwahaniaethau mewn incwm.
- Mae biliynau o bobl yn methu fforddio prynu ffôn a thanysgrifio i'r band eang.
- Mae ffactorau gwleidyddol hefyd yn chwarae rôl o ran sicrhau bod ymraniad digidol yn parhau rhwng cymdeithasau sy'n rhan o'r chwyldro digidol (fel De Korea) a'r rhai sydd ddim (fel Gogledd Korea).

Profi gwybodaeth 3

Ystyriwch sut mae'r broses sy'n lleihau'r byd wedi arwain at fwy o fudo rhwng gwledydd. Yn eich barn chi, pa dechnoleg sydd wedi cael yr effaith fwyaf? Pa dystiolaeth allai eich helpu i gefnogi eich barn?

Crynodeb

- Mae globaleiddio yn set gymhleth o brosesau sy'n cynnwys mudo rhyngwladol ynghyd â gweithgareddau masnach, trosglwyddo data a symudiadau arian yn fyd-eang.
- Mae globaleiddio wedi cyflymu gydag amser. Fodd bynnag, mae rhai llifoedd byd-eang (ond nid y cyfan) wedi arafu'n ddiweddar.
- Mae llifoedd mudo rhyngwladol gwirfoddol a gorfodol wedi cynyddu o ran maint gydag amser. Gellir adnabod patrymau byd-eang pwysig sy'n cysylltu rhanbarthau craidd ac ymylol yr economi byd-eang.
- Mae technolegau newydd yn chwarae rhan allweddol wrth alluogi mudo. Fodd bynnag, nid oes gan bawb fynediad oherwydd ffactorau gwleidyddol a thlodi.

Achosion o fudo economaidd rhyngwladol

Ffactorau gwthio economaidd sy'n sbarduno allfudo rhyngwladol

Pa ffactorau sy'n esbonio'r holl fudo rhyngwladol sy'n digwydd bob blwyddyn? Pa fath o anghydbwysedd ac anghyfiawnder yn y system economaidd fyd-eang sy'n gyfrifol am sbarduno symudiadau ar y fath raddfa? Mae'r rhesymau creiddiol dros fudo rhyngwladol yn cynnwys: **tlodi, prisiau nwyddau cynradd** a **mynediad gwael i farchnadoedd** mewn systemau byd-eang.

Tlodi

Yn fras, gellir rhannu'r byd yn wledydd datblygedig sy'n ffurfio'r **craidd**, rhan **lled-ymylol** sy'n cynnwys economïau lled-ddatblygedig a darn **ymylol** o wledydd sy'n datblygu, incwm-isel. Amlinellir nodweddion y tri grŵp yma yn Nhabl 3.

Arweiniad i'r Cynnwys

Tabl 3 Y tri phrif grŵp o wledydd wedi'u dosbarthu yn ôl incwm y pen a gweithgarwch economaidd

Ymylol Gwledydd sy'n datblygu, incwm-isel	Mae Banc y Byd yn dosbarthu tua 30 o wledydd yn rhai ag incwm cyfartalog isel (GNI y pen) o UDA$1,045 neu is (gwerthoedd 2015). Mae amaethyddiaeth yn chwarae rôl allweddol yn economïau'r gwledydd hyn.
Lled-ymylol Economïau lled-ddatblygedig	Mae tua 80 o wledydd ar hyn o bryd yn profi cyfraddau uwch o dwf economaidd nag yn y gorffennol, fel rheol yn sgil ehangu ffatrïoedd a diwydianeiddio cyflym. Mae'r economïau lled-ddatblygedig yn cyfateb gyda grŵp o wledydd 'incwm canolig' Banc y Byd.
Craidd Gwledydd datblygedig, incwm-uchel	Mae Banc y Byd yn dosbarthu'r grŵp hwn o tua 80 o wledydd fel rhai sydd ag incwm cyfartalog uchel o UDA$12,736 neu uwch (gwerthoedd 2015). Mae gwaith swyddfa ac adwerthu yn uwch na chyflogaeth mewn ffatrïoedd, gan greu economi ôl-ddiwydiannol. Mae tua hanner o'r holl wledydd hyn yn rhai bach iawn, gan gynnwys Bahrain, Qatar ac Ynysoedd Cayman.

Y rhaniad triphlyg hwn o'r byd sy'n cynhyrchu'r symudiadau economaidd o bobl a ddangosir yn Ffigur 5 (t. 16). Fel rhan o'r dadansoddiad hwn, mae'n bwysig gwahaniaethu rhwng gwahanol fathau o dlodi fel sbardunau mudol.

- **Tlodi eithriadol** y rhanbarthau gwreiddiol sydd wrth wraidd symudiadau o wledydd tlotaf y byd. Yn aml, ni all pobl sy'n byw o dan linell dlodi eithriadol UDA$1.90 Banc y Byd gyflenwi eu hanghenion sylfaenol eu hunain o ran bwyd, dillad a lloches. Mae'n anochel bod amodau o'r fath yn arwain at allfudo, hyd yn oed os nad yw'r bobl yn symud ymhellach na'r gwledydd cyfagos, lle nad yw'r amodau fawr gwell.
- Gellir esbonio symudiadau o economïau lled-ddatblygedig fel Gwlad Pwyl a México i wledydd datblygedig fel y DU ac UDA yn nhermau **tlodi cymharol** y rhanbarthau gwreiddiol. Pan ymunodd Gwlad Pwyl â'r UE yn 2004, UDA$12,600 yn unig oedd ei chynnyrch mewnwladol crynswth (CMC) y pen, sef oddeutu dwy ran o bump o'r hyd oedd y CMC yn y DU. Tra bod CMC y pen yn uchel yng Ngwlad Pwyl yn ôl safonau Affrica is-Sahara, roedd yn ddigon isel i ysgogi oddeutu 1 miliwn o Bwyliaid ifanc i chwilio am fywyd gwell yn y DU.

Prisiau nwyddau cynradd

Ar bapur, mae cynnyrch cynradd gwlad (bwyd heb ei brosesu, coed, mwynau ac adnoddau egni) yn cynnig cyfle i unrhyw wlad i fasnachu gyda gwledydd eraill. Bydd hyn yn cynhyrchu'r incwm sydd ei angen ar gyfer datblygiad economaidd. Mewn gwirionedd, nid yw hyn bob amser yn digwydd. Nid yw gwledydd sy'n masnachu'n unig mewn cynnyrch amaethyddol a deunyddiau crai bob amser yn ennill incwm sylweddol. Mae hyn yn golygu nad oes ganddyn nhw ddigon o arian i fewnforio gweithgynhyrchion drud o wledydd datblygedig. Mae'n dod yn anoddach cyflawni'r hyn sydd ei angen i greu twf heb gyfrifiaduron i ysgolion neu offer ysbyty arbenigol. O ganlyniad i dlodi parhaus, mae allfudiad pobl fedrus, uchelgeisiol a thalentog yn gallu amddifadu gwlad o'i hadnoddau dynol mwyaf gwerthfawr, gan felly achosi mwy o sialensiau datblygu drwy broses **adborth positif**.

Mae yna ddau reswm allweddol pam bod y prisiau sy'n cael eu talu am nwyddau cynradd mewn marchnadoedd byd-eang yn aml yn isel.

1. Mae **gorgynhyrchu** yn digwydd pan fydd gormod o wledydd yn tyfu'r un cnwd. Mae'r gorgyflenwad hwn yn gwthio prisiau i lawr yn fyd-eang. Pan fydd cynnyrch cnydau'n eithriadol o uchel, o ganlyniad i dywydd ffafriol, mae'r broblem yn gwaethygu.

> **Cyngor i'r arholiad**
>
> Gwnewch yn siŵr nad ydych yn ysgrifennu'n rhy gyffredinol am ddatblygiad y byd. Erbyn hyn, ni ddylid fod yn disgrifio'r byd fel man sy'n cynnwys 'Gwledydd Mwy Economaidd Ddatblygedig' a 'Gwledydd Llai Economaidd Ddatblygedig'. Mae'r oes wedi newid.

Yn ystod rhai blynyddoedd, mae'r prisiau am ffa coffi, ffa coco neu fananas wedi gostwng yn isel iawn, gan achosi lleihad mewn incwm i gymunedau o gynhyrchwyr.

2   Mae **llywodraethiant gwael** yn ffactor sy'n cyfrannu ymhellach at y problemau. Yn y gorffennol, nid oedd gan wledydd sy'n datblygu'r cyfalaf oedd ei angen i sicrhau cytundebau masnachu da. Pan enillodd Gweriniaeth Ddemocrataidd Congo ei hannibyniaeth o Wlad Belg yn 1960, dywedwyd mai 16 o ddinasyddion y wlad yn unig oedd â gradd prifysgol. Honnir bod cwmnïau mwyngloddio, coed a bwyd tramor wedi manteisio ar ddiffyg arbenigedd busnes a gallu economaidd y wlad trwy drefnu cytundebau i brynu adnoddau'r wlad am gyfran fach iawn o'u gwir werth ar y farchnad. Parhaodd y cam-fanteisio hwn gyda chydsyniad parod arlywydd Gweriniaeth Ddemocrataidd Congo sef yr Arlywydd Mobutu.

Mae yna eithriadau. Mae'r prisiau sy'n cael eu talu am olew, diemwntau, aur a mwynau prin yn gallu bod yn uchel iawn. Fodd bynnag, mae presenoldeb y nwyddau hyn weithiau yn gallu creu mwy fyth o sialens i ddatblygiad gan ei fod yn gallu arwain at wrthdaro. Hyn sydd wedi arwain at sôn am y **theori fod adnoddau yn gallu bod yn felltith**. Mae metel o Weriniaeth Ddemocrataidd Congo, diemwntau o Sierra Leone a chyflenwad olew o Dde Sudan yn aml wedi gwaethygu bywyd pobl yn hytrach na gwella eu bywydau. Mae'r rhai sydd wedi dioddef o'r gwrthdaro hyn wedi ymuno â'r ymfudwyr economaidd oedd yn gadael y gwledydd hyn.

Mynediad gwael at farchnadoedd oddi mewn i'r systemau byd-eang

Mae rhaniad y byd yn ardaloedd masnachu mawr a elwir yn **flociau masnach** yn rheswm arall pam bod tlodi yn parhau mewn rhai gwledydd sy'n datblygu.

- Mae'r Undeb Ewropeaidd (UE) yn ardal fasnach sy'n diogelu ei ffermwyr ei hunan trwy godi **tollau mewnforio** ar fewnforion bwyd o wledydd eraill. O ganlyniad, mae'n anoddach i ffermwyr mewn gwledydd tu allan i'r UE fel Kenya sicrhau pris da am y bwyd y maen nhw'n eu gwerthu i archfarchnadoedd Ewropeaidd.
- Ymhellach, mae lefelau uchel o gefnogaeth ariannol gan lywodraethau yn galluogi ffermwyr Ewrop i gynhyrchu cig a llysiau'n rhad. O ganlyniad, mae'n rhaid i ffermwyr Affrica werthu eu nwyddau am brisiau is fyth i gwmnïau fel Aldi os ydyn nhw am ddelio â nhw.

Mae **Cyfundrefn Masnach y Byd (WTO)** yn anelu at leihau rhwystrau masnach annheg a chymorthdaliadau gan lywodraethau yn fyd-eang. Fodd bynnag, nid yw ymdrechion i berswadio gwledydd datblygedig i roi'r gorau i amddiffyn y sector amaethyddol a gwella mynediad i'r marchnadoedd ar gyfer gwledydd tlotach wedi llwyddo bob tro.

Sbardunau mudo rhyngwladol diwylliannol a gwleidyddol

Mae ffactorau diwylliannol a gwleidyddol penodol weithiau yn annog mudo rhyngwladol. Mae'r rhain yn cynnwys datblygiad **cymunedau diaspora**, cysylltiadau **ôl-drefedigaethol** rhwng gwledydd a deddfwriaeth sy'n caniatáu hawl i **symud yn rhwydd** o un wlad i'r llall.

Cymunedau diaspora byd-eang

Mae diasporas byd-eang yn darparu cyd-destunau neu fframweithiau pwysig ar gyfer mudo rhyngwladol: mae'n gwneud synnwyr mudo i wlad lle mae nifer da o'ch cyd-ddinasyddion eisoes yn byw. Mae ymuno â chymuned ddiaspora sydd wedi'i sefydlu yn cynnig llawer o

Diaspora (cymuned ar wasgar) yw poblogaeth fudol gwlad benodol a'u disgynyddion sydd ar wasgar ledled y byd.

Arweiniad i'r Cynnwys

fanteision: efallai y bydd yn haws dod o hyd i waith; mae'n bosibl y bydd aelodau teuluol yn gallu rhoi cefnogaeth yn ystod y cyfnod dechreuol anodd o adleoli ac ymgartrefu.

Dangosir enghreifftiau o sawl diaspora enwog yn Nhabl 4 a Ffigur 8. Mae enghreifftiau eraill nodedig yn cynnwys y diaspora o Ffrainc, Yr Eidal, México, Brasil, Nigeria a Malaysia. Mae 'gwledydd Celtaidd' y DU i gyd wedi esgor ar gymunedau sylweddol o bobl ar wasgar ar draws y byd er gwaethaf poblogaeth gymharol fach y gwledydd hyn. Er enghraifft, mae Iwerddon yn gartref i 4 miliwn o bobl; eto i gyd, mae dros 70 miliwn o unigolion sy'n byw ar draws y byd yn honni bod ganddyn nhw achau Gwyddelig. Yn UDA yn unig, mae 30 miliwn o bobl yn credu bod ganddyn nhw linach Wyddelig. Mae diaspora Cymru yn cynnwys 'Y Wladfa' a sefydlwyd ym Mhatagonia yn yr Ariannin yn 1865.

Tabl 4 Enghreifftiau o boblogaethau diaspora ar draws y byd

Y diaspora Tsieineaidd	Mae nifer mawr o bobl o China wedi sefydlu mewn gwledydd cyfagos fel Indonesia, Gwlad Thai a Malaysia, ynghyd â gwledydd pellach i ffwrdd fel y DU a Ffrainc. Mae ardaloedd 'Tsieineaidd' amlwg yn bodoli yn nifer o ddinasoedd y byd. Mae milenia o fasnach forol wedi rhoi hanes maith i'r diaspora hwn. Mae dyfodiad cwmnïau amlwladol Tsieineaidd yn Affrica wedi creu twf diaspora pellach yn ystod y blynyddoedd diwethaf.
Y diaspora Indiaidd	Dyma un o'r rhai mwyaf yn y byd, gyda 28 miliwn o bobl yn rhan ohoni yn 2016. Mae dinasyddion o India neu bobl o dras Indiaidd yn byw bron ymhob rhan o'r byd. Mae patrwm y diaspora yn nodedig gan fod mwy na 1 filiwn o bobl mewn 11 gwlad wahanol. Mae'r crynodiadau mwyaf yn UDA, y DU, Malaysia, Sir Lanka, De Affrica ac yn y Dwyrain Canol.
Y diaspora 'Iwerydd Du'	Disgrifiwyd hwn gan Paul Gilroy fel 'diwylliant rhyngwladol' wedi'i adeiladu ar symudiadau pobl o dras Affricanaidd i Ewrop, y Caribî a'r Americas. Hanes cyffredin o gaethwasiaeth mewn mannau gwahanol a gyfrannodd yn wreiddiol at lunio hunaniaeth y grŵp hwn. Heddiw, cynhelir cysylltedd rhyngwladol drwy fudo, twristiaeth a chyfnewid diwylliannol ar draws yr Iwerydd; mae hyn i'w weld yn glir yn y sîn cerddoriaeth Ddu ryngwladol sydd wedi rhoi jazz, blŵs, reggae a hip-hop i'r byd.
Y diaspora Albanaidd	Fel Iwerddon, gwlad fach yw'r Alban gydag ychydig filiynau o drigolion; eto i gyd, mae ganddi ddiaspora sy'n cynnwys degau o filiynau. Mae gwefannau hel achau ar-lein yn galluogi pobl sy'n byw ym mhedwar ban byd i olrhain eu gwreiddiau yn ôl i'r Alban: dyma ffordd arall ddiddorol y mae technoleg wedi dylanwadu ar fudo byd-eang. Mae pobl sy'n darganfod bod ganddyn nhw wreiddiau mewn gwlad arall yn fwy tebygol o ystyried symud yno. Mae GlobalScot yn wefan dan nawdd Scottish Enterprise sy'n cael ei ariannu gan y llywodraeth, ac sy'n annog aelodau o'r diaspora Albanaidd i rwydweithio'n economaidd gyda'i gilydd.

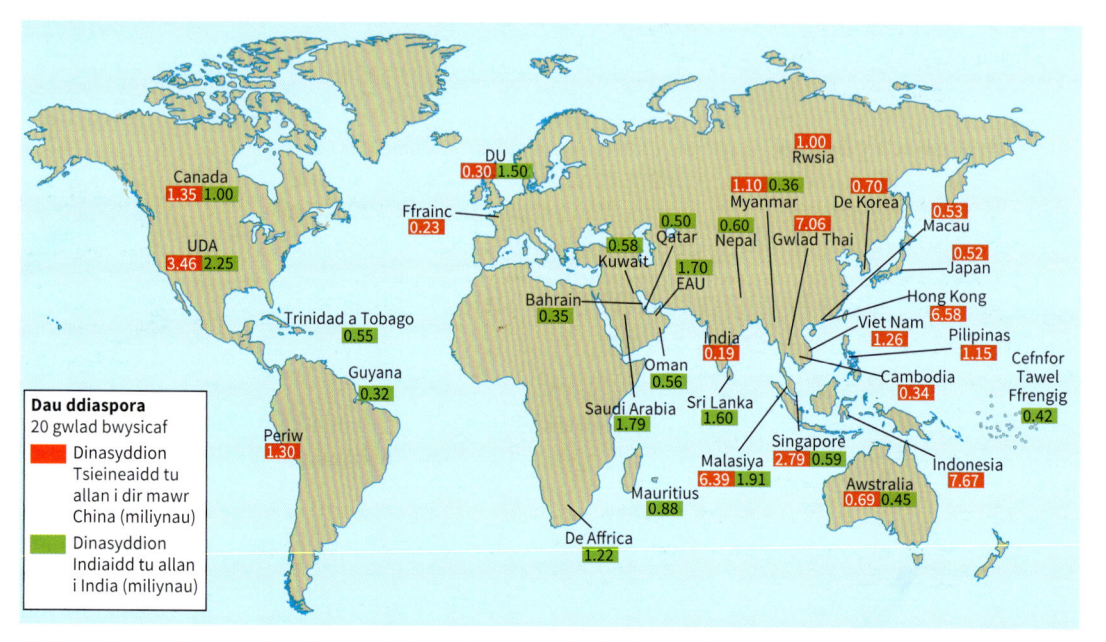

Ffigur 8 Mae dinasyddion o India a China sy'n byw dramor yn ffurfio rhan o ddiaspora y ddwy wlad (mae miliynau pellach o bobl o India neu China hefyd ar wasgar ledled y byd) (Ffynonellau: CEIC, OCAC, MOIA, US Census Bureau)

Achosion o fudo economaidd rhyngwladol

Symudiad pobl ôl-drefedigaethol

Rhwng yr 1950au a'r 1970au, derbyniodd y DU ymfudwyr o'r Caribî (yn enwedig o Jamaica), India, Pakistan, Bangladesh ac Uganda. Daeth niferoedd llai o Nigeria, Kenya a cyn-diriogaethau eraill Prydain yn Affrica. Heddiw, mae'r gwledydd hyn yn aelodau o'r **Gymanwlad**.

- Daeth ymfudwyr i lenwi bylchau penodol yn y gweithlu a agorodd ar ôl yr Ail Ryfel Byd. Weithiau, byddai ymfudwyr yn cael eu recriwtio'n uniongyrchol (cynhaliodd *London Underground* gyfweliadau i yrwyr bysiau yn Kingston, Jamaica).
- Roedd galw mawr yn parhau am weithwyr mewn diwydiannau trwm ac ysgafn, yn enwedig ym melinau tecstiliau Canolbarth Lloegr, Sir Gaerhirfryn a Swydd Efrog.
- Roedd bylchau yn y farchnad lafur fedrus hefyd, ac roedd hyn yn amlwg o fewn rhengoedd y Gwasanaeth Iechyd Gwladol newydd (nid oedd digon o feddygon wedi cael eu hyfforddi yn ystod yr 1930au a'r 1940au i staffio'r GIG newydd uchelgeisiol). Teithiodd llawer o feddygon i'r DU o India, Pakistan a rhannau o Affrica.

Mae gan wledydd Ewropeaidd eraill a fu unwaith yn bwerau mawr gysylltiadau ôl-drefedigaethol gyda gwladwriaethau a arferai fod yn rhan o'u hymerodraethau. Mae Ffrainc yn gartref i ddisgynyddion llawer o ymfudwyr o Algeria a Tunisia; mae rhai o ddinasyddion Gwlad Belg wedi mudo yno o Weriniaeth Ddemocrataidd Congo.

Rheolau sy'n caniatáu symudiad rhydd yn yr UE, De America ac Affrica

O fewn yr UE, caniateir i lafur symud yn rhydd. Mae De Lloegr, Gogledd Ffrainc, Gwlad Belg a llawer o orllewin yr Almaen yn rhanbarthau pwysig sy'n derbyn llawer o'r mudo sydd wedi digwydd. Mae'r ardaloedd hyn yn cynnwys dinasoedd byd fel Llundain, Paris, Brwsel a Frankfurt. Mae llifoedd mudo llafur o ranbarthau yn nwyrain a de Ewrop yn amlach na pheidio wedi anelu at y lleoedd hyn. Dilëwyd y rhan fwyaf o reolau croesi ffiniau cenedlaethol yn 1995 pan roddwyd **Cytundeb Schengen** ar waith. Mae hyn yn galluogi i bobl a nwyddau symud yn ddirwystr o fewn yr UE, ac yn golygu nad oes raid dangos pasbort fel rheol ger y ffiniau.

Mae rhanbarthau eraill o'r byd hefyd wedi dechrau mabwysiadu rheolau symudiad rhydd.

- Mae gwledydd yn Ne America hefyd wedi cymryd camau tuag at y nod hwn. Rhwng 2004 a 2013, llwyddodd bron i 2 filiwn o Dde America i sicrhau trwydded preswylio dros dro yn un o'r naw gwlad sy'n gweithredu'r cytundeb. Ar ôl i **Gytundeb Preswylio Mercosur** (*Mercosur Residency Agreement*) gael ei lofnodi, mae hawl gan ddinasyddion yr Ariannin, Bolivia, Brasil, Chile, Colombia, Ecuador, Paraguay, Periw ac Uruguay i wneud cais am breswyliaeth dros dro yn un o'r aelod-wladwriaethau eraill. Ar ôl y ddwy flynedd gyntaf o breswyliaeth dros dro, mae'n bosibl trosi'r statws dros dro yn breswyliaeth barhaol.
- Mae **Undeb Affrica** (*African Union*) wedi dweud ei fod am ddymchwel ffiniau drwy sicrhau mwy o integreiddio. Yn 2016, dechreuodd Undeb Affrica (sydd â 54 o aelod-wladwriaethau) gyhoeddi e-basbort sy'n caniatáu i ddeiliaid deithio heb visa rhwng aelod-wladwriaethau.

> **Profi gwybodaeth 4**
>
> Faint o brofiad personol sydd gennych chi o fudo? A ydych chi neu unrhyw rai o'ch ffrindiau yn perthyn i ddiaspora (cymuned ar wasgar)? Allwch chi enwi pobl enwog ym maes chwaraeon, teledu neu'r cyfryngau yn y DU sy'n perthyn i gymuned ddiaspora?

Arweiniad i'r Cynnwys

Deall pwerau mawr

Defnyddiwyd y term **pŵer mawr byd-eang** (*global superpower*) yn wreiddiol i ddisgrifio grym UDA, yr Undeb Sofietaidd (Rwsia) a'r DU i ddangos grym a dylanwad dros unrhyw le ar y Ddaear er mwyn dod yn rym byd-eang. Mae **pŵer mawr rhanbarthol** yn lledu ei rym a'i ddylanwad dros ei gymdogion: mae Nigeria, De Affrica ac Awstralia yn enghreifftiau da o hynny.

Pwerau mawr byd-eang

- Arferai'r DU fod yn bŵer trefedigaethol, ynghyd â Ffrainc, Sbaen, Portiwgal, yr Eidal, Gwlad Belg a'r Almaen. Rhwng tua 1500 a 1900, llwyddodd y gwledydd hyn i adeiladu ymerodraethau byd-eang. Un canlyniad o hyn oedd lledaenu ieithoedd, crefyddau, cyfreithiau, arferion, celfyddyd a chwaraeon Ewropeaidd ar draws y byd.
- Yn wahanol i reolaeth uniongyrchol Prydain yn yr 1800au, mae UDA wedi dominyddu materion y byd ers 1945 yn bennaf gan ddefnyddio dulliau dylanwadu anuniongyrchol neu strategaethau 'neo-drefedigaethol'. Mae'r rhain yn cynnwys darparu cymorth rhyngwladol gan lywodraeth UDA a dylanwad diwylliannol cyfryngau Americanaidd (gan gynnwys Hollywood a Facebook). Ochr yn ochr â strategaethau **pŵer meddal** o'r fath, mae llywodraeth UDA wedi defnyddio strategaethau **pŵer caled** fel mater o drefn. Mae hyn yn golygu defnyddio grym milwrol (neu fygwth ei ddefnyddio) mewn modd geowleidyddol ynghyd â'r dylanwad economaidd a gyflawnir drwy bolisïau masnach grymus gan gynnwys sancsiynau economaidd neu gyflwyno tollau ar fewnforion. Defnyddir y term **pŵer craff** (*smart power*) i ddisgrifio'r cyfuniad o strategaethau caled a meddal mewn cysylltiadau rhyngwladol (Ffigur 9).

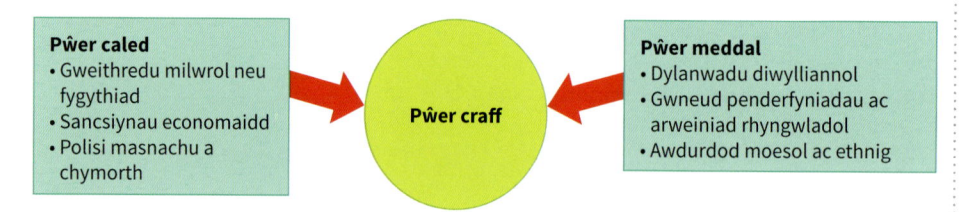

Pŵer caled
- Gweithredu milwrol neu fygythiad
- Sancsiynau economaidd
- Polisi masnachu a chymorth

→ **Pŵer craff** ←

Pŵer meddal
- Dylanwadu diwylliannol
- Gwneud penderfyniadau ac arweiniad rhyngwladol
- Awdurdod moesol ac ethnig

Ffigur 9 Pŵer craff

Heblaw am UDA, pa wladwriaethau eraill sy'n gallu honni ar hyn o bryd eu bod yn bwerau mawr byd-eang?

- Yn ôl un mesur, China oedd economi mwyaf y byd yn 2014, a heb os, mae'n cael dylanwad mawr ar y system economaidd fyd-eang oherwydd ei maint enfawr. Mae Tabl 5 yn cymharu UDA a China.
- Er na all yr un wlad Ewropeaidd unigol bellach gael yr un dylanwad ag UDA, mae llawer wedi parhau i fod yn chwaraewyr byd-eang pwysig yn y byd ôl-drefedigaethol (yn enwedig gwledydd G8 sef yr Almaen, Ffrainc, yr Eidal a'r DU). Cred rhai mai'r unig ffordd y gall gwladwriaethau Ewropeaidd gystadlu gyda statws UDA fel pŵer mawr yw drwy gydweithio fel aelodau o'r Undeb Ewropeaidd.

Bathodd y gwyddonydd gwleidyddol Joseph Nye y term **pŵer meddal** i olygu pŵer perswadio. Mae rhai gwledydd yn gallu gwneud i eraill ddilyn eu harweiniad drwy wneud eu polisïau yn ddeniadol ac apelgar. Mae'n bosibl i bobl mewn gwledydd eraill edrych ar ddiwylliant gwlad (y celfyddydau, cerdd, sinema) yn ffafriol.

Mae **pŵer caled** yn golygu cael eich ffordd eich hun trwy ddefnyddio grym fel goresgyniadau, rhyfel a gwrthdaro. Gellir defnyddio pŵer economaidd fel math o bŵer caled: mae sancsiynau a rhwystrau masnach yn gallu achosi niwed mawr i wladwriaethau eraill.

Achosion o fudo economaidd rhyngwladol

Tabl 5 Dadansoddi a gwerthuso statws pŵer mawr a dylanwad byd-eang UDA a China

	Dadansoddiad	**Gwerthusiad**
UDA	■ Mae'r 320 miliwn o bobl sy'n byw yma (llai nag ugeinfed rhan o boblogaeth y byd) yn berchen mwy na 40% o gyfoeth personol byd-eang. O'r 500 cwmni byd-eang mwyaf, roedd chwarter ohonynt ym mherchnogaeth UDA yn 2015. ■ Mae dylanwad diwylliannol UDA mor gryf fel bod termau fel 'Americaneiddio' a 'McDonaldeiddio' yn cael eu defnyddio'n eang i ddisgrifio'r ffordd y mae bwyd, ffasiwn a chyfryngau UDA wedi llywio diwylliant byd-eang. Nid oes rhyfedd bod cymaint o bobl eisiau mudo yno. ■ Mae UDA wedi defnyddio grym milwrol a gweithrediadau cudd-wybodaeth i ymyrryd ym materion bron i 50 o wladwriaethau ers 1945.	■ Mae dylanwad UDA dros sefydliadau rhyngwladol, gan gynnwys y CU, NATO, y Gronfa Ariannol Ryngwladol a Banc y Byd, wedi rhoi mwy o ddylanwad iddo dros wleidyddiaeth fyd-eang nag unrhyw wladwriaeth arall. UDA oedd prif bensaer y system economaidd fyd-eang a grëwyd ar ddiwedd yr Ail Ryfel Byd. Gelwir yr egwyddorion economaidd sy'n sail i globaleiddio yn 'gonsensws Washington'. ■ Mae UDA yn bŵer mawr byd-eang gwirioneddol. Nid oes gan yr un wlad arall gyfuniad mor nerthol o arfau geowleidyddol, economaidd a diwylliannol ar gael iddi.
China	■ Dechreuodd twf China yn 1978 pan fabwysiadodd Deng Xiaoping y diwygiadau 'drws agored' radical a alluogodd China i gofleidio globaleiddio wrth barhau'n wladwriaeth un-blaid. ■ Heddiw, China yw economi mwyaf y byd. Credir bod dros 400 miliwn o bobl y wlad wedi dianc rhag tlodi ers i'r diwygiadau ddechrau. Rhagwelir y bydd buddsoddiad uniongyrchol tramor o China a'i chwmnïau amlwladol yn cyrraedd cyfanswm o UDA$1.25 triliwn rhwng 2015 a 2025.	■ Mae incwm cyfartalog poblogaeth China yn dal i fod yn llai nag un rhan o dair o incwm dinasyddion UDA. Yn ddiweddar, mae ei thwf economaidd wedi arafu. ■ Nid oes gan China y pŵer meddal sydd gan UDA, yn rhannol oherwydd arwahanu diwylliannol (ychydig iawn o ffilmiau tramor a ganiateir yn China ac mae cyfyngiadau ar y defnydd o'r rhyngrwyd). Mae diffyg democratiaeth yn China hefyd yn effeithio'n andwyol ar ei pherthynas gyda rhai gwledydd eraill.

Pwerau mawr rhanbarthol

Gall nifer o wledydd honni eu bod yn bwerus yn nhermau rhanbarthol a'u bod hefyd yn cael dylanwad byd-eang mewn rhai ffyrdd. Er enghraifft, gwladwriaeth fechan Qatar yn y Dwyrain Canol sydd â CMC y pen uchaf yn y byd, dros UDA$100,000. Mae ei chyfoeth a'i dylanwad byd-eang, fel Saudi Arabia drws nesaf, yn rhannol oherwydd gwerthiant tanwydd ffosil: mae 14% o holl gronfeydd nwy hysbys y byd yn Qatar. Mae llywodraeth Qatar wedi ail-fuddsoddi ei **chyfoeth petroddoler** mewn ffyrdd sydd wedi amrywio'r economi gwladol a magu dylanwad byd-eang hefyd.

- Mae dinas Doha wedi dod yn lle pwerus lle cynhelir cynadleddau rhyngwladol a digwyddiadau chwaraeon; mae Qatar Airways a maes awyr Rhyngwladol Doha yn ei gwasanaethu. Mae cyfarfodydd pwysig o'r Cenhedloedd Unedig a Chyfundrefn Masnach y Byd wedi cael eu cynnal yn Doha, gan gynnwys trafodaethau hinsawdd Confensiwn Fframwaith y Cenhedloedd Unedig ar Newid yn yr Hinsawdd (UNFCCC) 2012. Bydd Cwpan Pêl-droed y Byd yn cael ei gynnal yn y ddinas yn 2022.
- Mae rhwydwaith cyfryngau Al Jazeera yn Qatar yn cystadlu gyda'r BBC a CNN am ddylanwad mewn rhai rhannau o'r byd ac mae'n ffynhonnell pŵer pwysig.
- Fodd bynnag, mae llawer o bobl yn ystyried Qatar fel pŵer rhanbarthol, yn hytrach na phŵer mawr byd-eang gwirioneddol.

Manteision mudo rhyngwladol i'r pwerau mawr

Ar rai adegau yn eu hanes, mae pwerau mawr wedi annog mewnfudo fel rhan o strategaeth dyfu fwriadol. Mae'n bosibl i wledydd brofi dau fath o brinder llafur o bryd i'w gilydd:

> **Profi gwybodaeth 5**
>
> Lluniwch achos dros gategoreiddio'r gwledydd canlynol naill ai fel pwerau mawr rhanbarthol neu rai allai fod yn bwerau mawr byd-eang: Nigeria, De Affrica, India, Rwsia, Brasil, Japan a Saudi Arabia. Pa feini prawf sy'n cyfrif fwyaf wrth feddwl am hyn?

Arweiniad i'r Cynnwys

1. **Prinder llafur medrus:** mae prinder pobl sydd wedi'u hyfforddi mewn proffesiwn arbennig o bwysig, fel meddygaeth neu beirianneg, yn gallu achosi niwed economaidd neu gymdeithasol i wlad.
2. **Prinder llafur anfedrus:** mae prinder pobl sy'n barod i wneud gwaith gyda chyflogau gwael ond gwaith sy'n hanfodol, fel adeiladwaith, yn gallu rhwystro cynnydd economaidd.

Fel y gwelwyd eisoes, roedd y wladwriaeth Brydeinig wedi annog mudo ôl-drefedigaethol pan welwyd bod prinder mawr o lafur ar ôl yr Ail Ryfel Byd yn 1945 (Ffigur 10). Roedd y mudo hwn ar ffurf symudiad gwirfoddol pobl o gyn-drefedigaethau'r Ymerodraeth Brydeinig. Roedd rhai'n gweithio mewn ffatrïoedd; byddai unigolion medrus yn llenwi swyddi meddygol pwysig yn y Gwasanaeth Iechyd Gwladol newydd. Un rheswm i esbonio pam ei bod yn rhwydd i'r DU gyflawni'r nod hwn oedd ei hiaith, arferion a thraddodiadau. Roedd y rhain wedi cael eu cyflwyno i diriogaethau Prydeinig dan reolaeth drefedigaethol yn yr 1800au. Roedd ysgolion meddygol yn India yn defnyddio'r un gwerslyfrau ag ysbytai dysgu Prydain. Roedd poblogaethau cyn-drefedigaethau yn siarad Saesneg yn rhugl ac yn teimlo cysylltiad gyda'r ffordd Brydeinig o fyw. Llwyddodd y DU felly i fanteisio ar ei chyn-ddylanwad dros y gwledydd hyn drwy hysbysebu cyfleoedd gwaith i Asiaid ac Affricaniaid ifanc a oedd yn awyddus i symud i'r DU, ar ôl iddynt gael addysg mewn ysgolion lle byddai hanes a diwylliant Prydain wedi cael eu dathlu.

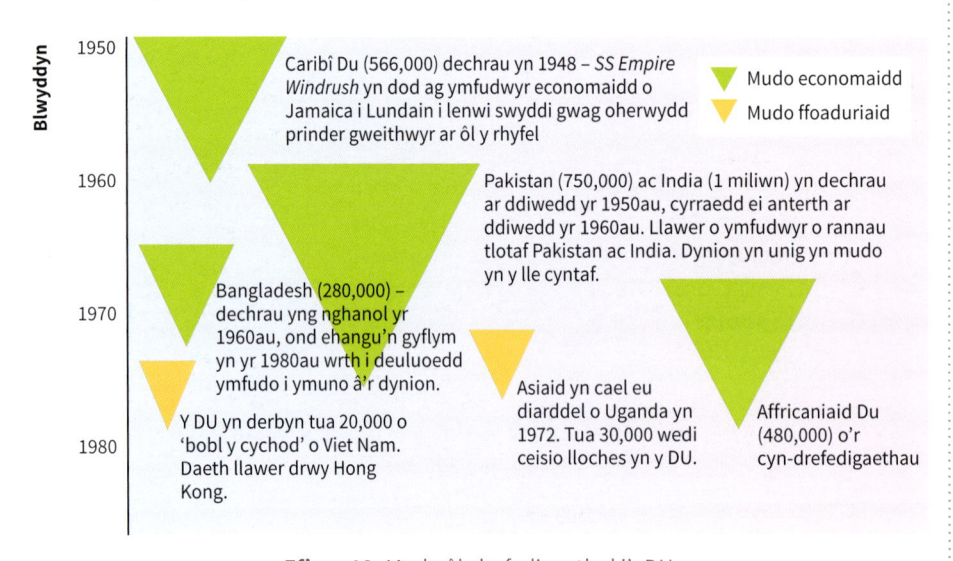

Ffigur 10 Mudo ôl-drefedigaethol i'r DU

Mae Tabl 6 yn dangos sut mae UDA ac Awstralia wedi elwa o fewnfudo pobl o wladwriaethau eraill sydd weithiau'n ddewisol ei natur. Fodd bynnag, nid yw'n wir bod gwladwriaethau hynod bwerus bob amser o blaid caniatáu i fewnfudo ddigwydd. Mae llai na 2% o boblogaeth Japan yn dramorwyr neu'n bobl sydd wedi'u geni dramor. Er gwaethaf statws pwysig Japan fel pŵer economaidd byd-eang, mae rheolau mudo wedi'i gwneud yn anodd i fewnfudwyr ymgartrefu'n barhaol. Mae cyfraith cenedligrwydd yn golygu bod sicrhau dinasyddiaeth Japaneaidd gan dramorwyr

Achosion o fudo economaidd rhyngwladol

preswyl yn nod anodd ei gyflawni (mae cyfradd lwyddo y prawf pasio-neu-ewch-adref hirdymor yn llai na 1%). Fodd bynnag, mae Japan yn wynebu'r sialens o **boblogaeth sy'n heneiddio**. Erbyn 2060, bydd tri gweithiwr ar gyfer pob dau berson wedi ymddeol. Cred llawer o bobl bod yn rhaid i lywodraeth Japan lacio ei hagwedd tuag at fewnfudo os yw'r wlad am gynnal ei rôl economaidd yn y byd.

Tabl 6 Sut mae UDA ac Awstralia wedi elwa o fudo dros amser

UDA	■ Mae UDA yn gartref i tua 300 miliwn o bobl o dras estron sy'n rhannu'r diriogaeth gyda 3 miliwn o Americaniaid brodorol. Yn y 'genedl hon o ymfudwyr', gallwn ganfod pobl o'r Alban, Iwerddon, Yr Eidal, Groeg, Jamaica, Puerto Rico, India, Sweden, Gwlad Pwyl, Israel, Korea, Nigeria a China, ymhlith llawer o rai eraill. Mae'r wlad wedi ffynnu dros amser oherwydd ei bod wedi denu cymaint o ymfudwyr ifanc a thalentog. ■ Ers yr 1990au, mae niferoedd mawr o ymfudwyr Indiaidd medrus wedi teithio i UDA. Mae diaspora Indiaidd y wlad yn fwy medrus ac yn ennill cyflogau gwell nag unrhyw gymuned arall o ymfudwyr yn UDA. ■ Mae llawer o allforion diwylliannol enwocaf UDA – a ffynonellau ei phŵer meddal – yn wir yn deillio o ddiwylliant grwpiau o ymfudwyr. Mae cerddoriaeth roc a hip-hop dan ddylanwad Affricanaidd-Americanaidd yn enghraifft o hyn; felly hefyd y byrger a'r darten afalau Americanaidd enwog (credir eu bod yn tarddu o'r Almaen a'r Iseldiroedd yn wreiddiol).
Awstralia	■ Mae llywodraeth Awstralia yn defnyddio polisïau mudo yn ofalus i gynnal nerth mewn unrhyw sector cconomaidd lle mae prinder llafur i'w weld. Mae'r wlad ar hyn o bryd yn gweithredu system pwyntiau ar gyfer ymfudwyr economaidd o'r enw'r Rhaglen Fudo. Yn 2013, 190,000 yn unig o ymfudwyr economaidd gafodd fynediad i Awstralia (mae'r ffigur hwn yn cynnwys dibynyddion gweithwyr tramor medrus a oedd eisoes yn byw yno). Deuai'r rhan fwyaf o'r ymfudwyr hyn o India, China, y DU, Ynysoedd Pilipinas a Pakistan.

Canolfannau byd-eang

Mae galw'r pwerau mawr am lafur ymfudol yn aml wedi'i ganolbwyntio ar **ganolfannau byd-eang** penodol o fewn y gwladwriaethau hyn.

Mae canolfan byd-eang yn ddinas arbennig o bwysig pan gaiff ei hystyried ar raddfa genedlaethol a graddfa fyd-eang. Bydd presenoldeb pencadlys cwmnïau amlwladol, prifysgolion enwog yn fyd-eang, sefydliadau ariannol neu wleidyddol byd-eang neu asedau eraill o'r radd flaenaf yn gyfrifol am hyn. Mae canolfannau byd-eang fel Efrog Newydd a Mumbai wedi ennill nerth economaidd dros amser trwy ddenu llifoedd o fuddsoddiad tramor a'r gweithlu rhyngwladol a ddaw yn sgil hynny. Mae niferoedd mawr o weithwyr tramor yn ardal ariannol Canary Wharf yn Llundain. Maen nhw'n chwarae rôl hanfodol bwysig wrth reoli gweithrediadau Ewropeaidd y cwmnïau o'r Unol Daleithiau, China, India, Japan a Singapore sydd wedi sefydlu swyddfeydd yno.

■ Mae rhai canolfannau byd-eang yn ddinasoedd enfawr – **megaddinasoedd** – gyda mwy na 10 miliwn o drigolion. Fodd bynnag, nid yw maint yn un o'r hanfodion ar gyfer dylanwad byd-eang. Mae canolfannau byd-eang llai o faint sy'n llwyddo i sicrhau dylanwad mawr yn nhermau eu cyrhaeddiad byd-eang yn cynnwys Washington DC a Doha yn Qatar fel y gwelwyd eisoes. Yn 2016, enwyd Prifysgol Rhydychen yn y DU fel prif sefydliad addysgol y byd: er gwaethaf maint y ddinas, mae Rhydychen yn fan pwerus. Mae'n denu llawer o fyfyrwyr a darlithwyr tramor.

■ Mae Ffigur 11 yn dangos sut mae canolfannau byd-eang yn tyfu mewn pŵer a dylanwad dros amser, a hynny'n aml yn sgil paru adnoddau naturiol ac adnoddau dynol yn llwyddiannus. Mae mudo rhyngwladol yn chwarae rôl hollbwysig wrth ailgyflenwi adnoddau dynol dinasoedd a gwladwriaethau pwerus yn barhaus.

> **Profi gwybodaeth 6**
>
> Datblygwch ddadl ynghylch pwysigrwydd y rôl a chwaraeir gan lifoedd mudo byd-eang wrth helpu gwledydd sy'n bwerau mawr i ennill a chynnal eu statws. Peidiwch ag anghofio ystyried Japan fel un o'ch enghreifftiau.

Arweiniad i'r Cynnwys

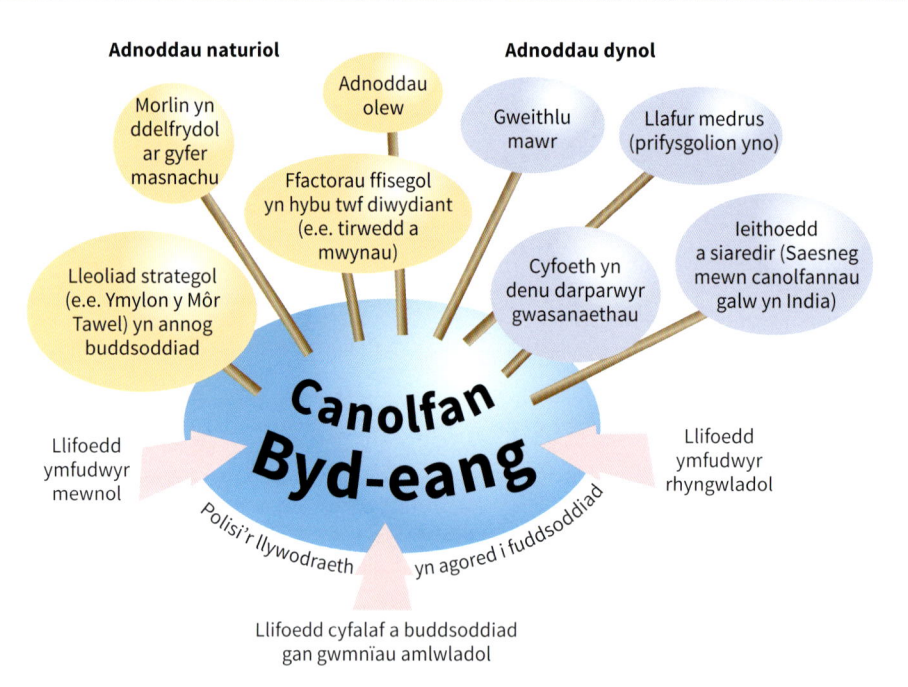

Ffigur 11 Mae mudo yn chwarae rôl hollbwysig wrth fwydo twf a ffyniant parhaus canolfannau byd-eang

Allfudo o'r pwerau mawr

Yn ogystal â'r rôl a chwaraeir gan fewnfudo, ni ddylem anghofio bod allfudiad dinasyddion hefyd yn helpu'r pwerau mawr i ennill dylanwad yn fyd-eang. Mae niferoedd mawr o ddinasyddion y DU ac UDA wedi symud dramor; mae diasporas o India a China yn Affrica wedi tyfu'n sylweddol o ran maint yn ddiweddar. Ymhob un o'r achosion hyn, mae'r gallu gan aelodau o'r diaspora i ymddwyn fel 'llysgenhadon pŵer meddal' answyddogol i'w tras neu i'r gwledydd y maen nhw'n hanu ohonynt.

Crynodeb

- Mae achosion strwythurol pwysig i'r mudo economaidd sy'n digwydd o fewn system economaidd y byd. Mae anghydraddoldeb ac annhegwch yn parhau i sbarduno symudiadau mawr o bobl o wladwriaeth i wladwriaeth.
- Mae hanes a diwylliant yn llywio patrwm byd-eang y symudiadau llafur gwirfoddol. Crëwyd cysylltiadau rhwng lleoliadau yn y gorffennol dan y system drefedigaethol; mae'r cysylltiadau hyn yn parhau i ddylanwadu ar symudiadau pobl heddiw.
- Mae ffactorau gwleidyddol a rheolau mudo yn chwarae rôl fawr wrth bennu pwy sy'n rhydd i symud a phwy all ddim symud.
- Mae rhai gwladwriaethau wedi dod yn bwerau mawr byd-eang, neu bwerau mawr rhanbarthol, oherwydd y dylanwad economaidd, milwrol, gwleidyddol neu ddiwylliannol 'meddal' sydd ganddynt dros wledydd eraill.
- Mae gwledydd pwerus fel UDA a'r DU yn denu cryn dipyn o fudo rhyngwladol. Maen nhw'n defnyddio adnoddau dynol gwledydd eraill mewn ffyrdd sy'n eu helpu i gynyddu eu nerth a'u dylanwad economaidd dros amser.

Canlyniadau a dulliau rheoli mudo economaidd rhyngwladol

Llifoedd mudo ac anghydraddoldebau economaidd

Mae dyfodiad niferoedd mawr o weithwyr â sgiliau isel mewn gwlad yn gallu arwain at gryn dipyn o arian yn cael ei drosglwyddo yn ôl gartref. Mae niferoedd mawr o ymfudwyr rhyngwladol ar gyflogau isel yn heidio tuag at y canolfannau byd-eang. Mae Llundain, Los Angeles, Dubai a Riyadh oll yn gartrefi i niferoedd mawr o fewnfudwyr cyfreithlon ac anghyfreithlon sy'n gweithio am gyflog isel mewn ceginau, ar safleoedd adeiladu neu fel glanhawyr domestig. Ar hyn o bryd, mae oddeutu UDA$500 biliwn yn cael ei drosglwyddo yn ôl gartref gan ymfudwyr yn flynyddol. Dyma swm sydd deirgwaith gwerth arian datblygu tramor.

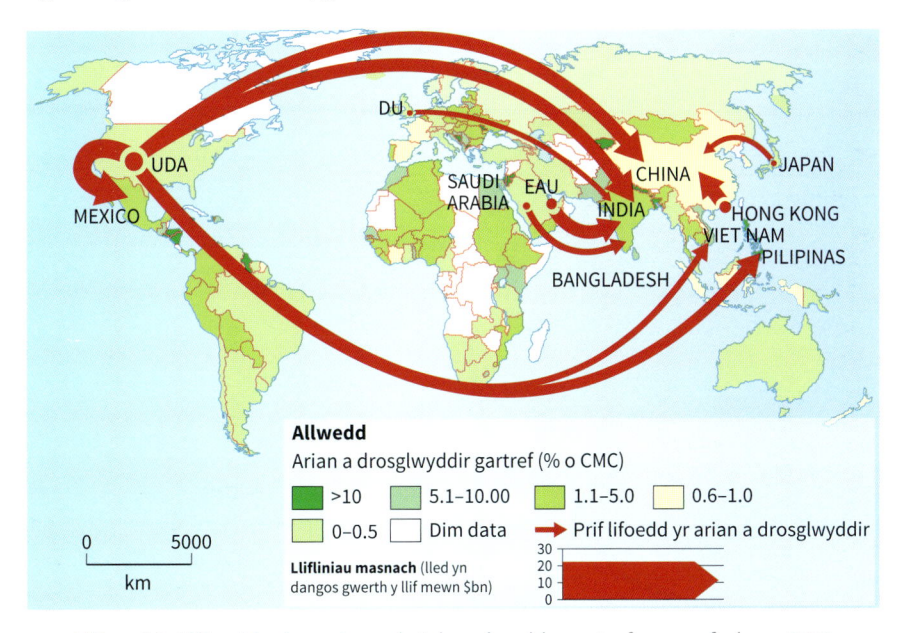

Ffigur 12 Llifoedd arian sy'n cael ei drosglwyddo gartref gan ymfudwyr, 2011

Mae'r mudo hwn ar raddfa fawr hefyd yn arwain at newid diwylliannol sylweddol yn y gwledydd croesawu, fel mwy o amrywiaeth o ran syniadau crefyddol. Er enghraifft, y gymuned Sikhiaid India ym Mhrydain yw'r gymuned Sikhaidd fwyaf tu allan India – mae temlau Gurdwara i'w gweld yng Nghaerdydd a dinasoedd mawr eraill. Mae cyfnewid syniadau hefyd yn digwydd yn sgil dylanwad Asiaid Prydeinig ifanc ar ddiwylliant poblogaidd: yn Llundain, mae Jay Sean (ei enw iawn yw Kamaljeet Singh Jhooti) wedi dod ag elfennau o gerddoriaeth de Asia i brif ffrwd Prydain.

Arweiniad i'r Cynnwys

Mae symudiad niferoedd llai o weithwyr â sgiliau uchel ac unigolion cefnog hefyd wedi effeithio'n sylweddol ar y gwledydd sy'n croesawu a'r gwledydd maen nhw'n dod ohonynt. Dangosir natur amrywiol yr **ymfudwyr elitaidd** hyn (unigolion â sgiliau uchel a/neu unigolion sy'n gymdeithasol ddylanwadol) yn Ffigur 13. Daw eu cyfoeth o'u proffesiwn neu asedau a etifeddwyd. Mae rhai ymfudwyr elitaidd yn byw fel 'dinasyddion byd-eang' a chanddynt nifer o gartrefi mewn gwahanol wledydd. Ychydig iawn o rwystrau maen nhw'n wynebu wrth symud rhwng gwledydd. Mae'r rhan fwyaf o lywodraethau yn croesawu ymfudwyr medrus iawn a rhai sy'n gefnog iawn.

Fel mae Ffigur 13 yn dangos, mae llawer o ymfudwyr elitaidd yn gweithio yn yr economi gwybodaeth, gan gynnwys awduron, cerddorion a dylunwyr meddalwedd. Mae gweithwyr TG proffesiynol a medrus o UDA, India a lleoedd eraill yn gweithio yng nghlystyrau diwydiant cwaternaidd y DU mewn dinasoedd fel Bryste, Llundain a Chaergrawnt.

- Mae hyn o fudd i'r DU fel gwlad sy'n croesawu ymfudwyr.
- Fodd bynnag, dywedir weithiau bod India yn dioddef draen dawn. Mae niferoedd mawr o weithwyr proffesiynol ym maes meddygaeth a TG wedi mudo i wledydd eraill o'r wlad hon sy'n darddle.

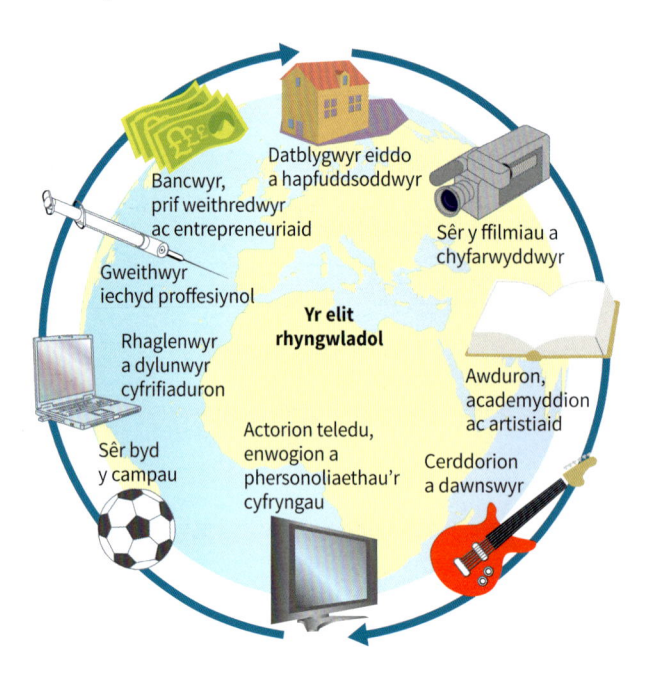

Ffigur 13 Mudo elitaidd byd-eang

Mae Tabl 7 yn dangos sut mae rhai symudiadau mudol a'r llifoedd arian a syniadau cysylltiedig yn gallu:
- lleihau anghydraddoldebau byd-eang a hyrwyddo twf a sefydlogrwydd
- gwaethygu anghydraddoldebau byd-eang ac o bosibl arwain at densiwn neu wrthdaro

Canlyniadau a dulliau rheoli mudo economaidd rhyngwladol

Tabl 7 Canlyniadau rhai symudiadau mudol a'u llifoedd arian a syniadau cysylltiedig

	Rhanbarthau sy'n croesawu	**Rhanbarthau sy'n darddleoedd**
Effeithiau positif (lleihau anghydraddoldeb a hyrwyddo twf)	■ Gwneud iawn am brinder sgiliau penodol (e.e. meddygon o India yn dod i'r DU yn yr 1950au). ■ Ymfudwyr economaidd yn barod i wneud gwaith caib a rhaw y gall fod trigolion lleol yn amharod i'w wneud (e.e. gweithwyr Pwylaidd ar ffermydd yn ardal Peterborough). ■ Ymfudwyr sy'n gweithio yn gwario eu cyflogau ar rent sydd o fudd i landlordiaid, ac yn talu treth ar enillion cyfreithiol. ■ Mae rhai ymfudwyr yn entrepreneuriaid uchelgeisiol ac yn sefydlu busnesau newydd sy'n cyflogi eraill (yn 2013, ymfudwyr oedd yn berchen ar 14% o fusnesau a ddechreuwyd o'r newydd yn y DU).	■ Yn Bangladesh, mae gwerth arian sy'n cael ei drosglwyddo o wledydd tramor yn fwy na buddsoddiad tramor. Yn wahanol i gymorth a benthyca rhyngwladol, llif arian cyfoed-i-gyfoed yw'r arian a drosglwyddir fel hyn: mae arian yn teithio fwy neu lai'n uniongyrchol o un aelod o'r teulu i aelod arall. Mae'r llif arian hwn yn helpu datblygiad cymdeithasol cymunedau nad oedd ynghynt â'r arian i gael mynediad at addysg a gofal iechyd. ■ Ymhen amser, mae'n bosibl y bydd yr ymfudwyr neu eu plant yn dychwelyd, gan ddod â sgiliau newydd (mae Asiaid Prydeinig ifanc wedi adleoli i India i ddechrau clybiau iechyd a chadwyni o fwytai).
Effeithiau negyddol (gwaethygu anghydraddoldeb a hyrwyddo tensiwn)	■ Mae tensiynau cymdeithasol yn codi os yw dinasyddion y wlad sy'n croesawu yn credu bod mudo wedi arwain at ddiffyg swyddi neu gartrefi fforddiadwy (safbwynt a fabwysiadir gan rai o bapurau newydd y DU). ■ Prinder lleol o leoedd mewn ysgolion cynradd oherwydd twf naturiol ymhlith cymuned o ymfudwyr ifanc (e.e. rhai o fwrdeistrefi Llundain sydd wedi denu llawer iawn o ymfudwyr o ddwyrain Ewrop). Mae hyn yn rhoi pwysau ariannol ar awdurdodau lleol. ■ Mae'n bosibl bod yn well gan rai cyflogwyr ddefnyddio ymfudwyr yn hytrach na gweithwyr 'brodorol'; gall cymunedau dosbarth gweithiol ddioddef diweithdra yn sgil hynny.	■ Colled economaidd cenhedlaeth o adnoddau dynol a addysgwyd gan y llywodraeth, gan gynnwys gweithwyr allweddol fel athrawon a rhaglenwyr cyfrifiaduron. Mae Gwlad Pwyl wedi colli pobl ifanc bob blwyddyn ers yr 1960au. ■ Mae cynnydd yng nghyfran y bobl hŷn sy'n ddibynnol ar eraill yn creu sialens economaidd hirdymor. ■ Mae llai o dwf economaidd wrth i ddefnydd ostwng (yn enwedig gwasanaethau trefol ac adloniant i farchnad o oedolion ifanc: caeodd nifer o glybiau nos yn Warsaw yn 2004 pan ymunodd Gwlad Pwyl â'r UE). ■ Nid oes gwarant y bydd yr arian a drosglwyddir yn parhau i gael ei anfon adref yn yr hirdymor.

Mudo a Chyd-ddibyniaeth

Dros amser, mae llifoedd byd-eang wedi creu rhwydweithiau o leoedd cydgysylltiedig a **chyd-ddibynnol**. Mae lles parhaol pob gwlad i ryw raddau yn dibynnu ar iechyd economaidd gwledydd eraill. Mae gan gyd-ddibyniaeth agweddau economaidd, cymdeithasol, gwleidyddol ac amgylcheddol (Ffigur 14).

Cyd-ddibyniaeth economaidd a chymdeithasol

Mae **arian** sy'n cael ei drosglwyddo a'i anfon adref i'r **wlad sy'n darddle** yn gallu cynhyrchu cymaint â 40% o CMC rhai gwladwriaethau mwy tlawd (e.e. Tajikistan); mae'r arian hwn yn gallu helpu i dalu am **addysg** ac **iechyd**

Mae gweithwyr mudol yn aml yn rhan hanfodol o boblogaeth rhai **gwledydd sy'n croesawu** pobl; maen nhw'n darparu gwasanaethau **economaidd** a **chymdeithasol** hanfodol bwysig

Cyd-ddibyniaeth wleidyddol ac amgylcheddol

Ymhen amser, mae **partneriaeth wleidyddol** agosach yn gallu datblygu rhwng gwledydd sydd wedi dod yn gymdeithasol-economaidd cyd-ddibynnol (yn rhannol oherwydd mudo), fel rhai o wladwriaethau'r UE

Mae hyn yn cynyddu cydweithrediad wrth fynd i'r afael â **bygythiadau amgylcheddol cyffredin**, fel newid yn yr hinsawdd. Mae llawer o wyddonwyr Ewropeaidd wedi mudo i weithio mewn prifysgolion yng ngwladwriaethau eraill yr UE

Ffigur 14 Sut mae mudo yn gallu hybu mwy o gyd-ddibyniaeth economaidd, cymdeithasol, gwleidyddol ac amgylcheddol rhwng gwladwriaethau

Arweiniad i'r Cynnwys

Enghreifftiau o gyd-ddibyniaeth

Pan fydd llifoedd o lafur mudol ar raddfa-eang yn canolbwyntio ar ranbarthau **craidd** neu ganolfannau, dywedir bod proses o'r enw **adlifo** (*backwash*) ar waith. Mae'r broses hon yn gallu draenio lleoedd **ymylol** o weithwyr ifanc.

- O fewn yr UE, mae Cytundeb Schengen (t. 23) wedi cyflymu'r broses adlifo ar lefel rhyngwladol (Ffigur 15).
- Mae llawer o economegwyr yn credu bod adlifo yn gweithio er budd pawb. Maen nhw'n meddwl bod mudo yn ffordd effeithlon o sicrhau bod cymaint ag sy'n bosibl o allbwn economaidd yn yr UE yn ei gyfanrwydd.
- Yn ei dro, mae hyn yn cynhyrchu mwy o refeniw treth i lywodraethau'r UE i dalu am wasanaethau ac isadeiledd, sy'n cael ei rannu gyda'r holl aelod-wladwriaethau, gan gynnwys prosiectau adeiladu ffyrdd, taliadau i ffermwyr a grantiau i fusnesau newydd. Yn ôl y damcaniaethwr craidd-ymylon John Friedmann, mae effeithiau adlifo yn cael eu cydbwyso wrth i gyfoeth **ddiferu i lawr** i bob gwlad. Canlyniad hyn yw cynghrair o wledydd cyd-ddibynnol.
- Mae beirniaid y model **neo-ryddfrydol** hwn yn dadlau bod y 'colledion' a ddaw o'r mudo adlifol yn fwy o lawer i wladwriaethau ymylol yn Nwyrain Ewrop nag unrhyw gyfoeth a fydd yn diferu i lawr iddyn nhw. Mewn gwirionedd, mae'n anodd naill ai derbyn neu wrthod y ddamcaniaeth oherwydd bod y prosesau economaidd a demograffig sydd ar waith mor gymhleth.

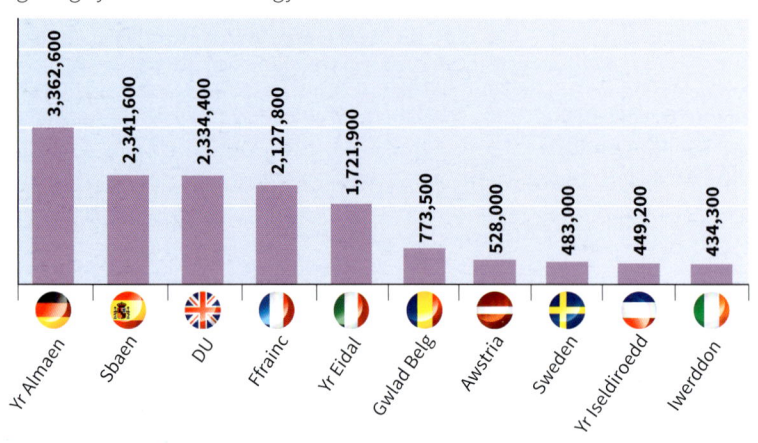

Gwlad	Nifer
Yr Almaen	3,362,600
Sbaen	2,341,600
DU	2,334,400
Ffrainc	2,127,800
Yr Eidal	1,721,900
Gwlad Belg	773,500
Awstria	528,000
Sweden	483,000
Yr Iseldiroedd	449,200
Iwerddon	434,300

Ffigur 15 10 gwladwriaeth UE gyda'r gyfran uchaf o bobl a anwyd yn un o wladwriaethau eraill yr UE, 2012 (dangos yr union niferoedd)

Mae Tabl 8 yn dangos enghreifftiau pellach o gyd-ddibyniaeth rhwng gwladwriaethau sy'n digwydd ar sail mudo rhyngwladol.

Tabl 8 Sut mae mudo a llifoedd arian a drosglwyddir yn ôl gartref yn creu cyd-ddibyniaeth economaidd

Gweithwyr o India yn symud i'r Emiradau Arabaidd Unedig	Mae dros 2 filiwn o ymfudwyr o India yn byw yn yr Emiradau Arabaidd Unedig, sef 30% o'r holl boblogaeth yno. Mae llawer yn byw yn Abu Dhabi a Dubai. Amcangyfrifir bod oddeutu UDA$15 biliwn yn dychwelyd i India yn flynyddol wrth i ymfudwyr drosglwyddo arian yn ôl gartref. Mae'r rhan fwyaf o ymfudwyr yn gweithio yn y diwydiannau trafnidiaeth, adeiladu a gweithgynhyrchu. Mae tua un rhan o bump yn weithwyr proffesiynol sy'n gweithio yn y diwydiannau gwasanaethu.
Gweithwyr Ffilipino yn symud i Saudi Arabia	Mae tua 1.5 miliwn o ymfudwyr o'r Pilipinas wedi cyrraedd Saudi Arabia ers 1973, pan ddechreuodd prisiau olew cynyddol ddod â chyfoeth mawr i'r wlad. Mae rhai yn gweithio mewn diwydiannau adeiladu a thrafnidiaeth, ac eraill fel meddygon a nyrsys yn Riyadh. Mae UDA$7 biliwn yn dychwelyd i'r Pilipinas yn flynyddol fel arian a drosglwyddir yn ôl gartref. Fodd bynnag, mae adroddiadau sy'n sôn bod rhai ymfudwyr yn cael eu trin yn wael yn awgrymu bod cost i'r gyd-ddibyniaeth hon.

Canlyniadau a dulliau rheoli mudo economaidd rhyngwladol

Manteision a pheryglon cyd-ddibyniaeth

Mae cyd-ddibyniaeth yn gallu cryfhau cyfeillgarwch rhwng gwladwriaethau. Gall hynny wedyn leihau'r posibilrwydd o wrthdaro geowleidyddol a sicrhau mwy o dwf a sefydlogrwydd.

- Cymerwyd y camau cyntaf tuag at yr UE yn fuan wedi diwedd yr Ail Ryfel Byd. Credai llywodraethau nifer o wledydd Ewropeaidd y byddai mwy o gyd-ddibyniaeth yn rhoi diwedd ar ganrifoedd o wrthdaro.
- Yn yr 1990au, dadleuai Thomas Friedman bod cysylltiad rhwng cyd-ddibyniaeth economaidd a gwleidyddol. Fel rhan o ddamcaniaeth atal gwrthdaro'r **bwâu aur**, roedd yn dadlau na fyddai dwy wlad gyda bwytai McDonald's fyth yn rhyfela oherwydd bod cydgysylltiad bellach rhwng eu heconomïau. Tra bod y gwrthdaro diweddar rhwng Rwsia a'r Ukrain wedi gwanhau dadl Friedman (mae gan y ddwy wlad fwytai McDonald's), mae'n dal i fod yn syniad sy'n haeddu sylw.
- Mae gan wledydd sy'n gartref i boblogaeth ddiaspora fawr gysylltiadau geowleidyddol cryf yn aml gyda tharddle'r diaspora. Mae'r cyfeillgarwch parhaol rhwng India a'r DU yn un enghraifft. Roedd y cyn-arlywyddion Barack Obama a John F Kennedy yn awyddus i feithrin cysylltiadau diplomyddol da rhwng Gweriniaeth Iwerddon ac UDA tra eu bod yn y swydd (roedd y ddau ŵr o dras Wyddelig). Mae dyfodiad diaspora Koreaidd mawr yn UDA wedi dyfnhau cyfeillgarwch y wlad gyda De Korea.

Fodd bynnag, mae peryglon yn gysylltiedig â chyd-ddibyniaeth hefyd.

- Aeth y DU i mewn i ddirwasgiad yn 2009 yn ystod yr argyfwng ariannol byd-eang (gweler t. 14). Canslwyd llawer o brosiectau adeiladu. Fel sgil-effaith, collodd llawer o ymfudwyr a oedd yn gweithio mewn diwydiannau adeiladu eu swyddi ac nid oedd ganddynt arian i'w anfon adref. O ganlyniad, crebachodd economi Estonia 13%. Mae hyn yn dangos y sialensiau sy'n dod yn sgil manteision cyd-ddibyniaeth.
- Mae llawer o ddinasyddion o'r farn bod cyd-ddibyniaeth yn fygythiad i **sofraniaeth** eu gwlad. I genhedloedd yr UE, mae'r adfywiad diweddar mewn **cenedlaetholdeb** yn gysylltiedig gyda thrafodaeth ehangach ynghylch 'colli sofraniaeth'. Byddai cyfran fawr o bobl ymhob un o wledydd yr UE yn hoffi gweld diwedd ar y rhyddid i symud a gyflwynwyd gan Gytundeb Schengen. Maen nhw o'r farn bod gormod o fewnfudo wedi digwydd.

Polisïau mudo gwledydd croesawu a gwledydd sy'n darddleoedd

Mae gwledydd croesawu yn gwahaniaethu'n fawr yn nhermau pa mor ryddfrydol y mae eu rheolau ar fudo rhyngwladol. Mae cyfreithiau sy'n llywodraethu mudo economaidd yn amrywio dros amser yn unol â newidiadau yn anghenion y gweithlu. Yn yr 1950au ac eto yn ystod y 2000au cynnar, mabwysiadodd llywodraeth y DU agwedd 'drws agored' ar fudo rhyngwladol. Roedd y ddau benderfyniad yn rhannol seiliedig ar brinder sgiliau a llafur a ddaeth i'r amlwg yn ystod y cyfnodau hynny. Ychydig iawn o wledydd sydd â chyfreithiau i rwystro pobl rhag allfudo gan fod hynny'n mynd yn groes i **Ddatganiad Cyffredinol y Cenhedloedd Unedig ar Hawliau Dynol**. Mae Erthygl 13 yn gwarantu: 'Y mae gan bawb hawl i adael unrhyw wlad, gan gynnwys eu gwlad eu hunain, a hawl i ddychwelyd iddi.' O ganlyniad, mae bron pob gwlad, ar bapur, yn darddleoedd posibl ar gyfer allfudo diderfyn.

> **Profi gwybodaeth 7**
>
> A yw'r ymfudo a ddangosir yn Nhabl 8 o fudd i'r holl wladwriaethau a phobl i'r un graddau? A yw'r gwladwriaethau hyn yn ddibynnol ar ei gilydd neu a yw'r berthynas rhyngddyn nhw yn llai cytbwys efallai nag y mae'r gair 'cyd-ddibyniaeth' yn ei awgrymu mewn gwirionedd?

Sofraniaeth yw rhyddid gwladwriaeth i lywodraethu ei hun yn llawn, yn annibynnol ar unrhyw bŵer tramor.

Mae **cenedlaetholdeb** yn symudiad gwleidyddol gyda'i ffocws ar annibyniaeth genedlaethol neu ar ddileu polisïau sydd ym marn rhai pobl yn bygwth sofraniaeth genedlaethol neu ddiwylliant cenedlaethol.

> **Cyngor i'r arholiad**
>
> Os yw cwestiwn arholiad yn gofyn i chi ysgrifennu am ganlyniadau symudiad ymfudol, gwnewch yn siŵr eich bod wedi'i ddarllen yn ofalus iawn: efallai y bydd yn gofyn i chi gyfyngu eich ateb gan drafod effeithiau i'r wlad sy'n croesawu, neu effeithiau cymdeithasol yn unig, er enghraifft.

Arweiniad i'r Cynnwys

- Un eithriad nodedig i'r rheol hon yw Gogledd Korea. Mae llywodraeth y wlad yn mynnu bod ei dinasyddion yn cael visa gadael cyn iddyn nhw gael yr hawl i adael.
- Yn y gorffennol, roedd dinasyddion yr Undeb Sofietaidd yn wynebu cyfyngiadau tebyg ar eu rhyddid i symud.
- Yn Saudi Arabia a Qatar, mae'n rhaid i rai ymfudwyr tramor wneud cais am fisa gadael cyn iddyn nhw gael yr hawl i fynd adref.

Twf mudiadau gwrth-fewnfudo

Mewn rhai gwledydd, mae mudiadau gwleidyddol gwrth-globaleiddio yn dod yn gynyddol boblogaidd gyda phleidleiswyr. I lawer o bobl, y prif reswm dros droi eu cefnau ar globaleiddio yw'r pryder dilys bod hunaniaeth ddiwylliannol cenedlaethol dan fygythiad posibl. Mae mudo yn bwnc arbennig sy'n creu tensiynau gwleidyddol oherwydd ei fod yn cynnig canfyddiadau a safbwyntiau gwahanol ar y newidiadau diwylliannol sy'n dod yn ei sgil. Mae mudiadau gwleidyddol newydd yn yr UE ac UDA yn rhannu'r un nod, sef 'adennill rheolaeth' dros eu ffiniau. Mae ganddyn nhw athroniaeth genedlatholgar, heb fawr o frwdfrydedd am amlddiwylliannaeth a gwleidyddiaeth sy'n rhoi sylw i ddigwyddiadau rhyngwladol (neu 'rhyngwladoliaeth').

- Pan bleidleisiodd y mwyafrif dros adael yr UE yn ystod refferendwm y DU ar aelodaeth yn 2016, y mater pwysicaf a oedd yn dylanwadu ar ddewis pobl wrth bleidleisio oedd mewnfudo. Allan o'r 8 miliwn o bobl sy'n byw yn Llundain, ganwyd 30% mewn gwlad arall; mae rhai o drigolion Llundain yn meddwl bod graddfa'r newid diwylliannol wedi bod yn ormod.
- Mewn sawl gwladwriaeth arall yn yr UE, mae pleidiau cenedlatholgar wedi bod yn ennill mwy o gefnogaeth yn ddiweddar. Yn y DU, mae hyn ar ffurf Plaid Annibyniaeth y Deyrnas Unedig (UKIP). Yn Ffrainc, mae 45% o bleidleiswyr dosbarth gweithiol (neu 'coler las') bellach yn cefnogi plaid y Ffrynt Genedlaethol, ond mae llai na 20% o weithwyr proffesiynol yn ei chefnogi.
- Yn Ffrainc yn 2015, lladdwyd staff y cylchgrawn dychanol *Charlie Hebdo* gan saethwyr o dras Algeraidd. Dywedodd y llofruddwyr bod y cylchgrawn wedi gwawdio eu ffydd Islamaidd. Mae digwyddiadau eithafol fel y rhain yn brin, ond maen nhw'n tynnu sylw at densiynau o fewn Ewrop amlddiwylliannol a all fygwth symudiad rhydd pobl yn y pen draw.

Mae UDA yn enghraifft o sut mae polisïau mudo yn gallu newid dros amser. Yn y gorffennol, roedd yn gymharol rwydd i ymfudwyr gael mynediad i'r wlad a sicrhau dinasyddiaeth yr Unol Daleithiau. Ar hyn o bryd, mae tua 50 miliwn o bobl yn byw yn UDA nad oedd wedi'u geni yno ac mae mwy na 200 miliwn sy'n ddisgynyddion i ymfudwyr. Yn ddiweddar, fodd bynnag, mae wedi dod yn anoddach sicrhau'r Cerdyn Gwyrdd gwerthfawr. Mae'r cwestiwn o fudo anghyfreithlon dros y ffin gyda México yn fater polisi pwysig sy'n rhannu pobl UDA a'i gwleidyddion (Tabl 9). Pan oedd yn arlywydd, roedd yr Arlywydd Obama o blaid rhoi trwyddedau gweithio i lawer o'r 8 miliwn o weithwyr diawdurdod y credir eu bod yn byw yn UDA. Mae agwedd yr Arlywydd Trump yn wahanol iawn; yn ystod yr ymgyrch etholiadol, galwodd am adeiladu wal ar hyd y ffin gyda México.

Tabl 9 Materion yn ymwneud â mudo sy'n ymrannu'r farn gyhoeddus yn UDA

Effeithiau economaidd	Mae rhai'n credu bod ymfudwyr yn rhan hanfodol o'r peiriant sy'n gyrru twf economaidd UDA. O geginau bwytai Efrog Newydd i winllannau California, mae ymfudwyr cyfreithlon ac anghyfreithlon yn gweithio oriau hir am gyflog isel. Fodd bynnag, mae diweithdra uchel yn rhai o'r dinasoedd sydd wedi'u dad-ddiwydianeiddio wedi arwain at alwadau am swyddi Americanaidd i ddinasyddion Americanaidd.
Diogelwch cenedlaethol	Yn dilyn yr ymosodiadau terfysgol ar UDA yn 2001, roedd mwy o bryder ynghylch diogelwch. Tyfodd y gefnogaeth i rethreg gwrth-fudo y mudiad 'Tea Party' ac yn fwy diweddar, i bolisïau'r Arlywydd Trump.
Effeithiau demograffig	Yn UDA a gwledydd datblygedig eraill, mae ymfudwyr ifanc yn helpu gwrthbwyso costau poblogaeth sy'n heneiddio. Eto i gyd, mae cyfraddau geni uwch rhai o'r cymunedau ymfudol yn newid cyfansoddiad poblogaeth ethnig UDA. Yn 1950, roedd 3 miliwn o ddinasyddion UDA yn Sbaenaidd. Heddiw, mae'r ffigur wedi cyrraedd 60 miliwn sef mwy na un rhan o bob pump o'r boblogaeth.
Newid diwylliannol	Mae ymfudwyr yn newid lleoedd wrth iddynt ddylanwadu ar fwyd, cerddoriaeth ac iaith. Mae twf y boblogaeth Sbaenaidd yn effeithio ar gynnwys cyfryngau UDA. Mae gwneuthurwyr rhaglenni a hysbysebwyr yn ceisio ennill cyfran uwch o'r gynulleidfa trwy gynnig operâu sebon yn Sbaeneg ar sianeli fel Netflix.

Safbwyntiau sy'n gwrthdaro ynghylch mudo ar wahanol raddfeydd daearyddol

Mae safbwyntiau ynghylch pa mor ddymunol yw mudo a newid diwylliannol yn amrywio llawer mwy o le i le nag y mae llawer o bobl yn sylweddoli. Datgelodd refferendwm y DU ar aelodaeth o'r UE bod rhwygiadau dwfn o fewn cymdeithas Prydain. Nid oedd y wlad yn unedig yn ei awydd i adael. Roedd cefnogaeth i 'Brexit' yn uchel ymhlith pensiynwyr, cymunedau gwledig ac ardaloedd trefol yng ngogledd Lloegr. Ar y llaw arall, roedd pleidleiswyr iau, Albanwyr a dinasoedd Llundain a Chaerdydd o blaid aros i mewn.

Mae rhaniadau wedi dod i'r golwg yn UDA hefyd, ac mae'r rhain yn gymhleth yn nhermau daearyddol a chymdeithasegol. Gwelwyd taleithiau arfordirol fel California a lleoedd gyda chyfran uchel o bleidleiswyr Sbaenaidd yn cefnogi Hilary Clinton yn ystod etholiad arlywyddol 2016. Roedd ei maniffesto 'busnes fel arfer' o blaid globaleiddio, tra bod rhai taleithiau mewnol gwledig ac ardaloedd trefol sydd wedi'u dad-ddiwydianeiddio gyda'r gyfran uchaf o bleidleiswyr gwyn, tlotach a hŷn wedi dewis Trump i'w harwain.

Mae gan gymunedau mewn gwahanol leoedd safbwyntiau gwahanol ar fudo, ac un rheswm am hyn yw eu profiadau personol nhw – neu eu diffyg profiad. Mae Ffigur 16 yn dangos sut a pham bod agweddau yn amrywio yn y DU.

- Mae Ffigur 16 yn dangos y farn gyhoeddus ar lefel etholaethau seneddol y DU a data ar gyfran y bobl ymhob etholaeth sy'n ymfudwyr o'r UE (mae cylch mawr yn golygu cyfran uwch).
- Mae lliw'r smotiau yn dangos ymatebion pobl mewn arolwg i'r cwestiwn: 'Ydych chi'n meddwl bod ymfudo yn tanseilio neu'n cyfoethogi bywyd diwylliannol Prydain?' Mae gwyrdd yn golygu bod mwy o blaid mudo, ac oren yn golygu bod mwy yn ei erbyn.
- Gwelodd ymchwilwyr bod cydberthynas bositif sylweddol rhwng y ddau newidyn: mae pobl a anwyd ym Mhrydain ac sy'n byw mewn dinasoedd gyda phoblogaeth fudol fawr, fel Llundain a Chaerdydd, yn dueddol o gael teimladau mwy positif (ac roedden nhw'n fwy tebygol o bleidleisio dros aros yn yr UE yn 2016). Mae pobl a anwyd ym Mhrydain sy'n byw mewn lleoedd gyda llai o ymfudwyr yn dueddol o gael teimladau mwy negyddol.
- Ceir rhai anghysondebau: er enghraifft, mae gan Peterborough a Boston boblogaethau mudol mawr, ond ychydig o bobl yno sy'n credu bod mudo yn cyfoethogi bywyd diwylliannol Prydain.

Arweiniad i'r Cynnwys

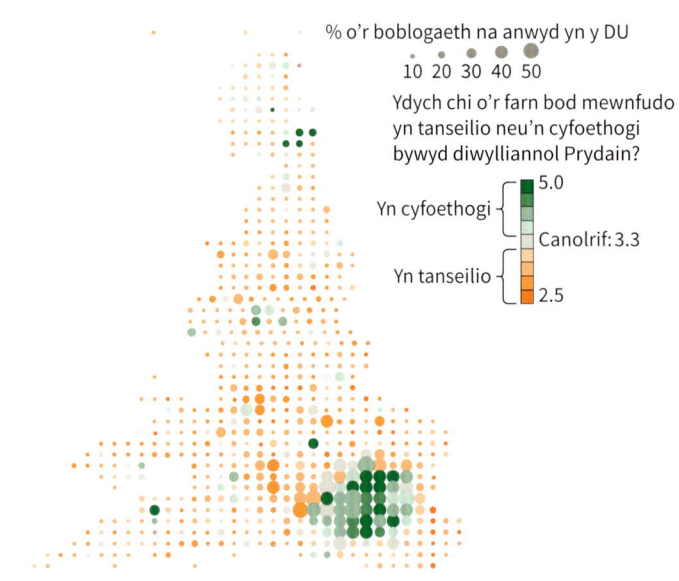

Ffigur 16 Sut mae agweddau tuag at fudo yn amrywio mewn perthynas â maint poblogaethau mudol lleol, 2011

Profi gwybodaeth 8

Beth yw'r gwerthoedd a ddangosir yn Ffigur 16 i'ch ardal chi? A yw'r gwerthoedd hyn yn eich synnu neu a ydyn nhw'n unol â'r hyn oeddech chi'n ei ddisgwyl? Pa ffactorau all helpu i esbonio'r gwerthoedd hyn?

Tasg hunan-astudio 2

Cymhwyswch eich sgiliau daearyddol i amcangyfrif **amrediad** y canrannau a ddangosir yn Ffigur 16.

Crynodeb

- Mae mudo yn broses bwysig sy'n cyfrannu at gyd-ddibyniaeth gynyddol lleoedd dros amser.
- Mae mudo yn gallu helpu i leihau anghydraddoldebau rhwng lleoedd; ond mae'r broses adlifo yn gallu gwaethygu anghydraddoldebau hefyd, gan arwain at fwy o ansefydlogrwydd economaidd a gwleidyddol.
- O ganlyniad, mae'n bosibl y bydd safbwyntiau sy'n gwrthdaro ynghylch pa mor ddymunol yw caniatáu i bobl symud yn rhydd.
- Mae rhwystrau gwleidyddol rhag llifoedd byd-eang o bobl wedi cynyddu a lleihau dros amser mewn gwahanol wledydd. Mae'r polisïau mudo a gyflwynir gan wladwriaethau yn adlewyrchu anghenion economaidd y gwledydd hynny ynghyd ag agweddau poblogaidd yr etholwyr tuag at fudo.

■ Symudiadau ffoaduriaid

Achosion mudo gorfodol

Mae **ffoaduriaid** yn bobl sydd wedi cael eu gorfodi i adael eu gwlad. Maen nhw wedi'u diffinio a'u diogelu dan gyfraith ryngwladol, ac ni ddylid eu halltudio na'u dychwelyd i sefyllfaoedd lle mae eu bywyd a'u rhyddid mewn perygl. Yn ogystal â ffoaduriaid, mae llawer o bobl ar draws y byd yn bobl sydd wedi'u **dadleoli'n fewnol** ar ôl ffoi o'u cartrefi. Erbyn 2016, roedd y gwrthdaro yn Syria a ddechreuodd yn 2011, wedi arwain at 5 miliwn o ffoaduriaid a 6 miliwn o bobl sydd wedi'u dadleoli'n fewnol; roedd hanner y bobl a oedd wedi'u heffeithio yn blant.

Yn ôl data'r Cenhedloedd Unedig:
- Gorfodwyd i fwy o bobl fudo yn 2014 nag unrhyw flwyddyn arall ers yr Ail Ryfel Byd. Gyrrwyd pedair miliwn ar ddeg o bobl o'u cartrefi yn sgil trychinebau naturiol a gwrthdaro. Ar gyfartaledd, gorfodwyd i 24 o bobl ffoi o'u cartrefi bob munud, sef pedair gwaith yn fwy na degawd yn gynharach.

Symudiadau ffoaduriaid

- Mae cyfanswm pobl sydd wedi'u dadleoli yn fyd-eang bellach yn fwy na 60 miliwn. O'r rhain, mae tua 40 miliwn wedi'u dadleoli'n fewnol ac mae 20 miliwn yn ffoaduriaid.
- Mae rhyfeloedd yn Syria, De Sudan, Yemen, Burundi, Ukrain a Gweriniaeth Canolbarth Affrica wedi gorfodi pobl i symud yn ystod y blynyddoedd diwethaf. Mae miloedd mwy wedi ffoi rhag trais yng Nghanolbarth America.

Achosion geowleidyddol yng nghanolbarth Affrica

Rhwng 1945 ac 1970, enillodd y rhan fwyaf o wledydd Affrica, a fu unwaith yn drefedigaethau dan reolaeth gwledydd Ewropeaidd, eu rhyddid gan ddod yn wladwriaethau sofran annibynnol. Yn y degawdau ers hynny, mae ansefydlogrwydd geowleidyddol sylweddol – yn enwedig yng nghanolbarth Affrica – wedi achosi i lawer o bobl fudo'n orfodol. Heddiw, mae mwy na 2 filiwn o ffoaduriaid ar draws Affrica. Mae nifer mawr yn byw yn Chad, Kenya a Sudan, yn ogystal â gwledydd sy'n darddleoedd fel Somalia, Rwanda ac Angola.

Mae llawer o gyfandir Affrica yn dioddef ansefydlogrwydd oherwydd y ffordd y cafodd ffiniau gwladwriaethau eu llunio'n ddi-drefn gan Ewropeaid gannoedd o flynyddoedd yn ôl. Wrth iddyn nhw wneud hynny, prin y rhoddwyd ystyriaeth i'r bobl oedd yn byw yno (Ffigur 17). Roedd rhannu deunyddiau crai ac adnoddau dŵr Affrica rhyngddyn nhw'n

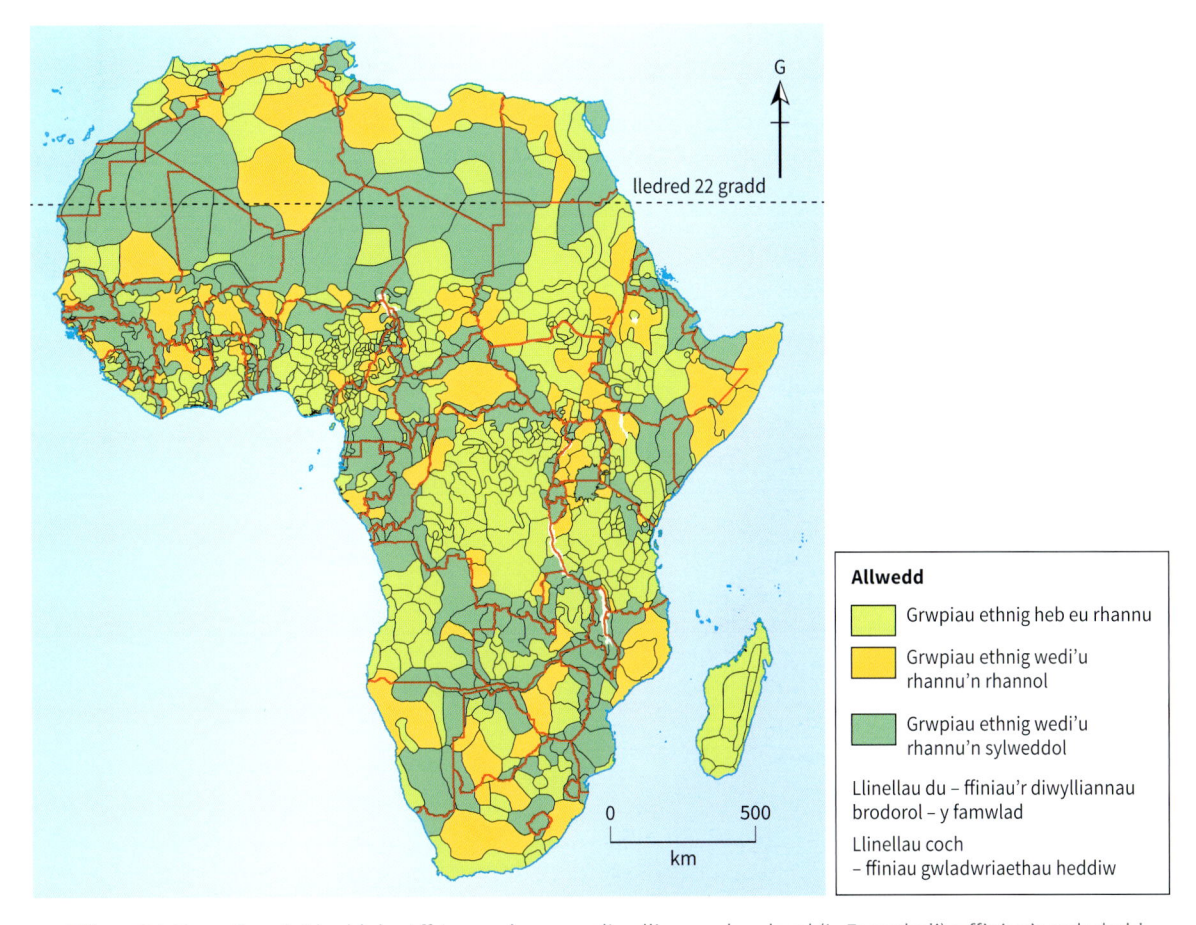

Ffigur 17 Map ethno-ieithyddol o Affrica yn dangos y diwylliannau brodorol ('y Famwlad') a ffiniau'r gwledydd

Llywodraethiant Byd-eang: Newid a Sialensiau; Sialensiau'r 21ain Ganrif   37

Arweiniad i'r Cynnwys

bwysicach o lawer. Er enghraifft, mae'r ffin rhwng yr Aifft a Sudan yn llinell syth a luniwyd i fod yn gyfleus i Brydain Fawr yn 1899. Mae'n rhan o gylch lledred gogleddol 22 gradd.

- Erbyn 1900, roedd nifer o grwpiau ethnig brodorol Affrica yn byw mewn gwledydd nad oedd yn cynrychioli eu treftadaeth nhw mewn unrhyw ffordd.
- Rhannwyd rhai rhanbarthau ethnig sefydledig yn ddwy neu fwy o rannau, gyda phob un yn dod yn rhan o diriogaeth wahanol a ffurfiwyd o'r newydd.

Mae'r dull gwael hwn o ffurfio gwladwriaethau wedi chwarae rôl yn nifer o'r rhyfeloedd a'r achosion o wrthdaro a ddilynodd annibyniaeth i wledydd Affrica. Er enghraifft, cyn i wladwriaeth fechan Rwanda ennill annibyniaeth yn 1962, ac yn dilyn hynny, mae'r grwpiau ethnig Hutu a Tutsi wedi ymrafael am oruchafiaeth. Yn ystod rhyfel cartref 1994, roedd yr Hutu yn gyfrifol am ladd tua 800,000 o'r Tutsi. Yn dilyn yr hil-laddiad hwn, ymunodd pobl Tutsi brodorol yn Uganda gyfagos gyda phobl Tutsi Rwanda i ymladd yn ôl. O ganlyniad, penderfynodd 2 filiwn o'r Hutu i ffoi o'r wlad.

Gwrthdaro geowleidyddol yn y Dwyrain Canol

Yn ystod y blynyddoedd diweddar mae'r Dwyrain Canol wedi bod yn un o'r prif darddleoedd o ran ffoaduriaid. Mae ymladd mewnol ac ymyriadau gan wladwriaethau grymus, gan gynnwys UDA a Rwsia, wedi achosi i filiynau o bobl ffo o'u mamwlad. Mae Ffigur 18 yn dangos amlygrwydd Syria ac Afghanistan yn rhestr y gwledydd sydd â'r nifer mwyaf o ffoaduriaid yn flynyddol ers yr 1970au. Mae'r gwahaniaethau rhwng un cyfnod a'r llall yn Afghanistan yn dynodi cyfnodau pan welwyd nifer mawr o bobl yn ffoi o'r wlad yn ogystal â chyfnodau pan oedd pobl yn dychwelyd adref.

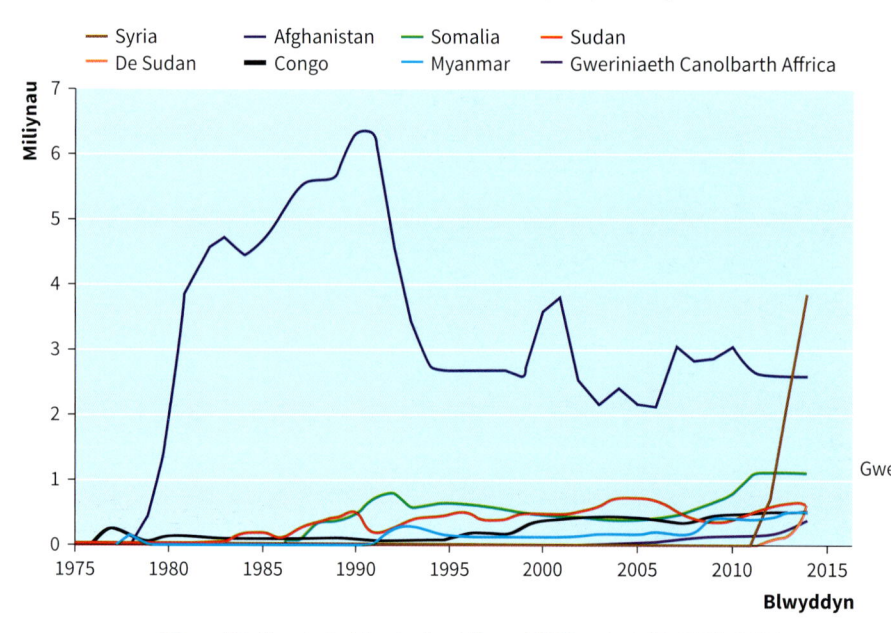

> **Tasg hunan-astudio 3**
>
> Dadansoddwch sut mae'r 'mamwledydd' ethnig a ddangosir yn Ffigur 17 wedi cael eu rhannu gan ffiniau gwladwriaethau modern. Defnyddiwch enghreifftiau i gefnogi eich ateb. Pam y mae symud mewn poblogaeth yn debygol o ddigwydd o ganlyniad i'r gwahaniaethau sy'n bodoli rhwng 'mamwlad' pobl a ffiniau gwleidyddol?

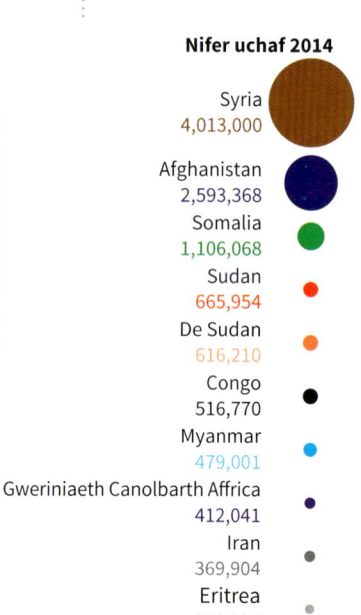

Ffigur 18 Y gwledydd sy'n darddleoedd i ffoaduriaid, 1975–2014

Nifer uchaf 2014:
- Syria 4,013,000
- Afghanistan 2,593,368
- Somalia 1,106,068
- Sudan 665,954
- De Sudan 616,210
- Congo 516,770
- Myanmar 479,001
- Gweriniaeth Canolbarth Affrica 412,041
- Iran 369,904
- Eritrea 363,077

- Fel canolbarth Affrica, nid oes cysondeb rhwng ffiniau gwladwriaethau a ffiniau ethnig, diwylliannol a chrefyddol yn y Dwyrain Canol. Lluniwyd llinell Sykes-Picot gan Brydain a Ffrainc yn 1916. Roedd y llinell yn gwahanu cymunedau sylweddol o Fwslimiaid Sunni a Shia a arweiniodd at greu nifer o wladwriaethau a oedd yn gynhenid ansefydlog, gan gynnwys Iraq a Syria. Yng ngeiriau'r BBC: *'The map that spawned a century of resentment'*.

CBAC Daearyddiaeth

Symudiadau ffoaduriaid

- Mae'r gwrthdaro parhaus rhwng Israel a Phalesteina hefyd yn rhan o'r byd lle mae tensiwn a gwrthdaro'n gyffredin.
- Mae gan y pwerau mawr ddiddordeb arbennig yn y gwledydd a'r rhanbarthau hyn, ac mae hynny'n gallu cymhlethu'r sefyllfa. Mae hanes hir gan UDA, Rwsia, China a rhai o wledydd yr Undeb Ewropeaidd yn cefnogi gwladwriaethau cyfoethog a grwpiau gwahanol yn y Dwyrain Canol. Dywed y beirniaid mai pryderon y pwerau mawr hyn ynglŷn â'u cyflenwadau o **egni a'u diogelwch** sydd wrth wraidd eu hymyrraeth yn y Dwyrain Canol.
- Mae grwpiau terfysgol sy'n ansefydlogi'r rhanbarthau wedi eu sefydlu yng nghanol yr holl anrhefn hwn, gan gynnwys al-Qaeda ym Mhenrhyn Arabia a'r Taliban yn Afghanistan. Mae Daesh (neu'r Wladwriaeth Islamaidd) wedi anelu ei jihad yn erbyn holl grefyddau eraill, gan gynnwys Assyriaid Cristnogol, Cwrdiaid, Shabaks, Turkmens ac Yazidis. Mae llawer iawn o bobl o ganlyniad bellach yn ffoaduriaid.
- Dechreuodd yr argyfwng yn Syria pan fynnodd grwpiau gwrthryfelgar bod yr Arlywydd Bashar al-Assad yn ymddiswyddo yn 2011. Dangosodd yr UE ac UDA eu cefnogaeth i rai gwrthryfelwyr yn y lle cyntaf, ond erbyn 2015, roedden nhw'n bomio Daesh yn Syria, gan weithredu ochr yn ochr â lluoedd Assad. Yn 2017, bomiodd UDA luoedd Assad mewn ymateb i'w defnydd honedig o arfau cemegol. Yn y cyfamser, mae Rwsia a Saudi Arabia wedi darparu arian i grwpiau o fyddinoedd gelyniaethus, gan waethygu'r gwrthdaro ymhellach.

Cipio tir

Mae gorfodi pobl i symud a dod yn ffoaduriaid hefyd yn digwydd yn sgil **cipio eu tir** (land grabbing).

- Dyma anghyfiawnder economaidd sy'n digwydd wrth i ddiwydiannau domestig a chwmnïau amlwladol, llywodraethau ac unigolion gymryd darnau mawr o dir mewn gwledydd sy'n datblygu. Mewn rhai achosion, bydd tir yn cael ei gipio o ddwylo grwpiau bregus o bobl gan rymoedd pwerus a heb dalu unrhyw dâl amdano.
- Mae'n bosibl na fydd gan **grwpiau brodorol**, fel cymunedau o ffermwyr ymgynhaliol, unrhyw hawl cyfreithiol i'r tir sydd wedi bod yn eiddo i'w cyndadau ers canrifoedd. Weithiau, maen nhw'n anllythrennog a heb dderbyn yr addysg angenrheidiol i amddiffyn eu hawliau mewn llys barn. Ar draws y byd, ceir sawl enghraifft o gipio tir yn anghyfiawn sy'n achosi dadleoli cymdeithasol a llif o ffoaduriaid. Efallai eich bod eisoes yn gyfarwydd gydag enghreifftiau o lwythau yng nghoedwigoedd glaw'r Amazon sydd wedi colli'u tir i gwmnïau sy'n torri coed.

Sychder a newid hinsawdd

Mae newid hinsawdd yn gallu arwain at ddwysáu tlodi gwledig a gwrthdaro mewn rhai gwledydd. Mae pobl a fyddai wedi cael eu disgrifio fel ymfudwyr economaidd bellach yn ffoaduriaid yn sgil newidiadau hinsoddol sy'n bygwth eu bywoliaeth.

- Mae rhanbarth lled-sych Darfur yn Sudan yn gartref i ffermwyr Affricanaidd du a grwpiau Arabaidd crwydrol. Rhwng 2004 a 2005, dadleolwyd 2 filiwn o bobl yn sgil cipio tir a gwrthdaro. Yn yr achos hwn, gwaethygwyd y frwydr am dir gan sychder, **diffeithdiro** a chyflenwad dŵr oedd yn prinhau.
- Ers 1990, mae miliynau o ffoaduriaid wedi symud i ddianc rhag sychder ym mhenrhyn gogledd-ddwyrain Affrica. O ganlyniad, mae llawer wedi symud dros y ffin i Kenya o Somalia ac Ethopia.
- Mae dadansoddwyr diogelwch y Pentagon yn UDA yn priodoli argyfwng ffoaduriaid Syria yn rhannol i ddiffeithdiro.

> **Profi gwybodaeth 9**
>
> Faint o gydgysylltiad yn eich barn chi sydd rhwng ffactorau achosol fel newid hinsawdd, sychder, cipio tir a gwrthdaro geowleidyddol yn yr enghreifftiau rydych chi wedi'u hastudio?

Canlyniad symudiadau mudo gorfodol

Effeithiau cymdeithasol ar ymfudwyr

Mae miliynau lawer o bobl ar draws y byd yn byw mewn gwersylloedd ar gyfer pobl sydd wedi'u dadleoli'n fewnol neu'n ffoaduriaid. Yn 2016, Colombia (7 miliwn), Syria (7 miliwn) ac Iraq (4.5 miliwn) oedd y gwledydd gyda'r nifer mwyaf o bobl sydd wedi'u dadleoli'n fewnol. Gan iddyn nhw gael eu gorfodi i ffoi o'u cartrefi a'u heiddo, mae pobl sydd wedi'u dadleoli'n fewnol a ffoaduriaid yn dioddef colledion economaidd a chymdeithasol difrifol.

- Mewn llawer o wersylloedd, nid yw oedolion yn gallu gweithio: nid oes unrhyw gyfleoedd iddyn nhw i ennill bywoliaeth.
- Nid yw plant yn aml yn mynychu ysgolion: mae hyn yn cael effaith hirdymor niweidiol iawn ar yr unigolion hyn a'u cymunedau. Yn ôl un amcangyfrif, mae cymaint â 90% bellach ddim yn mynd i'r ysgol nac yn derbyn unrhyw addysg ffurfiol.
- Mae bywyd mewn gwersylloedd i ffoaduriaid yn gallu bod yn anodd i grwpiau bregus fel yr henoed, plant ifanc a gwragedd.
- Mae *Human Rights Watch* yn **sefydliad anllywodraethol (NGO)** sydd wedi tynnu sylw at drais yn erbyn gwragedd a merched sy'n byw mewn gwersylloedd i'r rhai sydd wedi'u dadleoli'n fewnol yn Maiduguri, yng ngogledd ddwyrain Nigeria. Mae'r bobl sy'n byw yn y gwersylloedd hyn yn byw mewn ofn parhaol o ymosodiadau pellach gan **filisia** (byddin) Boko Haram a oedd yn gyfrifol am eu gyrru o'u cartrefi yn y lle cyntaf.
- Mae llawer o ffoaduriaid wedi dianc rhag amodau dychrynllyd ac yn parhau i ddioddef trawma fel canlyniad. Mae hyn yn cynnwys niferoedd mawr o bobl a orfodwyd i ymladd pan oeddynt yn blant yn Sierra Leone a Gweriniaeth Ddemocrataidd Congo yn yr 1990au.

Milisia – lluoedd milwrol arfog, anffurfiol neu answyddogol a sefydlwyd gan aelodau o'r gymuned sifil. Maen nhw'n cael eu galw'n ymladdwyr dros ryddid neu'n derfysgwyr yn ôl barn y bobl sy'n eu disgrifio ar y cyfryngau.

Yr effeithiau ar wladwriaethau cyfagos

Nid yw'r mwyafrif o ffoaduriaid yn ceisio mynd ar daith hir i wlad ddatblygedig ymhell i ffwrdd o'u cartrefi. Gan amlaf, dydyn nhw ddim yn teithio ymhellach na'r wladwriaeth agosaf i'w cartref. I deuluoedd gyda phlant ifanc a pherthnasau sy'n sâl, wedi'u hanafu neu'n oedrannus, mae'n hawdd deall pam bod hynny'n arferol. Mae Ffigur 19 yn dangos sut mae'r gwrthdaro yn Syria wedi creu cymaint o gur pen i wledydd fel Twrci, Libanus a Gwlad Iorddonen yn hytrach na gwladwriaethau'r UE.

Effeithiau ar wledydd datblygedig

Mae lleiafrif o ymfudwyr sy'n cael eu gorfodi i symud yn cael y cyfle i ddechrau bywyd newydd ar ôl ennill **lloches** mewn gwlad ddatblygedig (yn aml ar ôl taith hir, beryglus a drud i gyrraedd yno). Fodd bynnag, mae darparu ar gyfer ffoaduriaid yn gallu bod yn sialens fawr i lywodraethau'r gwledydd sy'n eu croesawu.

Ers 2006, mae nifer cynyddol o ymfudwyr o ogledd Affrica a'r Dwyrain Canol wedi ceisio cyrraedd Ewrop drwy groesi Môr y Canoldir mewn llongau pysgota anaddas (Ffigur 20). Erbyn 2016, amcangyfrifwyd bod miliwn o bobl wedi ceisio croesi fel hyn, gan gynnwys nifer o ffoaduriaid o wahanol grefyddau a grwpiau ethnig o Syria a chenhedloedd tlawd Affrica gan gynnwys pobl o Somalia, Eritrea ac Ethiopia. Mae mwy o ffoaduriaid wedi cerdded yr holl ffordd i Ewrop o Syria; gwelwyd nifer mawr ohonyn nhw yn cyrraedd ffiniau Hwngari a Serbia yn 2015 a 2016.

Mae'n rhaid i ffoaduriaid wneud cais am **loches** (yr hawl i aros) pan fyddan nhw'n cyrraedd gwlad arbennig. Yn y DU, mae'n rhaid i'r llywodraeth dderbyn eu cais am loches cyn y gellir eu galw'n ffoaduriaid yn swyddogol.

Symudiadau ffoaduriaid

Mae llawer o broblemau yn codi i wledydd Ewropeaidd o ganlyniad i'r symudiad hwn o bobl ar raddfa mor sylweddol.

- Mae Gwylwyr y Glannau yn yr UE wedi bod yn ceisio rhwystro ffoaduriaid rhag colli eu bywydau ym Môr y Canoldir. Bu farw 800 o bobl pan ddymchwelodd cwch mewn moroedd garw oddi ar arfordir yr Eidal ger Lampedusa yn Ebrill 2015. Erbyn diwedd y flwyddyn honno, roedd tua 3,700 o bobl wedi marw mewn amgylchiadau tebyg. Achubwyd tua 160,000 o bobl o'r môr.

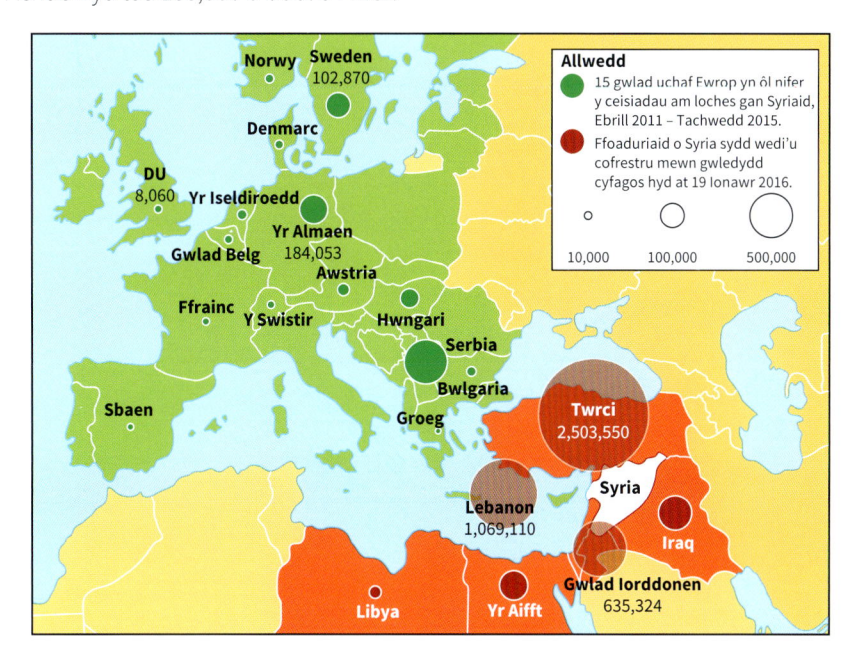

Tasg hunan-astudio 4

Mae Ffigur 19 yn dangos y gwledydd y mae'r ffoaduriaid wedi symud iddyn nhw o Syria. Ewch ati i ddisgrifio'r patrwm gan ddefnyddio data yn eich ateb.

Ffigur 19 Dosbarthiad ffoaduriaid o Syria yn Ewrop a'r Dwyrain Canol, 2016

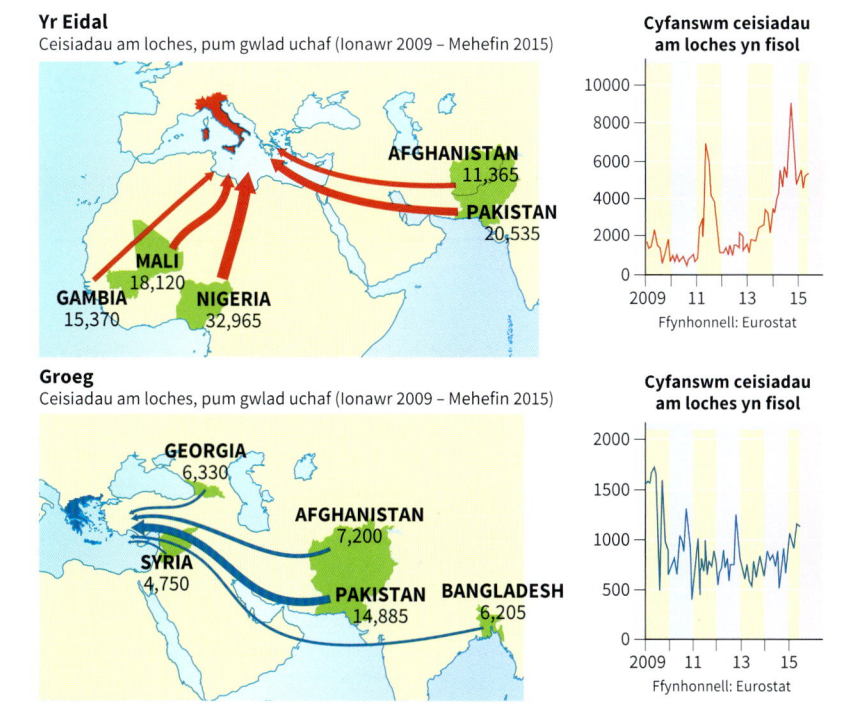

Ffigur 20 Y ffoaduriaid a gyrhaeddodd yr Eidal a Groeg mewn cwch o wledydd eraill, 2009–2015

Llywodraethiant Byd-eang: Newid a Sialensiau; Sialensiau'r 21ain Ganrif   41

Arweiniad i'r Cynnwys

- Mae rheidrwydd ar holl wledydd yr UE – ynghyd â'r rhan fwyaf o wledydd eraill – i dderbyn ffoaduriaid, beth bynnag yw'r rheolau mudo economaidd sy'n bodoli. Y rheswm am hyn yw eu bod wedi llofnodi'r Datganiad Cyffredinol o Hawliau Dynol sy'n gwarantu hawl i bob ffoadur gwirioneddol i chwilio a sicrhau lloches rhag erledigaeth. Fodd bynnag, mae cost y gofal yn gallu bod yn sylweddol. Amcangyfrifir ei bod yn costio £15,000 y flwyddyn i ddarparu ar gyfer anghenion un ffoadur sydd newydd gyrraedd sydd o bosibl yn dioddef o niwed corfforol neu broblem seicolegol ddwys.
- Er bod cyfanswm nifer y ffoaduriaid a gafodd loches yn 2015 yn llai na 0.1% o boblogaeth yr UE, mae nifer o ddinasyddion Ewropeaidd yn anhapus gyda'r hyn y maen nhw'n gweld fel nifer uchel. Mae'r mater hwn wedi dod yn un emosiynol ac yn bwnc sy'n rhannu cymunedau ac sy'n effeithio ar ymddygiad pleidleisio pobl mewn etholiadau. Dwysaodd y ddadl pan ddatgelwyd bod bomiwr a gyflawnodd hunanladdiad yn yr ymosodiadau ym Mharis yn 2015 yn ffoadur o Syria a oedd wedi teithio i Ffrainc drwy wlad Groeg.
- Fodd bynnag, yn yr hirdymor, bydd llawer o ymfudwyr gorfodol yn dod o hyd i waith ac yn cyfrannu i economi'r wlad sydd wedi rhoi lloches iddyn nhw.

Rheoli'r llif o ffoaduriaid ar draws ffiniau

Mae camau i fynd i'r afael ag argyfyngau presennol o ran ffoaduriaid y byd yn digwydd ar wahanol raddfeydd geowleidyddol, ac maen nhw wedi bod yn rhannol lwyddiannus.

Llywodraethiant byd-eang o hawliau ffoaduriaid

Mae'r Cenhedloedd Unedig yn defnyddio amryw o ddulliau i amddiffyn hawliau dynol ffoaduriaid yn fyd-eang. Mae Tabl 10 yn amlinellu rhai o'r rhain.

Tabl 10 Sut mae'r Cenhedloedd Unedig yn cynnig amddiffyniad i ffoaduriaid

Confensiwn y Ffoaduriaid (1951) a'r Confensiwn Personau heb Wladwriaeth (1954)	- Confensiwn y Ffoaduriaid 1951 yw'r ddogfen gyfreithiol allweddol sy'n sail i holl waith y Cenhedloedd Unedig (UN) o ran cefnogi ffoaduriaid. Llofnodwyd y confensiwn gan 144 o wledydd. Mae'n diffinio'r term 'ffoadur' ac yn amlinellu hawliau'r ffoaduriaid, yn ogystal â'r rhwymedigaethau cyfreithiol sydd ar wladwriaethau i'w hamddiffyn. Yr egwyddor greiddiol yw nad oes hawl i anfon ffoadur yn ôl i wlad sy'n peryglu ei fywyd (*non-refoulment*). Nid oes hawl felly i ddychwelyd ffoaduriaid i wlad lle y byddai eu bywydau neu eu rhyddid o dan fygythiad. Mae hyn bellach yn un o reolau craidd cyfraith ryngwladol. - Bwriad Confensiwn Personau heb Wladwriaeth 1954 yw sicrhau bod pobl **heb wladwriaeth** yn mwynhau set sylfaenol o hawliau dynol. Gosodwyd hawliau dynol a safonau sylfaenol ar gyfer trin pobl heb wladwriaeth, gan gynnwys yr hawl i addysg, cyflogaeth a thai.
Swyddfa Uchel Gomisiwn y Cenhedloedd Unedig dros Ffoaduriaid (UNHCR)	- Mae UNHCR yn goruchwylio Confensiwn y Ffoaduriaid 1951 a chyfreithiau a chytundebau rhyngwladol cysylltiedig. Mae ganddo fandad i amddiffyn ffoaduriaid, pobl heb wladwriaeth a phobl sydd wedi'u dadleoli'n fewnol. O ddydd i ddydd, mae'n helpu miliynau o bobl ledled y byd ar gost o tua UDA$5 biliwn y flwyddyn. Mae UNHCR yn gweithio'n aml gyda Sefydliad Iechyd y Byd a CU i ddarparu gwersylloedd, lloches, bwyd a meddyginiaeth i bobl sydd wedi ffoi rhag gwrthdaro. - Mae UNHCR hefyd yn monitro cydymffurfiaeth gyda'r system ffoaduriaid rhyngwladol. Yn 2016, roedd dadleoli yn uwch nag erioed ac aeth UNHCR ati i atgyfnerthu'r system amddiffyn ffoaduriaid yn fyd-eang drwy atgoffa holl aelod-wladwriaethau'r CU o'u rhwymedigaethau dan gyfraith ryngwladol.
Ymgyrchoedd a lluoedd cadw heddwch	- Daw milwyr y Cenhedloedd Unedig o luoedd arfog nifer o aelod-wladwriaethau gwahanol, gan gynnwys y DU, yr Almaen, India a China. Mae'r lluoedd cadw heddwch hyn yn aml yn chwarae rôl bwysig wrth amddiffyn pobl mewn gwersylloedd ffoaduriaid rhag mwy o drais. - Ers 1999, mae hyd at 30,000 o filwyr cadw heddwch y CU wedi gweithredu yng Ngweriniaeth Ddemocrataidd Congo; dyma'r nifer mwyaf o filwyr y CU sydd wedi'u defnyddio erioed.

Symudiadau ffoaduriaid

Gwaith cefnogi gan sefydliadau anllywodraethol

Mae Amnest Rhyngwladol yn sefydliad anllywodraethol sy'n cyflawni gwaith cefnogi drwy adnabod lle mae hawliau dynol yn cael eu hanwybyddu. Mae Amnest Rhyngwladol yn lobïo'r CU a'i Gyngor Diogelwch i gyfweld a chynnig cymorth i grwpiau sy'n dioddef erledigaeth fel Mwslimiaid Rohingya a welwyd yn ddiweddar yn ffoi rhag erledigaeth bellach yn nhalaith Rakhine ym Myanmar sydd â mwyafrif Bwdhaidd. I bob pwrpas, daeth nifer o'r Rohyngya yn bobl heb wladwriaeth ar ôl gweld eu hunain yn gaeth mewn cychod smyglwyr yng nghanol y môr.

Polisïau llywodraethau cenedlaethol

Mae Tabl 11 yn dangos bod amrywiadau mawr yn agwedd gwahanol wledydd at y sialensiau a ddaw pan fydd ffoaduriaid yn eu cyrraedd. Mae rhai gwledydd yn rhoi lloches i gyfran uchel o ymfudwyr sy'n honni eu bod yn ffoaduriaid; ac eraill yn amharod i wneud hynny. Mae hefyd amrywiaeth mawr o ran y cymorth ariannol a roddir i'r rhai hynny sy'n cael eu cyfrif fel gwir ffoaduriaid.

Mae gwladwriaethau'r UE wedi cael trafferth dod i gytundeb gwleidyddol ynghylch ble y dylai ffoaduriaid sy'n cyrraedd Groeg neu'r Eidal gael yr hawl i setlo unwaith y derbynnir eu cais am loches. Yn ôl rheolau'r UE, mae'n rhaid prosesu unrhyw geisiadau am loches yn y wlad y mae'r ffoaduriaid yn ei chyrraedd. Fodd bynnag, nid yw llywodraethau Groeg na'r Eidal yn awyddus i weld nifer mawr o ffoaduriaid yn setlo yno'n barhaol. Mae'r ddwy wlad eisiau gweld aelodau eraill o'r UE yn rhannu'r baich o ailsefydlu'r ffoaduriaid. O ganlyniad, mae gwladwriaethau'r UE wedi cael trafferth dod i gytundeb ynghylch y ffordd orau o 'rannu' y ffoaduriaid ymhlith ei gilydd. Yn ddiweddar, mae'r Almaen wedi derbyn mwy o ffoaduriaid nag unrhyw wladwriaeth arall. Yn 2015, derbyniodd yr Almaen 1.1 miliwn o ffoaduriaid. Ychydig dros 2,000 a dderbyniodd Iwerddon (sy'n llawer llai o ystyried cyfanswm y boblogaeth).

> **Tasg hunan-astudio 5**
>
> Faint o amrywiad a ddangosir yn y data i wledydd sy'n croesawu ffoaduriaid yn Nhabl 11 a pha ffactorau sy'n gallu esbonio'r amrywiadau hyn? Gallwch ddadansoddi ac awgrymu rhesymau am: (a) y gwahaniaeth yn y gwledydd sy'n darddleoedd i bob gwlad sy'n croesawu ffoaduriaid; (b) gwahaniaethau yn nifer y ceisiadau a wnaed i bob gwlad sy'n croesawu ffoaduriaid; (c) gwahaniaethau yn y rheolau a'r budd-daliadau i ffoaduriaid sy'n ceisio lloches ymhob gwlad sy'n croesawu ffoaduriaid.

Tabl 11 Y gwahaniaethau rhwng agwedd a'r cymorth sy'n cael ei gynnig i ffoaduriaid sy'n chwilio am loches. (Ffynonellau: Ystadegau UNHCR/The Economist c. 2012–2013)

Gwlad	Ceisiadau (penderfyniadau wedi'u cadarnhau)	Gwledydd sy'n darddleoedd %	Wedi eu derbyn %	Cyfnod y mae'n rhaid aros cyn cael gweithio	Budd-daliadau gwladol (oedolyn sengl, y mis)
Yr Almaen	173,070 (97,415)	Syria 23 Serbia a Kosovo 14 Eritrea 8	42	3 mis	€374 (£325)
Sweden	75,090 (40,015)	Syria 40 Heb wladwriaeth 10 Eritrea 8	77	Ar unwaith, dim cyfyngiadau	€226 (£197)
Hwngari	41,370 (5,445)	Serbia a Kosovo 51 Afghanistan 21 Syria 16	9	9 mis, gweithio mewn canolfan dderbyn yn unig	€86 (£75)
DU	31,260 (26,055)	Eritrea 13 Pakistan 11 Syria 8	39	12 mis, dim ond swyddi lle mae'r llywodraeth yn gweld prinder (meddygon, peirianwyr, nyrsys)	€217 (£189)
UDA	121,160 (71,765)	México 12 China 11 El Salvador 8	30	6 mis, mewn gwirionedd, mae 92% o ymgeiswyr yn aros yn hirach na hynny i dderbyn y penderfyniad	€0 (£0)

Arweiniad i'r Cynnwys

Diffyg gallu rhai gwledydd mewn ardaloedd lle ceir gwrthdaro i rwystro symudiadau milwyr a ffoaduriaid ar draws eu ffiniau

Fel y gwelwyd eisoes, mae'r broses ddi-drefn o ffurfio gwladwriaethau yn Affrica wedi arwain at gymunedau rhanedig. Mae gan lawer o grwpiau ethnig, fel y Tutsi a'r Hutu yng nghanolbarth Affrica, hunaniaeth sy'n drawsffiniol. Dyna pam bod pobl, ffoaduriaid, grwpiau milisia a byddinoedd yn croesi ffiniau yn barhaus. Hefyd, ychydig iawn o dwf a welir o ran datblygiad economaidd neu greu isadeiledd ar hyd rhannau o ffiniau gogleddol a dwyreiniol Gweriniaeth Ddemocrataidd Congo (mewn gwirionedd, nid yw'n bosibl dweud ble mae'r union ffiniau cenedlaethol mewn sawl man). O ganlyniad i'r ffactorau hyn, nid oes gan lywodraethau Gweriniaeth Ddemocrataidd Congo, Uganda a Rwanda ddigon o bŵer i rwystro symudiad pobl rhag croesi ffiniau.

- Mae byddinoedd a grwpiau milisia o naw gwlad sy'n ffinio gyda Gweriniaeth Ddemocrataidd Congo wedi symud i mewn i'r Weriniaeth droeon gan ddweud bod grwpiau ethnig o'r un gwaed â nhw yn y gwledydd hyn ac felly angen cefnogaeth gan y 'famwlad' (Ffigur 21).

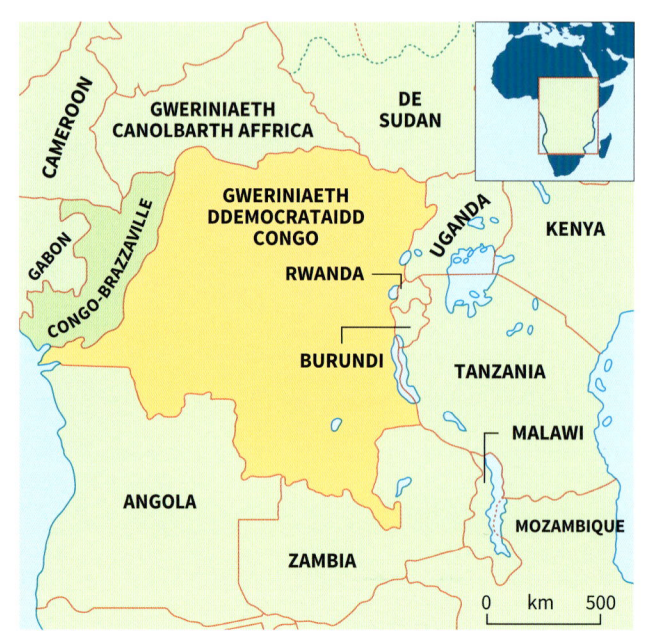

Ffigur 21 Mae Gweriniaeth Ddemocrataidd Congo yn rhannu ffin gyda naw gwlad; mae ffoaduriaid yn llifo'n rhydd dros ffiniau nad ydyn nhw wedi'u nodi'n glir o fewn ardaloedd coediog

- Mae trachwant dynol dros adnoddau naturiol cyfoethog Gweriniaeth Ddemocrataidd Congo, sy'n cynnwys diemwntiau, wedi denu sylw grwpiau milisia o wledydd eraill er nad oedd croeso iddyn nhw. Rhwng canol yr 1990au a 2010, gwelwyd miliynau o bobl yn ffoi o'u cartrefi yng Ngweriniaeth Ddemocrataidd Congo. Roedden nhw'n ceisio dianc rhag ymosodiadau gan y Lord's Resistance Army (dan arweiniad Joseph Kony). Y farn yw bod llawer wedi ffoi ar draws ffiniau bregus Gweriniaeth Ddemocrataidd Congo i Weriniaeth Canolbarth Affrica.

Mudo gwledig-trefol mewn gwledydd sy'n datblygu

Tra bod y sefyllfa yng Ngweriniaeth Ddemocrataidd Congo wedi gwella yn ystod y blynyddoedd diwethaf, mae trafferthion tebyg wedi ymddangos yng ngogledd-ddwyrain Nigeria. Yno, mae ymgyrch trais a herwgipio grŵp milisia *Boko Haram* wedi dadleoli mwy na 2 filiwn o bobl. Nid yw gwledydd cyfagos fel Niger, Chad a Cameroon wedi gallu rhwystro ffoaduriaid rhag llifo dros eu ffiniau bregus gyda Nigeria.

Crynodeb

- Mae gwahaniaeth pwysig rhwng ffoaduriaid (pobl sydd wedi cael eu gorfodi i symud rhwng gwledydd) a phobl sydd wedi'u dadleoli'n fewnol (pobl sydd wedi cael eu gorfodi i symud o fewn gwlad).
- Mae'n rhaid i ffoaduriaid sy'n cyrraedd gwlad arall wneud cais am loches pan fyddan nhw'n cyrraedd yno a phrofi bod eu bywyd mewn perygl gwirioneddol yn y wlad y maen nhw wedi'i gadael. Mae hyn yn ffurfio rhan o ganllawiau llywodraethiant byd-eang pwysig a sefydlwyd gan y Cenhedloedd Unedig: disgwylir i aelodau'r CU ddilyn y rheolau hyn.
- Mae ffoaduriaid yn bobl sy'n agored i niwed ac mae llawer ohonyn nhw'n blant; mae eu dyfodiad yn achosi nifer o sialensiau byrdymor i wledydd sy'n croesawu ond fe allan nhw greu cyfleoedd economaidd hirdymor hefyd (bydd y rhan fwyaf o ffoaduriaid yn gweithio os rhoddir caniatâd iddyn nhw wneud hynny).
- Gellir cyfeirio at ddigwyddiadau yn y gorffennol i esbonio'r rhesymau dros y llif o ffoaduriaid sy'n digwydd ar hyn o bryd, gan gynnwys y modd y crëwyd gwladwriaethau yn Affrica a'r Dwyrain Canol dan reolaeth y pwerau trefedigaethol.
- Nid oes gan rai gwledydd fawr o bŵer i rwystro ffoaduriaid a grwpiau milisia rhag symud ar draws eu ffiniau a hynny mewn niferoedd sylweddol.

■ Mudo gwledig-trefol mewn gwledydd sy'n datblygu

Yn nhermau'r niferoedd dan sylw, mudo gwledig-trefol yw'r symudiad mwyaf arwyddocaol mewn poblogaeth sy'n digwydd yn fyd-eang. O fewn ychydig o flynyddoedd, bydd 1 biliwn o ymfudwyr gwledig-trefol yn byw yn y trefi a'r dinasoedd mwyaf yn y byd. Mae trefoli byd-eang (cyfran y bobl sy'n byw mewn ardaloedd trefol) yn dal i gynyddu (Ffigur 22).

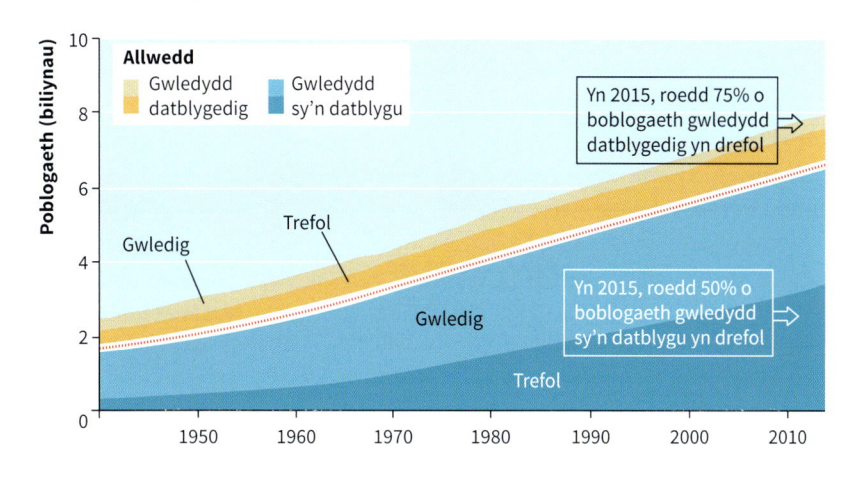

Ffigur 22 Trefoli mewn gwledydd datblygedig a gwledydd sy'n datblygu, 1945–2015

Arweiniad i'r Cynnwys

Ffactorau gwthio mewn ardaloedd gwledig

Y defnydd o beiriannau ar gyfer amaethyddiaeth, cwmnïau amlwladol a thechnolegau newydd

Mae systemau economaidd byd-eang yn gweithredu mewn ffyrdd sy'n arwain at lif o bobl o ardaloedd gwledig i ardaloedd trefol ar raddfa sylweddol mewn nifer o wledydd. Weithiau, mae hyn yn golygu bod pobl frodorol yn cael eu dadleoli wrth i eraill gipio tir (gweler t. 39).

- Tlodi fel rheol yw'r prif ffactor gwthio; mae diwygiadau tir a thwf poblogaeth yn gwaethygu'r sefyllfa ac yn arwain at brinder swyddi i'r sawl sydd eu hangen.
- Gan nad ydyn nhw'n gallu profi eu bod nhw'n berchen ar eu tir eu hunain, mae'n rhaid i ffermwyr ymgynhaliol a ffermwyr sy'n magu stoc adleoli yn aml wrth i'r tir gael ei gipio gan gwmnïau amlwladol a **busnesau amaethyddol** sydd am gynhyrchu cnydau ar gyfer eu gwerthu. Mae dulliau ffermio modern yn lleihau'r angen am lafur gwledig gyda defnydd ehangach o beiriannau fferm sy'n cael eu cyflwyno gan gwmnïau amlwladol fel Cargill a Monsanto (Bayer bellach).
- Mae trigolion gwledig hefyd yn dod yn fwy ymwybodol o'r byd mawr y tu allan. Mae'r dechnoleg sy'n gwneud y byd yn llai hefyd yn cyflymu mudo gwledig-trefol. Mae lloerenni, teledu a radio yn fodd i agor y byd i bobl ardaloedd gwledig anghysbell a thlawd. Wrth i unigolion tlawd yn Affrica ac Asia wledig ddechrau defnyddio ffonau symudol, mae gwybodaeth yn cael ei rhannu a'i lledaenu. Mae ymfudwyr gwledig-trefol llwyddiannus yn cyfathrebu gwybodaeth a chyngor defnyddiol i ddarpar ymfudwyr sy'n parhau i fyw yn yr ardaloedd gwledig.
- Mae gwelliannau trafnidiaeth, fel Priffordd Traws-Amazonas yn Ne America, wedi dileu'r rhwystrau ffisegol sy'n atal mudo.

Ffactorau atynnu cyflogaeth mewn ardaloedd trefol

Cyflogaeth yw'r prif ffactor atynnu ym mhobman bron.

- Mae **symudiad cyflogaeth byd-eang** i Asia, De America ac yn gynyddol i Affrica wedi creu llawer o gyfleoedd gwaith newydd mewn dinasoedd. Yn yr 1990au a'r 2000au cynnar, gadawodd 300 miliwn o bobl ardaloedd gwledig China i chwilio am waith mewn ardaloedd trefol.
- Mae cwmnïau amlwladol sydd â'u pencadlys mewn gwledydd datblygedig ac economïau lled-ddatblygedig yn symud eu ffatrïoedd a'u swyddfeydd i leoliadau cyflog is gan sefydlu **canghennau alltraeth** (*offshoring*).
- Mae cwmnïau amlwladol hefyd yn defnyddio cwmnïau tramor i wneud rhan o'u gwaith fel rhan o'u **cadwyn gyflenwi byd-eang**. Mae cwmnïau sy'n gwneud gwaith allanol mewn dinasoedd Tsieineaidd fel Shenzhen a Dongguan wedi cynnig i gwmnïau amlwladol tramor fel Bosch, Black and Decker a Hitachi eu bod yn cynhyrchu eu nwyddau am brisiau isel gan ddefnyddio cyflenwad enfawr o lafur mudol Tsieineaidd sy'n cynnig costau isel. Yn y blynyddoedd diwethaf, mae cyflogau wedi cynyddu yn China, fodd bynnag. Mae rhai cwmnïau amlwladol bellach yn edrych fwy ar Bangladesh a Viet Nam i chwilio am bartneriaid a fydd yn gallu gwneud gwaith iddyn nhw. Yn y gwledydd hyn, mae ymfudwyr gwledig-trefol yn dal yn fodlon gweithio am gyflogau isel iawn. Mae gweithgynhyrchu yn China nawr yn canolbwyntio ar gynhyrchu nwyddau uwch eu gwerth fel yr *Apple iPhone*.

Cyngor i'r arholiad

Os ydy cwestiwn arholiad yn gofyn i chi ysgrifennu am achosion mudo gwledig-trefol, mae angen i chi baratoi atebion manwl a phenodol. Efallai bod nodi bod gan ddinas 'lawer o swyddi a goleuadau llachar' yn ateb da yng Nghyfnod Allweddol 3, ond nid yw'n ateb digon manwl ar gyfer arholiadau Safon Uwch.

Mae'r **gadwyn gyflenwi byd-eang** yn ddull o gynhyrchu nwyddau neu wasanaethau alltraeth ac mae'r cwmnïau sy'n defnyddio'r dulliau hyn yn ddibynnol arnyn nhw i gynhyrchu eu nwyddau a chyflenwi eu cwsmeriaid.

Mae'n bosibl y bydd cyfleoedd i bobl sy'n cyrraedd o'r newydd weithio yn y sector gwaith **anffurfiol**. Mae llawer o ymfudwyr gwledig-trefol yn gwneud bywoliaeth drwy chwilio am ddeunyddiau y gellir eu hailgylchu mewn safleoedd tirlenwi: mae Lagos, Nairobi a Mumbai yn enghreifftiau o lle mae hyn yn digwydd. Maen nhw'n gwerthu plastigau a metelau y gellir eu hailgylchu i gwmnïau pedwaredd haen y gadwyn gyflenwi.

Ardaloedd prosesu allforion

Mae tair gwlad fwyaf poblog Asia – China, India ac Indonesia – wedi sefydlu **ardaloedd economaidd arbennig** (SEZ – *special economic zones*) lle mae prosesu allforion yn digwydd. Mae'r rhain yn fagnet cryf i bobl sy'n mudo o'r wlad i'r dref.

- Yn 1965, India oedd un o'r gwledydd cyntaf yn Asia i gydnabod effeithiolrwydd y model ardal allforion wrth hyrwyddo twf. Heddiw, mae bron i 200 o ardaloedd prosesu allforion yn India.
- Roedd ardaloedd economaidd arbennig arfordirol yn hollbwysig yn ystod twf economaidd cynnar China – mewn dim amser, aeth llawer o gwmnïau amlwladol mwyaf y byd ati i sefydlu ffatrïoedd alltraeth neu drefniadau i anfon gwaith allan i ffatrïoedd Tsieineaidd yn y tiriogaethau treth isel hyn. Erbyn yr 1990au, roedd 50% o gynnyrch mewnwladol crynswth China yn cael ei greu mewn ardaloedd economaidd arbennig.
- Yr ardal allforio treth-isel yn Jakarta yw un o'r prif resymau pam fod cymaint o bobl wedi mudo o'r wlad i weithio yn ardal prifddinas Indonesia. Mae'n lleoliad alltraeth poblogaidd i gwmnïau amlwladol fel Gap a Levi's.

Mae **ardal economaidd arbennig (SEZ)** yn ardal ddiwydiannol, yn aml ger yr arfordir, lle mae amodau ffafriol yn cael eu creu i ddenu cwmnïau amlwladol tramor. Mae'r amodau hyn yn cynnwys cyfraddau treth isel a rhyddid rhag talu trethi a thollau allforio.

Canlyniadau a dulliau rheoli mudo gwledig-trefol

Problemau gwledig a dulliau o'u rheoli

Mae'r problemau sy'n gallu amlygu eu hunain mewn ardaloedd gwledig o ganlyniad i symud i ardal drefol yn cynnwys y canlynol:

- **Poblogaeth sy'n heneiddio:** mae India yn gartref i fwy na 100 miliwn o bobl oedrannus 60 oed a throsodd. Mae'r mwyafrif ohonun nhw (tua 70%) yn byw mewn ardaloedd gwledig. Gan fod cymaint o bobl ifanc wedi allfudo, cymharol ychydig o bobl ifanc sy'n weddill mewn rhai ardaloedd gwledig lle mae angen gofal ar nifer mawr o bobl oedrannus.
- **Cynhyrchiant economaidd yn gostwng:** Wrth i gymaint o bobl ifanc allfudo o ardaloedd gwledig yn China, mae'r gweithlu yn heneiddio yng nghefn gwlad. Mae hyn yn bygwth cynhyrchiant amaethyddol a hynny yn ei dro yn fygythiad i sicrwydd cyflenwad bwyd y wlad gyfan.

Un ateb posibl i'r anghydbwysedd gwledig-trefol cynyddol a welir yn India a gwledydd eraill sy'n datblygu yw buddsoddi i greu pentrefi modern, hunangynhaliol y mae pobl ifanc yn llai tebygol o fod eisiau eu gadael. Os yw'r weledigaeth hon am lwyddo, bydd yn rhaid i'r wladwriaeth warantu bod gwasanaethau cyhoeddus hanfodol yn cael eu cyflenwi, fel ffyrdd, dŵr yfed, glanweithdra, trydan ac ysgolion.

Gallai newidiadau mawr diweddar ym maes egni solar a thechnoleg rhyngrwyd symudol helpu i wneud ardaloedd gwledig yn leoedd mwy atyniadol i aros ynddyn nhw yn y dyfodol. Mae gwasanaeth ffôn symudol M-Pesa yn Kenya wedi chwyldroi bywyd i unigolion a busnesau lleol mewn ardaloedd gwledig.

Arweiniad i'r Cynnwys

- Mae pobl yn gallu defnyddio eu ffôn i drosglwyddo arian; mae'r hyn sy'n cyfateb i tua hanner o Gynnyrch Mewnwladol Crynswth y wlad yn cael ei anfon drwy'r system M-Pesa yn flynyddol.
- Mae pysgotwyr a ffermwyr yn defnyddio ffôn symudol i wirio prisiau'r farchnad cyn gwerthu cynnyrch i brynwyr. Mae hyn yn eu helpu i gynyddu'r incwm a lleddfu rhywfaint ar dlodi gwledig: o ganlyniad, bydd mwy o bobl yn aros mewn ardaloedd gwledig.
- Mae merched mewn ardaloedd gwledig yn gallu trefnu **benthyciadau bach** gan fanciau datblygu trwy ddefnyddio eu biliau M-Pesa fel tystiolaeth bod ganddyn nhw record dda o gredyd. Mae'r gallu hwn i fenthyg yn chwarae rôl allweddol wrth ryddhau teuluoedd gwledig o dlodi. Mae gwelliannau tebyg yn digwydd yn India a Bangladesh hefyd.

Problemau trefol a dulliau o'u rheoli

Mae megaddinas yn gartref i 10 miliwn o bobl neu fwy. Yn 1970, tair megaddinas yn unig oedd yn bodoli; erbyn 2020 bydd yna 30 ohonyn nhw (Ffigur 23). Mae'r dinasoedd hyn yn tyfu o ganlyniad i fudo gwledig-trefol a chynnydd naturiol yn y boblogaeth.

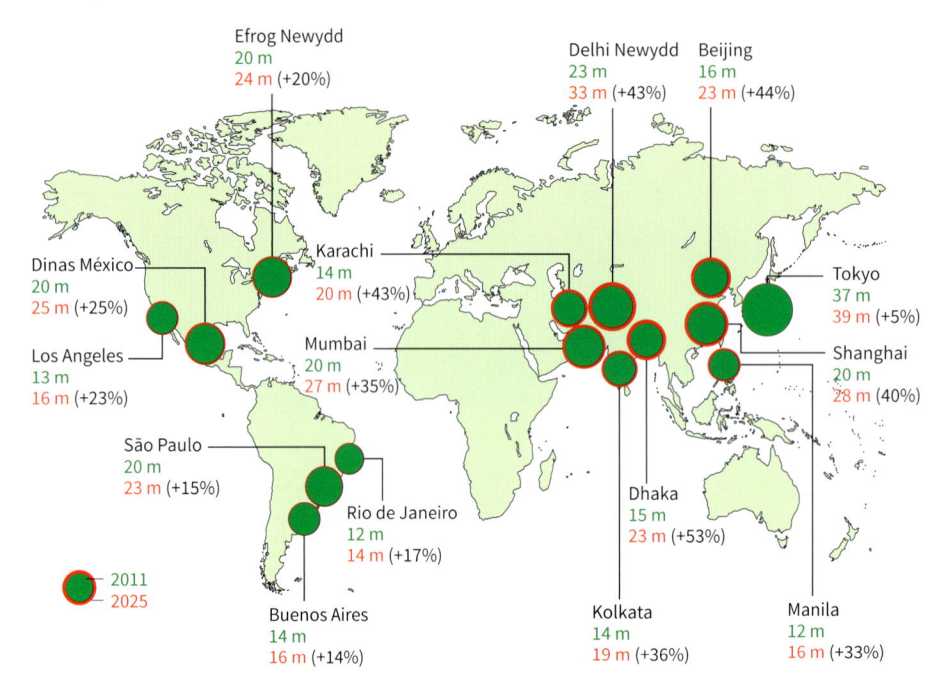

Ffigur 23 Twf megaddinasoedd sy'n cael ei ragweld dros amser, 2011–2025 (miliynau o bobl)

Mae megaddinasoedd mewn gwledydd incwm-isel (gwledydd sy'n datblygu) ac incwm-canol (gwledydd lled-ddatblygedig) wedi tyfu'n eithriadol o gyflym. Mae poblogaeth São Paulo yn cynyddu o hanner miliwn yn flynyddol o ganlyniad i fudo. Mae twf newydd yn digwydd ar gyrion y ddinas lle mae'r mewnfudwyr yn adeiladu tai anffurfiol (trefi sianti). Mae mudo **mewngyrchol**, sef mudo ar raddfa eang i mewn i'r ddinas, yn arwain at godi cartrefi dros dro ar domenydd sbwriel (Lagos), ar dir sy'n gorlifo (São Paulo), mynwentydd (Cairo) a bryniau serth a pheryglus (Rio). Dros

Mudo gwledig-trefol mewn gwledydd sy'n datblygu

gyfnod o amser, mae'n bosibl y bydd rhai o'r ardaloedd hyn yn cael eu datblygu yn ardal o dai mwy parhaol. Mae tref sianti Rocinha yn Rio bellach gyda chyflenwad trydan, ac mae yno fwyty McDonald's, siopau trin gwallt a chlinigau iechyd. Fodd bynnag, mewn llawer o ddinasoedd, mae twf cyflym y cartrefi hyn yn anodd iawn i'w rheoli (Tabl 12).

Mae twf trefol yn anochel ar draws y byd. Wrth i bobl ddod yn fwy cyfoethog mewn economïau sy'n datblygu ac economïau lled-ddatblygedig, bydd mwy o bobl ifanc mewn ardaloedd gwledig yn awyddus i wneud mwy na ffermio yn y dyfodol. Dangosir strategaethau gwahanol y mae'n bosib eu defnyddio i ddelio gyda thwf trefol yn Nhabl 13.

Tabl 12 Enghreifftiau o dwf cyflym megaddinasoedd a ysgogwyd gan fudo gwledig-trefol

Mumbai	Karachi
■ Mae ardal drefol Mumbai yn India bellach yn gartref i fwy na 21 miliwn o bobl. Mae wedi dyblu o ran maint ers 1970. Mae pobl yn heidio yno o daleithiau gwledig tlawd Uttar Pradesh a Bihar. ■ Mae cyflogaeth drefol yn cwmpasu ystod o sectorau economaidd a lefelau sgil. Mae brandiau mawr byd-eang fel Hilton a Starbucks wedi eu hagor ym Mumbai. Mewn ardaloedd adwerthol fel Colaba Causeway, mae nifer mawr o bobl yn gweithio ac yn gwerthu nwyddau i bobl o'r dosbarth canol (sy'n cynyddu). ■ Mae Dharavi yn ardal o slymiau ym Mumbai. Mae yno economi bywiog: caiff 5000 o bobl eu cyflogi mewn diwydiannau ailgylchu plastig Dharavi. Fodd bynnag, mae cynnydd ym mhrisiau tir ar draws Mumbai yn golygu bod pwysau mawr i ailddatblygu'r ardal hon ac ardaloedd eraill tebyg.	■ Cyn sefydlu Islamabad yn 1960, Karachi oedd prifddinas Pakistan oedd hefyd yn borthladd. ■ Roedd tua 24 miliwn o bobl yn byw yn Karachi yn 2015; dyma'r ddinas fwyaf poblog yn Pakistan a'r ail fegaddinas fwyaf poblog yn y byd (ar ôl Tokyo). ■ Y fegaddinas enfawr hon yw canolfan arian, diwydiant a masnach Pakistan. Mae pobl sy'n chwilio am waith yn heidio i'r ddinas o ardaloedd gwledig o gwmpas y wlad, gan gynnwys taleithiau Sindh a Punjab. ■ Unwaith eu bod yno, mae ymfudwyr gwledig-trefol yn gallu dod o hyd i gyflogaeth ffurfiol neu anffurfiol mewn nifer o sectorau diwydiannol gan gynnwys y diwydiant llongau, bancio, adwerthu a gweithgynhyrchu.

Tabl 13 Strategaethau tai trefol top i lawr a gwaelod i fyny gwahanol

Strategaethau twf trefol o'r top i lawr	■ Mae China wedi ymdopi gyda mudo gwledig-trefol trwy gynllunio ac adeiladu tai newydd a dinasoedd ar raddfa enfawr. Mae tri chlwstwr o fegaddinasoedd bellach wedi eu sefydlu ar ddelta Afon Yangtze yn China (sy'n cynnwys Shanghai), delta Afon Pearl (sy'n cynnwys Shenzhen, a arferai fod yn ddim mwy na phentref pysgota) ac ymyl Môr Bohai (sy'n cynnwys Beijing). ■ Mae yna hefyd 60 o ddinasoedd llai o faint gyda phoblogaeth dros filiwn. Erbyn 2025, yn ôl un amcangyfrif, bydd mwy na 220 o ddinasoedd yn China gyda phoblogaeth dros filiwn. ■ Fodd bynnag, nid oes gan wledydd eraill yr un cyfoeth â China ynghyd â'r arweinyddiaeth o'r top i lawr. Mae prinder tai difrifol ym megaddinasoedd Lagos a Kinshasa yn Affrica, lle mae llawer iawn o bobl yn byw mewn slymiau.
Strategaethau datblygu cymunedol trefol o'r gwaelod i fyny	■ Mae'n rhaid i gymunedau tlawd o ymfudwyr yn Lagos gymryd camau eu hunain heb lawer o gymorth gan y wladwriaeth i wella eu hamgylchedd lleol a chreu cartref. O ganlyniad, mae aneddiadau sgwatwyr wedi tyfu ar draws Lagos, ac maen nhw'n llawn pobl oherwydd prinder tai a'r tir sydd ar gael i godi tai. ■ Yn achos Makoko, anheddiad slym ar gyrion Lagŵn Lagos, mae tai dros dro wedi cael eu hadeiladu uwchben y dŵr ar stiltiau. Mae pobl yn defnyddio deunyddiau fel sinc a phren. Maen nhw hefyd wedi adennill tir o'r lagŵn trwy ddefnyddio deunyddiau gwastraff a llwch llif i greu ynysoedd newydd y gellid adeiladu arnyn nhw. Amcangyfrifir bod poblogaeth Makoko tua 250,000 o bobl. Mae'r rhan fwyaf o bobl yn gwneud bywoliaeth yn yr economi anffurfiol a thrwy bysgota. Mae hyn yn deillio o ddyddiau cynnar Makoko fel pentref pysgota y tu allan i Lagos: wrth i'r ddinas dyfu, mae'r pentref wedi'i lyncu gan yr ardal drefol fawr.

Arweiniad i'r Cynnwys

Crynodeb

- Mae cysylltiad agos rhwng y broses fudo gwledig-trefol mewnol mewn gwledydd sy'n datblygu a sut mae llywodraethau a chwmnïau amlwladol yn effeithio ac yn dylanwadu arnyn nhw.
- Mae gwaith sy'n cael ei gyflawni gan ymfudwyr gwledig-trefol yn hanfodol i'r cadwyni cyflenwi y mae globaleiddio yn dibynnu arno. Er mwyn sicrhau'r elw mwyaf posibl, mae cwmnïau amlwladol yn dibynnu ar ddefnyddio gwasanaethau alltraeth a thrwy hynny'n anfon gwaith allan i ddinasoedd ac ardaloedd ar draws y byd sy'n datblygu, lle y gellir prynu llafur mudol yn rhad.
- Yn y gorffennol, roedd llawer o waith ar gyfer gweithwyr cyflog isel yn cael ei wneud gan ymfudwyr gwledig-trefol mewn ardaloedd sy'n prosesu allforion yn China. Fodd bynnag, mae cyflogau bellach yn codi yn China, ac mae gwledydd yn Asia fel Bangladesh a Viet Nam wedi tyfu i fod yn ardaloedd pwysig i gwmnïau amlwladol ar gyfer buddsoddi ynddyn nhw.
- Disgwylir y bydd mudo gwledig-trefol yn parhau'n nodwedd amlwg mewn sawl gwlad i'r unfed ganrif ar hugain. Er mwyn delio â'r twf trefol sy'n cael ei ragweld, bydd cyfuniad o reoli o'r top i lawr a datblygiad cymunedol o'r gwaelod i fyny yn hanfodol.

Llywodraethiant byd-eang cefnforoedd y Ddaear

■ Llywodraethiant byd-eang cefnforoedd y Ddaear

Sefydliadau uwchgenedlaethol ar gyfer llywodraethiant byd-eang

Ystyr llywodraethiant byd-eang

Mae'r term 'llywodraethiant' yn awgrymu syniadau ehangach o lywio a/neu beilota yn hytrach na'r math o reolaeth uniongyrchol a gysylltir gyda 'llywodraeth' (Tabl 14). Mae **llywodraethiant byd-eang** felly yn disgrifio'r rheolau, normau, codau a rheoliadau llywio sy'n cael eu defnyddio i reoleiddio gweithgarwch pobl ar lefel ryngwladol. Ar y raddfa hon, fodd bynnag, gall fod yn anodd gorfodi rheoliadau a deddfau.

Roedd cytundebau a sefydliadau byd-eang yn bodoli yn y gorffennol. Sefydlwyd Cynghrair y Cenhedloedd ar ôl y Rhyfel Mawr yn 1919, er enghraifft. Yn y cyfnod ar ôl diwedd yr Ail Ryfel Byd yn 1945, mae'r symudiad tuag at lywodraethiant byd-eang wedi cyflymu. Y Cenhedloedd Unedig sydd wedi arwain llawer iawn o hyn, sef sefydliad ambarél i lawer o asiantaethau, cytundebau a chyfamodau byd-eang.

Tabl 14 Y gwahaniaeth rhwng llywodraethau cenedlaethol a llywodraethiant byd-eang

	Llywodraethau cenedlaethol	Llywodraethiant byd-eang
Rheoleiddio	Rheolaeth cyfraith	Cytundebau a chydweithrediad
Gwneud penderfyniadau	Unbegynol (wedi'i ganoli)	Amlochrog (cyfunol)
Nodau cynradd	Twf economaidd; diogelwch cenedlaethol a diogelu adnoddau	Heddwch y byd; ffyniant a datblygiad cynaliadwy byd-eang

Llywodraethiant byd-eang cefnforoedd y Ddaear

Y Cenhedloedd Unedig, NATO a llywodraethiant cefnforoedd

Y **Cenhedloedd Unedig** oedd y **sefydliad uwchgenedlaethol** cyntaf i'w sefydlu ar ôl yr Ail Ryfel Byd. Dros amser, mae ei gylch gwaith wedi tyfu i gwmpasu nifer o feysydd rheoli gan gynnwys hawliau dynol, iechyd ac economeg. Mae **Sefydliad Addysgol, Gwyddonol a Diwylliannol y Cenhedloedd Unedig (UNESCO)** yn helpu i amddiffyn yr amgylchedd, gan gynnwys cefnforoedd (gweler t. 82). Mae'r Cenhedloedd Unedig hefyd wedi bod yn gyfrifol am sefydlu nifer o **gonfensiynau byd-eang** pwysig:

- Mae Datganiad Cyffredinol o Hawliau Dynol y CU, y Cyngor Hawliau Dynol a'r Uwch Gomisiynydd ar gyfer Ffoaduriaid (UNHCR) yn amddiffyn hawliau dynol ac yn cefnogi ffoaduriaid (gweler t. 42).
- Sefydlodd Cynhadledd y Cenhedloedd Unedig ar yr Amgylchedd a Datblygu 1992 ('Uwchgynhadledd y Ddaear') gynllun gweithredu ar gyfer datblygu cynaliadwy a gosod y seiliau ar gyfer Cytundeb Kyoto yn 1997 a nifer o gynadleddau, cyfamodau a chytundebau diweddarach ar newid hinsawdd.
- Gelwir fframwaith byd-eang y CU ar gyfer Cefnforoedd y byd yn **Gonfensiwn y Cenhedloedd Unedig ar Gyfraith y Môr (UNCLOS)**. Mae'r cytundeb byd-eang sylweddol hwn yn ymdrin â phob agwedd ar reoli morol, gan gynnwys hawliau tiriogaethol a bioamrywiaeth forol. Disgrifiwyd y cytundeb wrth ei lofnodi yn 1992 gan Ysgrifennydd Cyffredinol y Cenhedloedd Unedig fel: 'O bosibl, offeryn cyfreithiol mwyaf arwyddocaol y ganrif hon'.

Mae **Cyfundrefn Cytundeb Gogledd Iwerydd (NATO)** yn gytundeb rhyngwladol pwysig arall, er i grŵp llai o wladwriaethau. Mae'r gynghrair hon yn rhoi grym cyfunol i'w 28 aelod-wladwriaeth. Ers 1949, mae cynghrair NATO wedi gweithredu ar sail cytundeb amddiffyn cyfunol; sy'n golygu os yw un aelod dan fygythiad, bydd y lleill i gyd yn estyn cymorth. Mae nifer o aelodau NATO yn **bwerau morol** mawr, gan gynnwys y DU ac UDA. Mae gan NATO ddiddordeb arbennig mewn diogelwch morol gan fynd i'r afael â môr-ladrata a rhoi cymorth i ddelio ag argyfyngau ynghylch ffoaduriaid ac ymfudwyr ar y môr.

Yr Undeb Ewropeaidd a'r grwpiau-G

Ochr yn ochr â'r CU, mae grwpiau eraill o wladwriaethau llai o faint yn chwarae rôl bwysig ym maes llywodraethiant gwleidyddol, economaidd ac amgylcheddol y byd. Mae Tabl 15 yn gwerthuso pwysigrwydd nifer o'r mudiadau rhyngwladol hyn, gan gynnwys yr UE a grwpiau-G gwahanol (Ffigur 24).

Mae **pŵer morol** yn bŵer mawr byd-eang neu'n wladwriaeth â grym rhanbarthol y mae ei dylanwad milwrol yn deillio'n rhannol o faint a nerth ei llynges.

G20 'Grŵp o Ugain'
(22 aelod nawr, ffurfiwyd gyntaf yn 1999)

G8 'Grŵp o Wyth'
(9 aelod nawr, ffurfiwyd yn 1975)
Ffrainc
Gorllewin yr Almaen
Yr Eidal
Japan
DU
UDA
Canada (1976)
Rwsia (1997)
UE

Brasil
China
India
México
De Affrica
Yr Ariannin
Awstralia
Indonesia
Yr Iseldiroedd
Saudi Arabia
De Korea
Sbaen
Twrci

Ffigur 24 Grwpiau-G byd-eang pwerus

Tabl 15 Gwerthuso rôl yr UE a'r grwpiau-G o ran llywodraethiant byd-eang

Grwpiau	Rôl(au) byd-eang	Gwerthuso ei bwysigrwydd
Undeb Ewropeaidd (UE)	■ Mae'r UE wedi esblygu dros amser o fod yn floc masnachu syml i fod yn sefydliad uwchgenedlaethol sy'n wleidyddol integredig gyda'i arian ei hun. ■ Yr UE yw'r unig grŵp o genhedloedd sy'n caniatáu i holl ddinasyddion ei aelod-wladwriaethau symud yn hollol rydd. Dilëwyd y rhan fwyaf o'r ffiniau cenedlaethol yn 1995 pan roddwyd Cytundeb Schengen ar waith. ■ Mae gan yr UE ei reolau llym ei hun i amddiffyn moroedd a chefnforoedd Ewrop. Dyma'r Gyfarwyddeb Forol.	■ Mae'r UE yn grŵp hynod o effeithiol oherwydd y lefel uchel o integreiddiad gwleidyddol y mae ei aelodau wedi'i sicrhau. Mae'n rhaid i aelod-wladwriaethau gydymffurfio gyda'i ddeddfau economaidd ac amgylcheddol neu wynebu sancsiynau, gan gynnwys dirwyon mawr. ■ Er enghraifft, mae llongau wedi'u gwahardd rhag llygru dyfroedd tiriogaethol unrhyw wlad yn yr UE. Mae'n drosedd i longau ollwng olew neu unrhyw sylweddau eraill sy'n achosi llygredd. Bydd unrhyw un sy'n torri'r gyfraith hon yn wynebu cosbau troseddol.

Arweiniad i'r Cynnwys

Tabl 15 *parhad*

Grwpiau	Rôl(au) byd-eang	Gwerthuso ei bwysigrwydd
G7/8 a G20	▪ Mae cenhedloedd y G8 'Grŵp o Wyth' yn cynnwys UDA, Japan, y DU, yr Almaen, yr Eidal, Ffrainc, Canada a Rwsia (galwyd cynadleddau diweddar heb Rwsia yn gyfarfodydd G7). Ers 1975, mae'r gwledydd arweiniol hyn gydag economïau mawr wedi cwrdd yn achlysurol i gydlynu eu hymateb i sialensiau economaidd cyffredin. ▪ Yn 2011, gweithredodd y G8 i sefydlogi economi Japan yn dilyn y tsunami trychinebus. Yn 2016, gwnaeth y G7 gyfarfod i drafod polisïau a allai ysgogi twf ar ôl y llusgiad economaidd byd-eang a achoswyd wrth i economi China arafu.	▪ Mae'n bosibl bod y G7/8 yn colli ei bwysigrwydd fel fforwm gwneud penderfyniadau rhyngwladol, oherwydd nad yw nifer o brif economïau'r byd, gan gynnwys China ac India, yn aelodau. ▪ Crëwyd grŵp mwy o'r enw G20 yn 1999 i gynnwys y prif economïau lled-ddatblygedig yn ogystal ag aelodau'r G7/8. ▪ Fodd bynnag, mae maint y G20, a safbwyntiau gwahanol ei aelodau, yn gwanhau ei allu i gytuno i weithredu ar rai materion economaidd ac amgylcheddol. Dywed beirniaid bod ei record o amddiffyn y cefnforoedd yn wael iawn.
G77	▪ Mae'r G77 yn grŵp o wledydd sy'n datblygu sydd gyda 134 o aelodau mewn gwirionedd. ▪ Mae'r grŵp hwn wedi lobïo gwledydd datblygedig i wneud mwy i fynd i'r afael â newid hinsawdd.	▪ Ers iddo gael ei ffurfio yn 1964, mae'r G77 wedi gweithredu fel clymblaid rydd o wledydd. ▪ Fodd bynnag, mae diddordebau gwahanol yr aelodau niferus wedi cyfyngu ar ei ddylanwad ar lefel byd-eang.

Llywodraethiant cefnforoedd

Deddfau a chytundebau

Mae deddfau a chytundebau rhyngwladol amrywiol yn rheoli'r defnydd o gefnforoedd y Ddaear mewn ffyrdd sy'n hyrwyddo twf economaidd cynaliadwy a sefydlogrwydd geowleidyddol. Confensiwn y Cenhedloedd Unedig ar Gyfraith y Môr (UNCLOS) a'r **ardal economaidd unigryw** (*EEZ – exclusive economic zone*) yw conglfeini cyfraith ryngwladol sy'n ymwneud â chefnforoedd y byd.

Esblygiad UNCLOS a'r Ardal Economaidd Unigryw (EEZ)

Mae Tabl 16 yn dangos y llinell amser a arweiniodd at fabwysiadu UNCLOS yn fyd-eang yn 1982.

Tabl 16 Llinell amser UNCLOS (Ffynhonnell: www.un.org)

Cyn-1939	Cyn yr Ail Ryfel Byd, roedd y cefnforoedd yn destun egwyddor 'rhyddid y moroedd'. Byddai gwladwriaethau'n hawlio awdurdodaeth dros ddarn cul o fôr (3 milltir o led) o amgylch eu morlinau. Roedd gweddill y moroedd yn 'rhydd i bawb heb fod yn perthyn i neb'.
1940au–1950au	Yn ystod y cyfnod hwn, gwelwyd bod sawl bygythiad i gefnforoedd gan gynnwys: ▪ llygredd a gwastraff o longau cludo mawr a thanceri olew ▪ y niwed i stociau pysgod arfordirol a achoswyd gan longau pysgota yn dod o bell ▪ gwledydd yn hawlio adnoddau gwely'r môr. Yn 1945, hawliodd UDA berchnogaeth unigryw ar ei sgafell gyfandirol a'r olew, nwy a mwynau a oedd i'w cael yno. Dyma oedd y sialens fawr gyntaf i egwyddor rhyddid y moroedd. Penderfynodd gwledydd eraill ddilyn yr un drefn yn gyflym.
1960au–1970au	▪ Dechreuodd fwy o wledydd hawlio rhannau mwy o ddyfroedd tiriogaethol iddyn nhw eu hunain. ▪ Gwelwyd gostyngiad yn y stociau pysgod i lefelau peryglus. ▪ Gwelwyd gwrthdaro gwleidyddol rhwng y DU, Denmarc a'r Almaen ar ôl canfod olew dan Fôr y Gogledd, gan nad oedd eglurdeb cyfreithiol ynglŷn â sut i rannau adnoddau sgafell gyfandirol Ewrop.
1973–1982	Datblygodd y CU UNCLOS: cytundeb cynhwysfawr a fwriadwyd i fynd i'r afael â llygredd morol, gorbysgota ac anghydfod rhwng gwladwriaethau dros hawliadau tiriogaethol, gan gynnwys y pwerau mawr.

Byddwch yn darllen am nifer o ddarpariaethau penodol UNCLOS yn ddiweddarach yn y llyfr hwn. Maen nhw'n cynnwys: hawliau mordwyo a therfynau tiriogaethol morol; awdurdodaeth economaidd a statws cyfreithiol adnoddau ar wely'r môr tu hwnt

Llywodraethiant byd-eang cefnforoedd y Ddaear

i ffiniau awdurdodaeth genedlaethol; gwarchod a rheoli adnoddau morol byw a'r amgylchedd morol; a'r trefniadau ar gyfer datrys anghydfod rhwng gwladwriaethau.

Efallai mai sefydlu'r ardal economaidd unigryw oedd cyfraniad pwysicaf UNCLOS i lywodraethiant byd-eang, sef ardal y dŵr sy'n ymestyn 200 morfilltir o forlin gwladwriaeth (Ffigur 25). Mae'n rhoi perchnogaeth gyfreithiol o adnoddau'r cefnforoedd cyfagos i wladwriaethau arfordirol. Mae gan y wladwriaeth arfordirol yr hawl i ddefnyddio, datblygu, rheoli a chadw'r holl adnoddau – boed yn rhai **biotig** (pysgod) neu **anfiotig** (olew, nwy neu fwynau) – sydd yn y dŵr neu ar wely'r môr yn yr ardal economaidd unigryw.

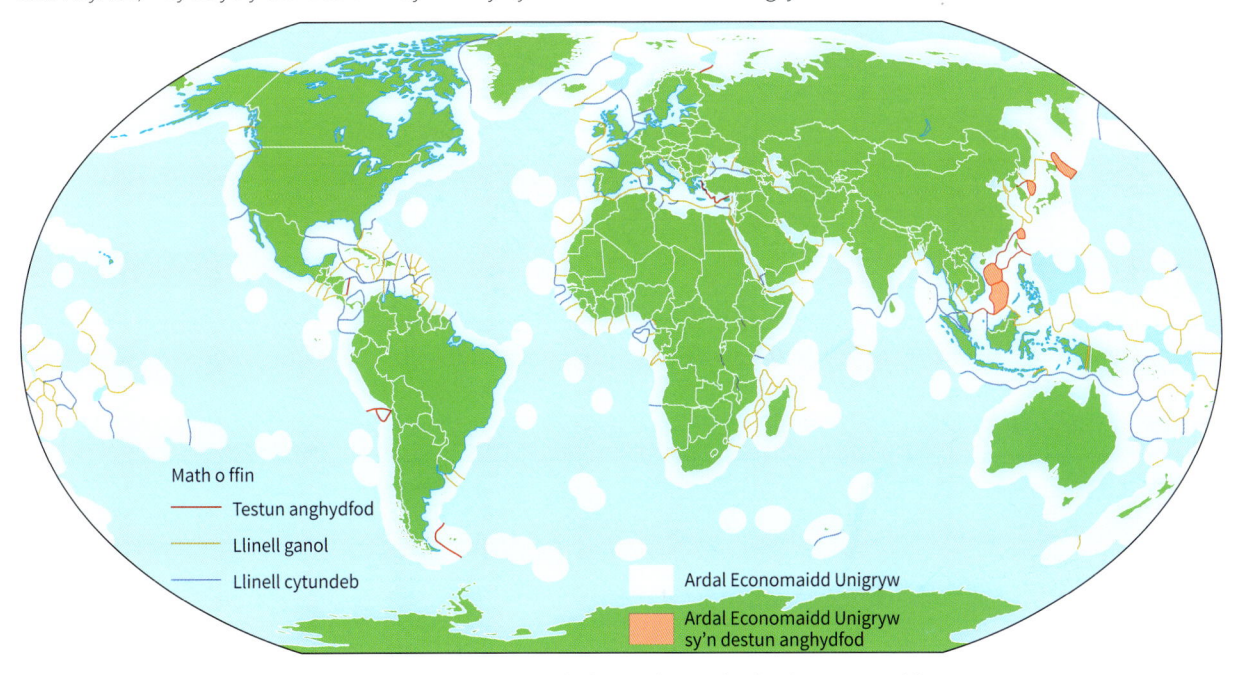

Ffigur 25 Yr Ardal Economaidd Unigryw o amgylch gwladwriaethau arfordirol ac ynysoedd

Cytundebau cynaliadwyedd

Mae cytundebau eraill gan y CU wedi gwneud cyfraniadau pwysig at ddefnyddio'r cefnforoedd ac ecosystemau morol yn gynaliadwy, gan gynnwys nodau datblygu cynaliadwy 2015 (SDG) a CITES (Tabl 17).

Tabl 17 Mae gweithredoedd y CU i helpu'r amgylchedd yn gallu cynnig amddiffyniad ychwanegol i rywogaethau'r cefnforoedd sydd dan fygythiad

Nodau datblygu cynaliadwy[1]	Cyflwynwyd 17 nod datblygu cynaliadwy y CU yn 2015. Maen nhw'n disodli ac yn ehangu nodau datblygu'r mileniwm, a oedd yn set o dargedau y cytunodd arweinwyr byd arnyn nhw yn 2000. Mae'r nodau datblygu cynaliadwy hyn a nodau datblygu'r mileniwm blaenorol yn darparu 'map ffordd' clir ar gyfer datblygu dynol drwy nodi'r blaenoriaethau ar gyfer gweithredu. Mae pwyslais cryf ar helpu i amddiffyn y cefnforoedd diolch i nod 14: 'Gwarchod a defnyddio'r cefnforoedd, moroedd ac adnoddau morol yn gynaliadwy'.
Confensiwn ar y Fasnach Ryngwladol mewn Rhywogaethau o Fflora a Ffawna sydd Mewn Perygl[2]	Daeth CITES i rym yn 1975. Mae wedi gwahardd yr holl fasnach mewn rhywogaethau sydd dan fygythiad a'u cynhyrchion. Erbyn hyn, mae 181 o wledydd wedi ei fabwysiadu, ac mae wedi achub rhai rhywogaethau (gan gynnwys aderyn Nene Hawaii) ond ni lwyddodd i achub rhai eraill. Mae cyfoeth cynyddol yn Asia wedi cynyddu'r fasnach mewn rhai cynhyrchion sydd wedi'u gwahardd, fel esgyll siarc sydd mewn perygl (gweler t. 74) a chrwbanod y môr gwyllt. Yn ddiweddar, cryfhawyd rheoliadau CITES er mwyn rhwystro'r fasnach anghyfreithlon mewn esgyll siarcod sydd mewn perygl. Fodd bynnag, hyd nes bod gwerthoedd diwylliannol yn cefnu ar y defnydd o gynhyrchion esgyll siarcod, mae nifer y siarcod yn debygol o ostwng ymhellach (mae problemau tebyg yn bodoli mewn perthynas â'r galw cynyddol am gyrn rhinoseros yn Asia).

[1] SDG – Sustainable Development Goals; [2] CITES – Convention on International Trade in Endangered Species of Wild Fauna and Flora

Arweiniad i'r Cynnwys

Strategaethau'r pwerau mawr a materion diogelwch
Pwerau mawr morol

Mae UDA a China yn bwerau mawr morol. Mae Tabl 18 yn cymharu maint a grym eu llyngesau. Mae rheoli'r cefnforoedd yn bwysig iawn i wladwriaethau pwerus ac yn ffordd o gynyddu a diogelu eu **cylchoedd dylanwad** byd-eang.

Yn y gorffennol, y DU oedd prif bŵer morol y byd. Er yn wlad gymharol fach, roedd Prydain erbyn 1920 yn rheoli dros 20% o boblogaeth y byd a 25% o arwynebedd tir y byd. Roedd goruchafiaeth y Llynges Brydeinig yn amlwg ar gefnforoedd y byd yn ystod y cyfnod hwn, gan warchod y trefedigaethau a'r llwybrau masnachu rhyngddyn nhw a Phrydain. Yn 1914, roedd llynges Prydain tua dwywaith maint llynges yr Almaen. Tyfodd yr Ymerodraeth Brydeinig mewn dau gyfnod penodol gan ddefnyddio pŵer y llynges:

Tabl 18 Cymharu pŵer morol China ac UDA, 2013 (Ffynhonnell: *Military Balance* 2013)

	China	UDA
Staff y llynges	255,000	332,800
Llongau brwydro ar yr arwyneb	77	112
Llongau awyrennau	1	11
Llongau rhyfel cyflym	–	22
Llongau distryw	14	62
Ffrigadau	62	17
Llongau tanfor	65	72
Llongau brwydro patrol ac arfordirol	211+	41

- **Cyn-1850:** Concrwyd trefedigaethau bach ar y cyrion arfordirol ac ar ynysoedd, e.e. New England (UDA erbyn hyn), Jamaica, Accra (Ghana) a Mumbai (India), ac adeiladwyd caerau arfordirol i'w hamddiffyn. Roedd y caerau a'r llynges yn amddiffyn y fasnach mewn deunyddiau crai (siwgr, coffi, te) a chaethweision, ac yn diogelu buddiannau economaidd cwmnïau masnach preifat fel yr East India Company.
- **1850–1945:** Ymestynnwyd y trefedigaethau arfordirol i mewn i'r tir, wrth goncro tiriogaethau eang. Sefydlwyd sefydliadau llywodraethu gyda gweinyddwyr Prydeinig wrth y llyw i reoli poblogaethau'r trefedigaethau. Datblygodd patrymau masnach cymhleth dros y cefnforoedd, gan gynnwys allforio nwyddau a gynhyrchwyd yn y DU i farchnadoedd trefedigaethol newydd.

Mae'r cysylltiadau hyn rhwng cyn-diriogaethau Prydeinig wedi parhau ers datgysylltu'r Ymerodraeth yn yr 1960au. Mae rhwydwaith byd-eang o wledydd sy'n aml yn Saesneg eu hiaith yn perthyn heddiw i'r Gymanwlad.

Mae'n werth cofio hefyd bod dinasoedd yn y DU sydd â threftadaeth forol – fel Llundain, Bryste a Lerpwl – yn aneddiadau amrywiol o ran eu diwylliant. Roedd y lleoedd hyn yn gweithredu fel canolfannau masnach a mudo i'r DU yn ddiweddarach (mae dyfodiad *HMS Windrush* o Jamaica i Lundain yn 1948 yn enghraifft enwog o hyn). Mae gwybod am rôl Prydain fel pŵer morol yn y gorffennol yn hanfodol os am ddeall llawer o agweddau ar fywyd Prydeinig cyfoes.

Tagfannau trawsteithiau olew

Dros y blynyddoedd, mae materion diogelwch, gan gynnwys rhyfeloedd a môr-ladrata wedi effeithio ar fasnach forol o bryd i'w gilydd. Heddiw, mae diogelwch yn ymwneud â'r lleoedd a elwir yn **dagfannau olew** (*oil chokepoints*) yn fater pwysig iawn. Mae Gweinyddiaeth Gwybodaeth Egni UDA (EIA) yn diffinio'r rhain fel: 'Sianeli cul ar hyd llwybrau môr a ddefnyddir yn eang, rhai ohonyn nhw mor gul fel bod cyfyngiadau ar faint y llongau all fordwyo drwyddyn nhw. Mae tagfannau yn rhan hanfodol bwysig o ddiogelu egni byd-eang oherwydd y lefel uchel iawn o betroliwm a hylifau eraill sy'n cael eu cludo drwy'r culforoedd hyn.'

- Mae tua 63% o gynhyrchiant olew y byd yn symud ar hyd llwybrau morol. Culfor Hormuz a Chulfor Malacca yw tagfannau strategol pwysicaf y byd yn ôl maint y trawsteithiau olew trwyddynt (Ffigur 26).

> **Cyngor i'r arholiad**
>
> Mae'r rhan hon o'r cwrs yn canolbwyntio ar lywodraethiant cefnforoedd: gwnewch yn siŵr eich bod yn deall y testun os yw cwestiwn yn gofyn i chi ysgrifennu am bwysigrwydd gwahanol sefydliadau.

> **Profi gwybodaeth 10**
>
> Pa mor bwysig yw perchnogaeth ynysoedd i wledydd sydd eisiau hawlio cymaint ag sy'n bosibl o wely'r môr?

Llywodraethiant byd-eang cefnforoedd y Ddaear

- Mae unrhyw darfu ar y llwybrau hyn yn gallu effeithio ar brisiau olew ac ymestyn teithiau llongau.

Yn ddiweddar, gwnaethpwyd Camlas Panama yn ddyfnach er mwyn i longau mwy fordwyo trwyddi. Credwyd y byddai'r gwaith hwn yn lleihau'r pwysau ar dagfannau yn y Dwyrain Canol. Fodd bynnag, mae Awdurdod Camlas Panama angen codi hyd at UDA$800,000 ar bob llong fawr er mwyn adennill ei gostau. Ar hyn o bryd, mae'r diwydiant llongau byd-eang yn ei chael hi'n anodd gwneud elw oherwydd bod twf mewn masnach wedi arafu, mae economi China wedi arafu hefyd ac mae prisiau olew yn is (gweler t. 25). O ganlyniad, mae llawer o weithredwyr yn parhau i ddewis y daith hirach drwy Gamlas Suez sy'n rhatach i'w defnyddio na Chamlas Panama.

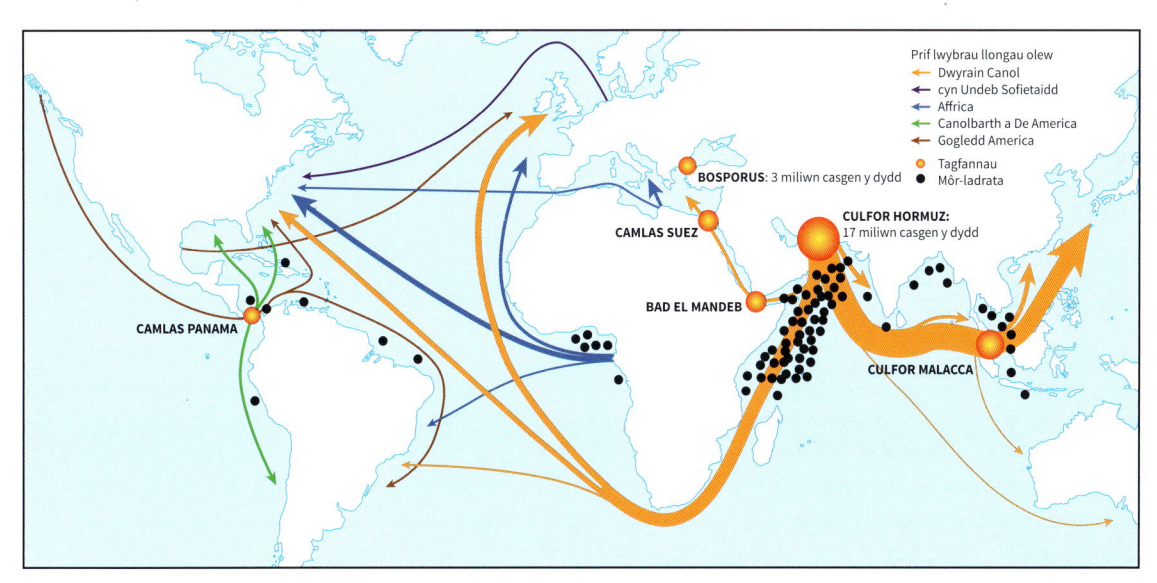

Ffigur 26 Tagfannau olew, ardaloedd lle cofnodwyd môr-ladrata yn ddiweddar a saethau cyfrannol yn dangos teithiau llongau olew o ddydd i ddydd

Lleoedd mewn perygl o fôr-ladrata

Mae ymosodiadau troseddol yn fygythiad i longau mewn nifer o leoedd penodol fel y dangosir yn Ffigur 26. Yn y blynyddoedd diwethaf, bu gostyngiad amlwg yn nifer yr ymosodiadau gan fôr-ladron ar hyd arfordir dwyrain Affrica (Ffigur 27) ac yng Ngwlff Aden. Credwyd mai tlodi a rhyfel cartref yn Somalia oedd yn bennaf gyfrifol am y broblem a gyrhaeddodd ei hanterth yn 2011. Ar un adeg, roedd 736 o bobl a 32 o longau yn cael eu dal yn wystlon mewn angorfeydd oddi ar draethau Somalia. Yn yr un flwyddyn, amcangyfrifwyd bod cost flynyddol môr-ladrata - gan gynnwys taliadau rhyddhau gwystlon, premiymau yswiriant, cost eiddo wedi'i ddwyn a mesurau addasu amrywiol gan berchnogion llongau - tua UDA$10 biliwn. Llwyddwyd i dawelu môr-ladron Somalia wrth i lywodraethau, sefydliadau rhyngwladol a pherchnogion llongau gymryd camau cydgysylltiedig:

- Anfonodd llywodraethau gwledydd a sefydliadau rhyngwladol, gan gynnwys NATO, mwy o batrolau morol.
- Gosododd perchnogion llongau weiren bigog, canonau dŵr a gwarchodwyr arfog ar eu llongau.
- Dargyfeiriwyd llongau, a hwyliwyd yn gyflymach er mwyn ei gwneud yn anoddach i eraill neidio ymlaen arnyn nhw.

Arweiniad i'r Cynnwys

Tra bod troseddau yn nwyrain Affrica wedi gostwng, mae ymosodiadau yn ne-ddwyrain Asia – yn enwedig ar hyd arfordir Indonesia – wedi cynyddu. Mae bron i chwech o bob deg trosedd ar y môr ledled y byd yn digwydd yno. Mae môr-ladron yn seiffno olew ar ôl cipio tanceri sy'n symud yn araf. Yn ôl un amcangyfrif, roedd môr-ladron yn euog o ddwyn 16,000 tunnell o gynhyrchion olew gwerth UDA$5 miliwn yn 2015. Weithiau, caiff criwiau eu hanafu'n ddrwg am nad oes gan y môr-ladron hyn fawr o ddiddordeb mewn dal y criwiau yn wystlon.

> **Tasg hunan-astudio 6**
>
> Nodwch y prif batrymau a'r tueddiadau a ddangosir yn Ffigur 27.

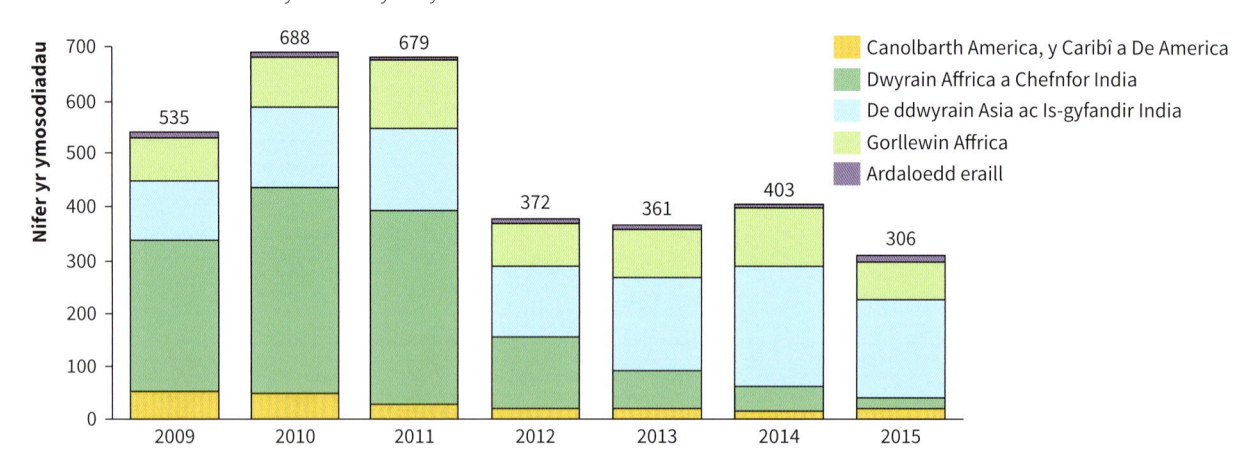

Ffigur 27 Patrymau a thueddiadau ymosodiadau gan fôr-ladron, 2009–2015

Crynodeb

- Mae nifer o sefydliadau uwchgenedlaethol yn bodoli. Gyda'i gilydd, maen nhw'n darparu fframwaith ar gyfer llywodraethiant byd-eang drwy sefydlu cytundebau pwysig y mae'r rhan fwyaf o wladwriaethau wedi cytuno i'w parchu a'u cynnal.
- UNCLOS sy'n bennaf gyfrifol am sicrhau llywodraethiant o'r cefnforoedd. Mae llawer o bobl o'r farn bod UNCLOS yn llwyddiant o ran llywodraethiant byd-eang.
- Yn y gorffennol a'r presennol, mae llywodraethau gwladwriaethau yn rhoi pwyslais mawr ar bŵer llyngesol a diogelwch morol. Mae perygl môr-ladrata yng nghyffiniau tagfannau olew yn ein hatgoffa o'r angen i gynnal diogelwch morol.
- Mae teithio dros gefnforoedd a masnach forol yn y gorffennol wedi creu cysylltiadau parhaol rhwng gwledydd, lleoedd a phobl.

■ Llifoedd byd-eang llongau a cheblau'r môr

Globaleiddio a llifoedd nwyddau dros y cefnforoedd

Patrymau a rhwydweithiau masnach fyd-eang

Masnach yw symudiad nwyddau a gwasanaethau o'r cynhyrchwyr i'r defnyddwyr. Mae'n cwmpasu sawl sector diwydiannol gwahanol. Mae masnach mewn nwyddau ffisegol (yn wahanol i wasanaethau) yn cynnwys symud y canlynol:

- cynhyrchion diwydiannau cynradd (bwyd, egni a deunyddiau crai)
- eitemau wedi'u gweithgynhyrchu (o fwydydd wedi'u prosesu i nwyddau electronig)

Llifoedd byd-eang llongau a cheblau'r môr

Yn gyffredinol, y gwledydd datblygedig a nifer o economïau lled-ddatblygedig gan gynnwys grŵp BRIC (pedwar economi mawr Brasil, Rwsia, India a China) sy'n dominyddu masnach y byd. Mae'r pwyntiau canlynol yn rhoi trosolwg o batrymau masnach byd-eang, gan ystyried cynhyrchiant (tarddiad) a defnydd (marchnad).

- Mae gwerth masnach byd a CMC byd-eang wedi cynyddu tua 2% yn flynyddol ers 1945, ac eithrio 2008–2009, pan welwyd gostyngiad byr mewn gweithgarwch yn sgil yr argyfwng ariannol byd-eang.
- Mae deg cenedl yn unig, gan gynnwys China, UDA, yr Almaen a Japan, yn cyfrif am fwy na hanner holl fasnach byd-eang.
- Mae mwyafrif y fasnach sy'n tarddu o wledydd datblygedig yn digwydd gyda gwledydd datblygedig eraill (Ffigur 28). Y rheswm am hyn yw'r nifer mawr o gwsmeriaid a marchnadoedd cefnog sy'n bresennol yng ngwledydd cyfoethocaf y byd.
- Mae marchnadoedd defnyddwyr wedi ehangu mewn economïau lled-ddatblygedig wrth i bŵer gwario dyfu ymhlith eu dinasyddion. Mae deietau dosbarth-canol yn cynnwys mwy o gig a chynnyrch llaeth (mwy o brotein). Cododd bwyta cig y pen yn China o 4 kg i 52 kg a Brasil o 28 kg i 82 kg rhwng 1990 a 2010.
- Er bod twf China'n arafu erbyn hyn, mae'n parhau i allforio mwy o nwyddau nag unrhyw wlad arall (gwerth UDA$2 triliwn yn 2013). Ers dechrau'r 1980au, mae China wedi datblygu fel y grym mwyaf ym masnach byd. Yn wir, mae'r economi byd-eang wedi arafu rhywfaint ers 2010, yn bennaf oherwydd bod y gyfradd twf yn China wedi arafu hefyd. Mae llai o alw yn China am fewnforio adnoddau naturiol ac olew ac mae hynny wedi bod yn arbennig o niweidiol i lawer o allforwyr Affricanaidd.

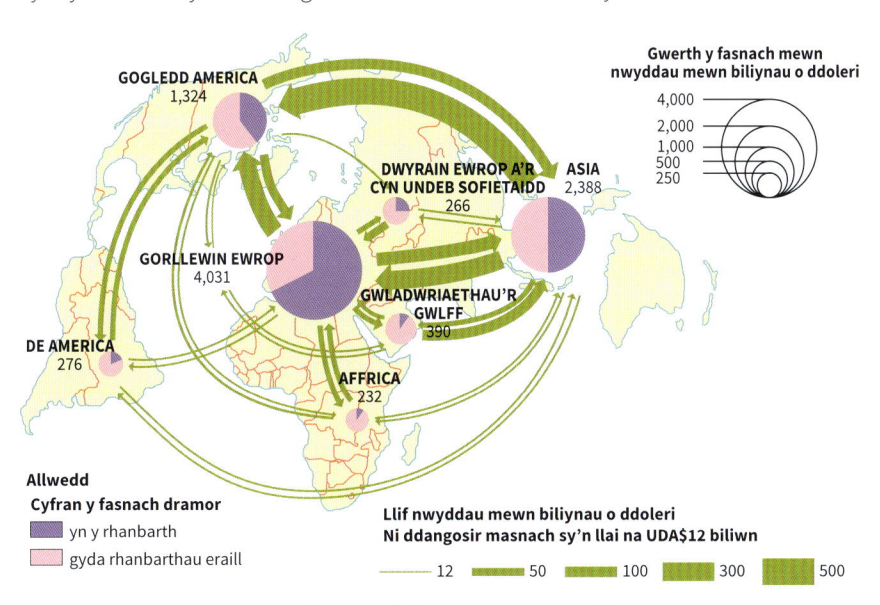

Ffigur 28 Y fasnach fyd-eang mewn nwyddau, 2015

Profi gwybodaeth 11

Pa gyfran o lifoedd masnach nwyddau mewn-ranbarthol y byd sy'n digwydd dros y cefnforoedd? Pa rai yw'r llifoedd mwyaf dros gefnforoedd, a pham?

Tasg hunan-astudio 7

Mae Ffigur 28 yn dangos patrwm symudiadau nwyddau rhwng lleoedd. Mae'r saeth yn dangos cyfeiriad y symudiad ac mae lled y saeth yn gyfrannol i faint o nwyddau sy'n symud. Defnyddiwch y wybodaeth i amcangyfrif gwerth y pum llif masnach mwyaf rhwng rhanbarthau'r byd.

Arweiniad i'r Cynnwys

Tueddiadau llongau amlwytho

Mae mwy na 600 miliwn o gynwysyddion unigol yn cael eu symud dros y cefnforoedd bob blwyddyn (Ffigur 29). Yn ôl rhai sylwebyddion, dyma yw 'asgwrn cefn' yr economi byd-eang ers i arloeswr y diwydiant, Malcolm McLean, lwytho'r cynhwysydd cyntaf ar longau ei gwmni yn Newark, New Jersey, yn 1956. Heddiw, mae popeth o goesau cyw iâr i wresogyddion patio yn cael eu cludo'n effeithlon i bedwar ban byd gan ddefnyddio **cynwysyddion rhyngfoddol**.

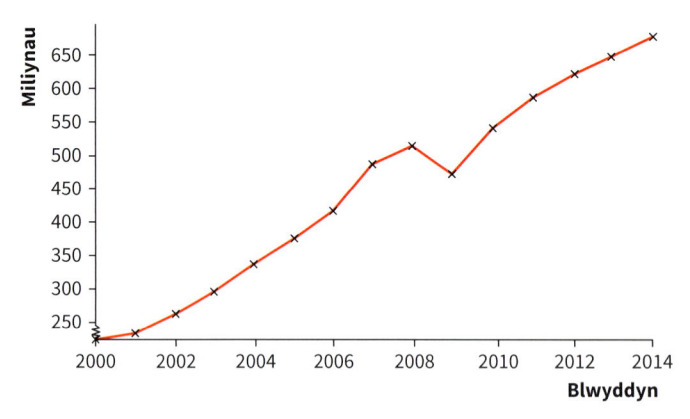

Mae **cynwysyddion rhyngfoddol** yn unedau storio capasiti mawr y gellir eu cludo dros bellter gan ddefnyddio sawl math o gludiant, fel llongau a threnau, heb orfod tynnu'r llwyth allan o'r cynhwysydd.

Ffigur 29 Twf yn symudiad cynwysyddion, 2000–2014 (miliynau o unedau 20-troedfedd)

Tuedd arall bwysig yw'r cynnydd ym maint llongau amlwytho. Mae llai o longau o'r fath ar y môr erbyn hyn, ond maen nhw'n cludo mwy o nwyddau.

- Mae'r llong Ewropeaidd enfawr MSC Oscar a gostiodd UDA$190 miliwn yn mesur 395 m o hyd, 48 m o led ac yn gallu cludo 19,000 o gynwysyddion ugain troedfedd (TEU). Mae hyn yn cymharu gyda llong fwyaf y byd yn 1988 oedd â hyd o 275 m ac yn gallu cludo ychydig dros 4,000 o gynwysyddion.
- Mae maint cyfartalog llongau amlwytho wedi cynyddu 90% yn y ddau ddegawd diwethaf, ac roedd cyfanswm capasiti'r llongau hyn yn 2015 bedair gwaith yn fwy nag yr oedd yn 2000.

Yn ddiweddar, mae'r diwydiant llongau wedi profi cyfnod o argyfwng oherwydd gorgapasiti. Mae cwmnïau llongau wedi adeiladu llongau newydd ar raddfa gyflymach o lawer na'r twf ym masnach fyd-eang. Mae llongau amlwytho sy'n gweithredu fel bysiau gan ddilyn amserlenni sefydlog rhwng China a'i phrif farchnadoedd wedi bod yn hwylio heb ddigon o gynwysyddion i fod yn broffidiol. O ganlyniad, aeth Hanjin Shipping, seithfed gweithredwr mwyaf y byd, yn fethdalwr yn 2016. Mae'r diffyg cydbwysedd hwn rhwng cyflenwad a galw am longau wedi codi oherwydd:

- mae twf mewn masnach fyd-eang wedi gostwng (gweler t. 14)
- mae'n bosibl bod cadwyni cyflenwi yn mynd yn fyrrach wrth i fwy o gwmnïau amlwladol **symud eu gweithrediadau** i leoedd eraill yn sgil costau a **risgiau** cynyddol

Symud gweithrediadau – y broses o gwtogi cadwyni cyflenwi byd-eang. Bydd cwmnïau amlwladol yn penderfynu cynhyrchu a chaffael nwyddau a gwasanaethau yn lleol yn hytrach na defnyddio lleoliadau a chyflenwyr alltraeth pell. Mae'r rhesymau am hyn yn gallu cynnwys osgoi buddsoddi mewn lleoedd lle mae gwrthdaro wedi digwydd neu bwysau gwleidyddol o gyfeiriad llywodraethau (mae hyn wedi digwydd yn UDA).

Canlyniad hyn yw bod angen sgrapio llawer o longau hŷn. **Chwalu llongau** yw'r broses o dynnu hen long nad oes ei hangen bellach yn ddarnau. Mae'r rhan fwyaf o'r gwaith hwn yn digwydd yn Bangladesh ac India gan fod costau llafur yn is, ac mae hefyd llai o reoliadau iechyd a diogelwch yno.

CBAC Daearyddiaeth

Rheoli symudiadau ar y cefnforoedd

Rheoli llifoedd llongau

Mae UNCLOS yn gwarantu **hawl holl longau i hwylio'n ddiogel** drwy ddyfroedd tiriogaethol unrhyw wladwriaeth. Caniateir symud 'cyn belled nad yw hynny'n niweidiol i heddwch, trefn neu ddiogelwch y wladwriaeth arfordirol'. Mae angen rheoliadau hefyd er mwyn diogelu'r amgylchedd rhag symudiadau llongau, yn enwedig tanceri olew. Yn y gorffennol, cafwyd nifer o achosion o longau olew yn achosi **llygredd trawsffiniol** dinistriol i diriogaethau ger llwybrau llongau. Effeithiwyd ar arfordiroedd Ffrainc a'r DU yn ddifrifol gan 119,000 tunnell o olew yn gollwng o dancer enfawr y *Torrey Canyon* yn 1967, ar ôl iddo daro riff yn y Sianel ar ei daith o Kuwait i Aberdaugleddau. Dyma'r tro cyntaf i ddigwyddiad colli olew gael sylw'n fyd-eang:

- lladdwyd 15,000 o adar y môr.
- halogwyd 80 km o draethau'r DU a 120 km o arfordir Ffrainc.
- dyma drychineb amgylcheddol gwaethaf y DU hyd yma.

Mae Ffigur 30 yn dangos lleoliad yr 20 digwyddiad mwyaf o golli olew sydd wedi digwydd ers hynny ynghyd â'u hagosrwydd at lwybrau llongau pwysig. Mae'n werth nodi bod 19 o'r digwyddiadau mwyaf a gofnodwyd wedi digwydd cyn y flwyddyn 2000 er yr holl gynnydd yn y fasnach olew a maint llongau ers canol yr 1980au. Yn yr 1990au, cafwyd 358 digwyddiad o golli mwy na 7 tunnell o olew, gyda chyfanswm yr olew a gollwyd dros 1 miliwn tunnell. Yn y 2000au, cafwyd 181 digwyddiad o golli mwy na 7 tunnell o olew, gyda chyfanswm yr olew a gollwyd yn llai na 200,000 tunnell. Mae hyn yn rhannol oherwydd gwaith rheoli llwyddiannus dan arweiniad UNCLOS.

- Nid yw tanceri olew un haen yn cael eu defnyddio bellach. Digwyddodd y trychineb mawr diwethaf gyda'r tanceri hyn yn 2002 pan suddodd y tancer enfawr *Prestige* oddi ar arfordir Galicia, gan achosi'r trychineb amgylcheddol mwyaf yn hanes Sbaen.
- Mae'n anghyfreithlon i longau sydd wedi cludo olew yn ddiweddar i ddefnyddio dŵr y môr i olchi eu tanciau (mae prosesau golchi tanciau wedi bod yn un o brif achosion llygredd olew ar hyd y prif lwybrau llongau).

> **Profi gwybodaeth 12**
> Faint o dwf sydd wedi bod yn symudiadau llongau amlwytho yn y blynyddoedd diwethaf? Mae'r tueddiad a ddangosir yn Ffigur 29 yn anghyson – beth achosodd y dirywiad hwn?

> **Profi gwybodaeth 13**
> Pa enghreifftiau o beryglon allwch chi feddwl amdanyn nhw a fyddai'n helpu i esbonio tueddiad newydd cwmnïau amlwladol i gwtogi cadwyni cyflenwi byd-eang, sy'n arwain at ddefnyddio llai o longau?

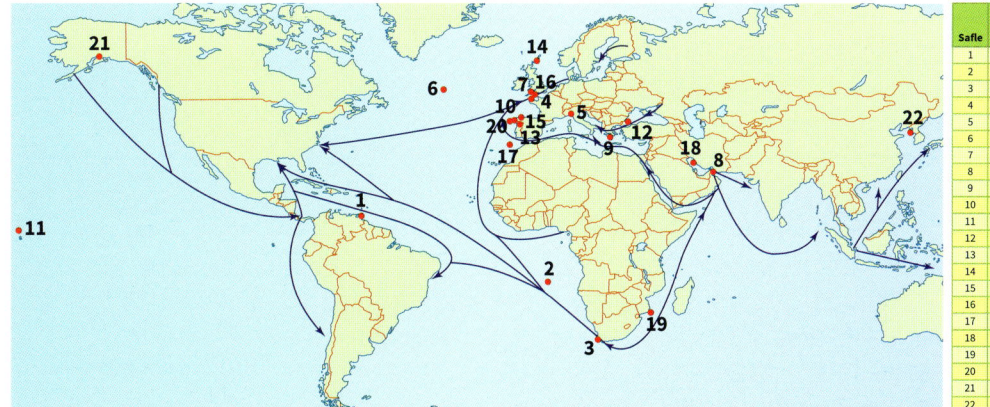

Safle	Enw'r llong	Blwyddyn	Olew a gollwyd (tunelli)
1	ATLANTIC EMPRESS	1979	287,000
2	ABT SUMMER	1991	260,000
3	CASTILLO DE BELLVER	1983	252,000
4	AMOCO CADIZ	1978	223,000
5	HAVEN	1991	144,000
6	ODYSSEY	1988	132,000
7	TORREY CANYON	1967	119,000
8	SEA STAR	1972	115,000
9	IRENES SERENADE	1980	100,000
10	URQUIOLA	1976	100,000
11	HAWAIIAN PATRIOT	1977	95,000
12	INDEPENDENTA	1979	94,000
13	JAKOB MAERSK	1975	88,000
14	BRAER	1993	85,000
15	AEGEAN SEA	1992	74,000
16	SEA EMPRESS	1996	72,000
17	KHARK 5	1989	70,000
18	NOVA	1985	70,000
19	KATINA P	1992	67,000
20	PRESTIGE	2002	63,000
21	EXXON VALDEZ	1989	37,000
22	HEBEI SPIRIT	2007	11,000

Ffigur 30 Y 22 achos mwyaf o golli olew sydd wedi digwydd ers trychineb *Torrey Canyon* yn 1967

Arweiniad i'r Cynnwys

Adnabod a delio â llifoedd anghyfreithlon ar draws cefnforoedd

Ynghyd â llifoedd masnach a mudo cyfreithlon, mae llifoedd anghyfreithlon hefyd. Gall y rhain fod yn llifoedd anghyfreithlon o bobl, cyffuriau, eiddo ffug, nwyddau sydd wedi'u dwyn a bywyd gwyllt sydd mewn perygl. Mae'r Cenhedloedd Unedig wedi galw droeon ar wladwriaethau i gydweithio i fynd i'r afael â llifoedd troseddu cyfundrefnol (*organised crime*) rhyngwladol, gan fod llawer ohonyn nhw'n defnyddio cefnforoedd a dyfroedd tiriogaethol fel eu lleoedd gweithredu (Ffigur 31).

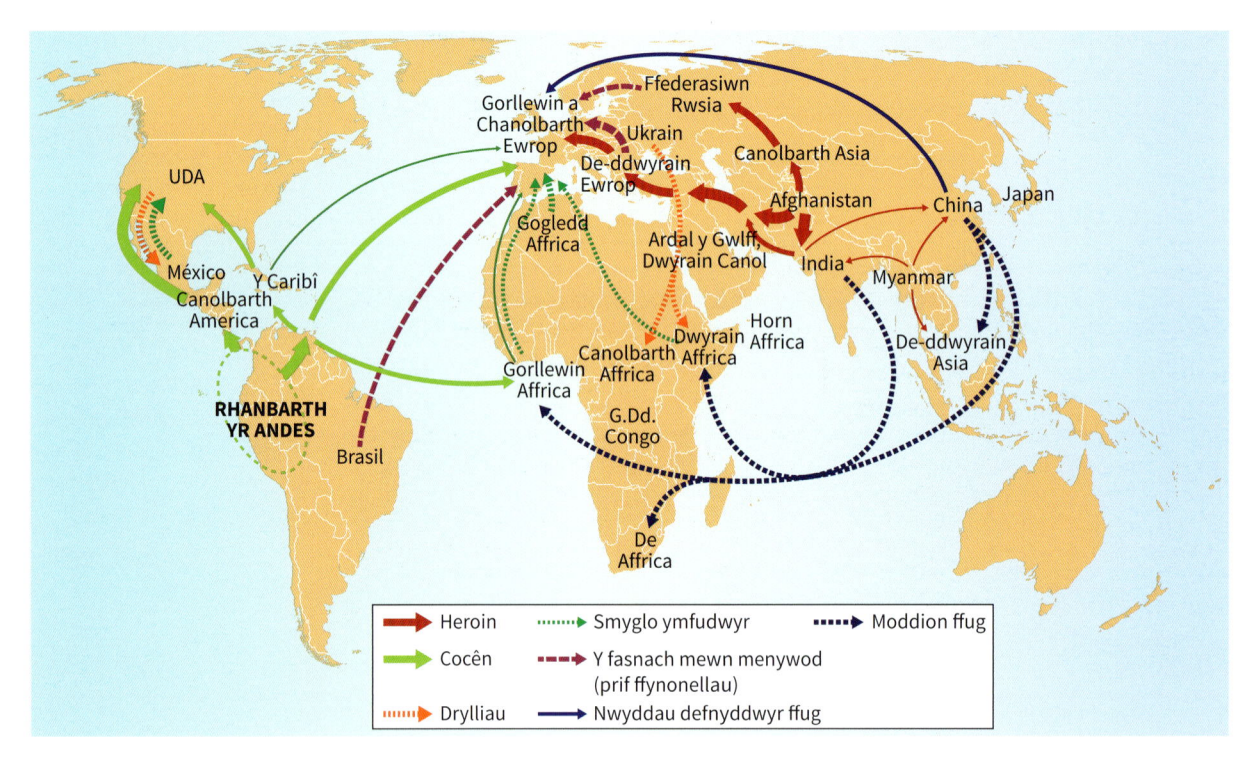

Ffigur 31 Llifoedd troseddu cyfundrefnol rhyngwladol ar draws y byd (Ffynhonnell: CU)

Yn ôl Ysgrifennydd-Cyffredinol y CU, Ban Ki-moon:

> Mae marchnadoedd troseddol rhyngwladol yn croesi'r blaned, gan gludo cyffuriau, arfau, menywod, gwastraff gwenwynig, adnoddau naturiol wedi'u dwyn neu rannau o gyrff anifeiliaid gwarchodedig. Mae cannoedd o biliynau o ddoleri o arian brwnt yn llifo ar draws y byd bob blwyddyn, gan aflunio economïau lleol, llygru sefydliadau a hybu gwrthdaro. Mae marchnadoedd troseddu cyfundrefnol rhyngwladol yn dinistrio, gan ddod ag afiechyd, trais a thrallod i ranbarthau a phoblogaethau sy'n agored i niwed.

Nid yw'n bosibl gwybod beth yw maint gwirioneddol y llifoedd hyn. Mae'n bosibl cael brasamcan drwy ddefnyddio adroddiadau heddlu a thystiolaeth pobl. Mae Tabl 19 yn dangos amcangyfrifon o raddfa a gwerth rhai llifoedd anghyfreithlon.

Tabl 19 Enghreifftiau o lifoedd a gweithgareddau anghyfreithlon ar draws cefnforoedd

Masnachu pobl (*people trafficking*)	■ Mae mwy na 90% o'r ymfudwyr sy'n croesi Môr y Canoldir yn anghyfreithlon yn defnyddio gwasanaethau sy'n cael eu darparu gan rwydweithiau troseddol, yn ôl asiantaeth ddiogelwch Europol. ■ Amcangyfrifir bod rhwydweithiau troseddol a oedd yn smyglo ymfudwyr wedi ennill trosiant rhwng €3 biliwn a €6 biliwn yn 2015 yn unig. Mae smyglo ymfudwyr yn fusnes proffidiol iawn.
Smyglo	■ Mae smyglo a symudiadau llongau anarferol wedi cynyddu dros Fôr y Canoldir a'r Iwerydd yn y blynyddoedd diwethaf. Mae morlin Ewrop yn 70,000 km, ac nid yw asiantaethau diogelwch yn ei fonitro'n llwyddiannus. ■ Mae troseddwyr cyfundrefnol a mudiadau terfysgol yn manteisio ar y gwendid hwn. Mae cyffuriau anghyfreithlon, gynnau a nwyddau ffug yn cyrraedd rhanbarthau arfordiol yr UE yn rheolaidd. ■ Ar ôl ymosodiadau terfysgol 2001 yn Efrog Newydd, aethpwyd ati i gryfhau safonau diogelwch morol byd-eang gyda Chod Diogelwch Llongau a Phorthladdoedd Rhyngwladol 2004 (ISPS – *International Ship and Port Security Code*). Mae'r cod ISPS a gyflwynwyd gan Sefydliad Morol Rhyngwladol y CU, yn rhoi mwy o bwerau diogelwch i awdurdodau porthladdoedd i fonitro llongau a rheoli eu mynediad. ■ Fodd bynnag, gellid gwneud llawer mwy i olrhain symudiadau llongau mewn dyfroedd tiriogaethol. Yn ôl cwmni diogelwch morol Mast: 'Os byddech chi'n gallu cael pentwr o reifflau AK47 i mewn i gynhwysydd llong unrhyw le yn y byd, yna byddai modd i chi eu cael i mewn i Ewrop yn weddol rwydd'.
Caethwasiaeth ar y môr	■ Cafwyd honiadau ynghylch achosion o gam-fanteisio a chaethwasiaeth yn rhannau o fflyd bysgota'r DU. Mae'r diwydiant pysgota werth £770 miliwn ac yn dibynnu'n gynyddol ar lafur tramor. ■ Nid yw rhai gweithwyr tramor wedi cael caniatâd i fyw yn y DU. Er hynny, mae hawl ganddyn nhw i weithio ar gychod pysgota yn nyfroedd Prydain lle nad oes modd i'r heddlu na swyddogion lles gadw llygad arnynt. Mae hyn yn golygu ei bod yn anodd diogelu eu hawliau dynol; mae rhai gweithwyr tramor o orllewin Affrica yn derbyn cyflog mor fach, fel bod modd dweud bod hyn yn ffurf ar gaethwasiaeth fodern.

Llifoedd gwybodaeth

Y defnydd o TGCh gan unigolion a chymdeithasau

Ar dudalen 17, cyflwynwyd y syniad o **fyd sy'n lleihau** a rôl allweddol TGCh wrth i globaleiddio gyflymu. Mae'r cefnforoedd yn darparu'r gofod y bydd 90% o holl ddata'r rhyngrwyd yn pasio trwyddo ar gyfer amrywiaeth o ddefnyddwyr a dibenion (Tabl 20). Os ydych yn gwylio ffilmiau ar YouTube neu Facebook, mae siawns go dda bod y data wedi dod trwy weinydd mewn cyfandir pell fel Gogledd America. Ar amrantiad, mae gwybodaeth wedi teithio miloedd o gilometrau trwy **geblau ar waelod y môr** i gyrraedd eich gliniadur neu ffôn clyfar. Mae mwy nag 1 miliwn cilometr o geblau hyblyg ar waelod y môr tua'r un maint â phibellau dŵr yn cludo'r holl e-byst, chwiliadau a negeseuon trydar. Dangosir y cynnydd helaeth diweddar yn llif data byd-eang yn Ffigur 32.

Arweiniad i'r Cynnwys

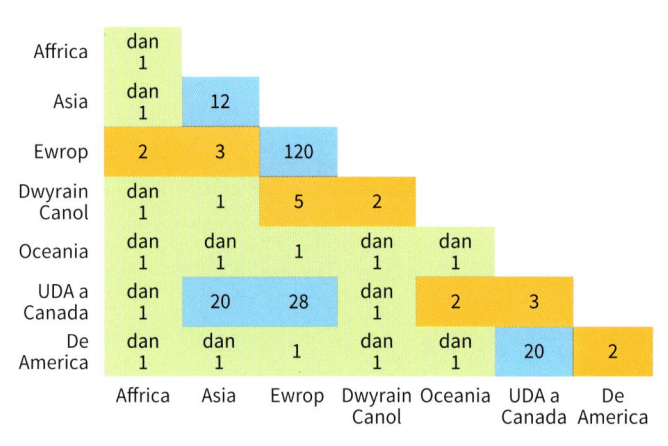

	Affrica	Asia	Ewrop	Dwyrain Canol	Oceania	UDA a Canada	De America
Affrica	dan 1						
Asia	dan 1	12					
Ewrop	2	3	120				
Dwyrain Canol	dan 1	1	5	2			
Oceania	dan 1	dan 1	1	dan 1	dan 1		
UDA a Canada	dan 1	20	28	dan 1	2	3	
De America	dan 1	dan 1	1	dan 1	20	2	

Ffigur 32 Llifoedd data byd-eang (mil gigabit yr eiliad) rhwng ac o fewn rhanbarthau'r byd, 2015 (Ffynhonnell data: McKinsey)

> **Tasg hunan-astudio 8**
>
> Astudiwch Ffigur 32. Cyfrifwch gyfanswm cyfaint y llifoedd data sy'n cysylltu Ewrop gyda rhanbarthau eraill. Awgrymwch resymau pam bod yr UE yn rhanbarth o'r byd sydd â chysylltiadau arbennig o dda gyda rhanbarthau eraill.

Tabl 20 Ffyrdd y mae TGCh yn cefnogi gwahanol agweddau ar globaleiddio

Globaleiddio economaidd	■ Mae TGCh wedi helpu cwmnïau amlwladol i ehangu'n fyd-eang trwy ddarparu cysylltedd rhwng ffatrïoedd, swyddfeydd a chyflenwyr allanol mewn gwahanol diriogaethau. Bob tro y bydd cod bar yn cael ei sganio pan fydd rhywun yn prynu bwyd Marks and Spencer mewn siop yn y DU, mae maint yr archeb nesaf gyda chyflenwyr mewn gwledydd pell fel Kenya yn newid yn awtomatig. ■ Mae cwmnïau'r cyfryngau yn gallu symud ffeiliau data mawr yn gyflym o stiwdios animeiddio mewn un wlad i wlad arall, a hynny'n cyflymu'r amser cynhyrchu. ■ Mae TGCh yn cefnogi gweithgaredd economaidd ar raddfa bersonol hefyd: mae dinasyddion hunangyflogedig yn cael mynediad i lwyfannau ariannu torfol fel Kickstarter i'w helpu i gychwyn eu busnesau; gallan nhw hefyd werthu nwyddau a gwasanaethau yn fyd-eang gan ddefnyddio marchnadoedd fel eBay neu Amazon.
Globaleiddio cymdeithasol	■ Mae Facebook, Twitter a Snapchat yn gweithio trwy alluogi pob unigolyn i weithredu fel hwb yng nghanol ei rwydwaith fyd-eang neu fwy lleol o gyfeillion. ■ Mae nifer cynyddol o bobl yn derbyn eu haddysg o bell trwy astudio mewn ysgol neu brifysgol rithiol, neu drwy gofrestru ar gyrsiau MOOC ar-lein (cyrsiau ar-lein agored enfawr). ■ Mae gofal iechyd o bell yn cael ei ddarparu mewn rhannau o'r byd lle mae isadeiledd ffisegol yn brin.
Globaleiddio diwylliannol	■ Mae nodweddion diwylliannol, fel iaith neu gerddoriaeth, yn cael eu mabwysiadu a'u hefelychu yn gyflymach nag erioed o'r blaen. Yn ystod 2012, gwyliwyd fideo o *Gangnam Style* gan y canwr Psy o Dde Korea fwy nag 1.8 biliwn gwaith, sef y fideo cerdd sydd wedi'i wylio fwyaf erioed. ■ Tu allan i'r brif ffrwd, mae isddiwylliannau hefyd yn ffynnu ar-lein. Mae cwmnïau cerdd, celf comic a gemau ar-lein bach yn gallu sicrhau darbodion maint, diolch i gefnogwyr ledled y byd sy'n rhannu'r un diddordeb lleiafrifol neu 'niche' ac sy'n gallu cael eu cysylltu'n ddigidol. Beth bynnag sy'n ennyn eich diddordeb, fel cerddoriaeth werin o Mali neu isddiwylliant cerdd arbenigol fel 'grindcore' neu 'dubstep', gallwch ganfod yr hyn ydych eisiau ei glywed ar-lein.
Globaleiddio gwleidyddol	■ Mae gallu dosbarthu gwybodaeth a chyhoeddiadau'n rhwydd yn gwella gwaith a swyddogaethau sefydliadau aml-lywodraethol. Mae gwefannau sefydliadau aml-lywodraethol fel yr UE, y CU a Banc y Byd yn cynnwys nifer o adnoddau sy'n ceisio addysgu cynulleidfa fyd-eang ynghylch materion mor amrywiol â newid hinsawdd a throseddau rhyfel rhyngwladol. ■ Defnyddir rhwydweithiau cymdeithasol i godi ymwybyddiaeth ynghylch materion gwleidyddol ac i ymladd am newid ar raddfa fyd-eang. Mae elusennau amgylcheddol fel Greenpeace yn lledaenu eu negeseuon ar-lein.

Llifoedd byd-eang llongau a cheblau'r môr

Twf a dulliau rheoli rhwydweithiau ceblau data ar waelod y môr

Am fwy na 150 o flynyddoedd, mae ceblau data ar waelod y môr wedi helpu cyfandiroedd gwahanol i gyfathrebu mewn amser real.

- Gosodwyd y ceblau telegraff cyntaf allai anfon negeseuon cod Morse ar waelod Cefnfor Iwerydd yng nghanol yr 1800au (mae cyfeiriad atyn nhw yn nofel 1870 yr awdur Ffrengig Jules Verne, *20,000 Leagues Under the Sea*).
- Daeth y cam nesaf arwyddocaol yn yr 1950au gyda dyfodiad cebl cyfechelog (*coaxial*), a oedd yn gallu trosglwyddo sgyrsiau ffôn.
- Yn yr 1990au, daeth ceblau opteg ffibrau i ddisodli ceblau analog; gallai'r rhain gludo llawer iawn o ddata digidol ar ffurf golau.
- Heddiw, trosglwyddir 99% o'r holl draffig data rhyng-gyfandirol – gan gynnwys galwadau ffôn, negeseuon testun ac e-bost – trwy geblau ar waelod y môr (Ffigur 33). Mae technolegau sy'n seiliedig ar gwmwl a mwy o alw am gyfryngau wedi'u ffrydio gan ddefnyddwyr dosbarth canol cynyddol y byd, yn golygu bod y galw am led band byd-eang yn tyfu ar raddfa o 40% y flwyddyn.

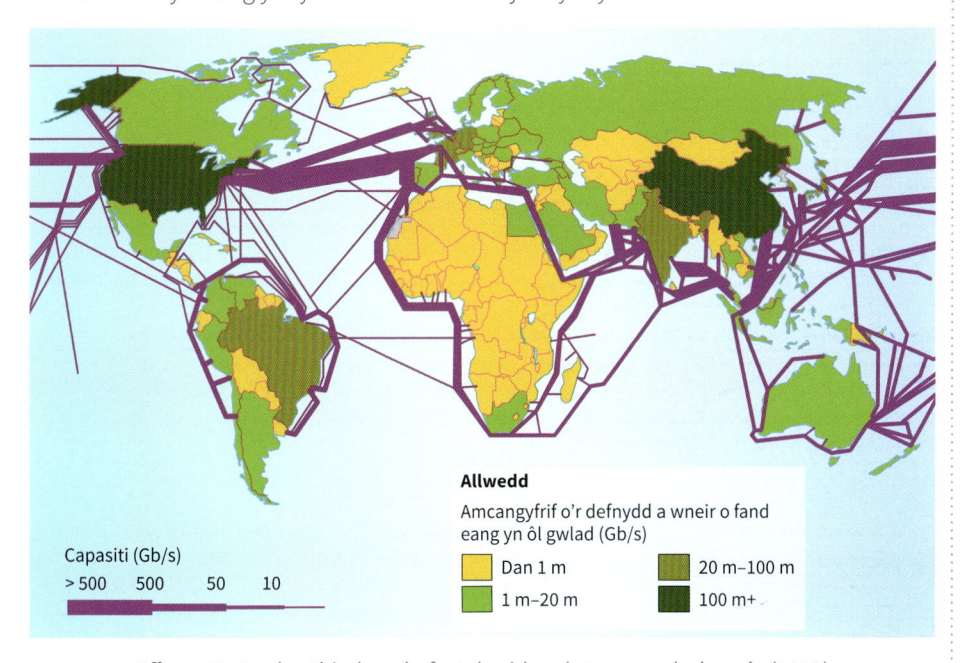

> **Cyngor i'r arholiad**
>
> Mae Tabl 20 yn dangos ffordd dda o baratoi ateb i'r cwestiwn canlynol: 'Esboniwch sut mae llifoedd gwybodaeth wedi helpu i gyflymu globaleiddio.'

Ffigur 33 Dosbarthiad anghyfartal ceblau data ar waelod y môr (2012)

Llywodraethau oedd yn arfer gosod a rheoli ceblau. Heddiw, cwmnïau amlwladol sy'n berchen ar lawer o'r isadeiledd.

- Mae Microsoft a Facebook yn adeiladu Marea ar y cyd, sef cebl 6,600 km o hyd dan yr Iwerydd, gyda'r capasiti mwyaf erioed a fydd yn cysylltu UDA, Ewrop, Affrica, y Dwyrain Canol ac Asia.
- Rhoddodd Google gymorth ariannol i brosiect cebl FASTER gwerth UDA$300 miliwn sy'n cysylltu UDA, Japan a Taiwan.
- Yn ddiweddar, gosododd Vodafone gebl newydd o Bengal i dde-ddwyrain Asia, de Asia a'r Dwyrain Canol.
- Mae gan BT, AT&T a Telefónica eu rhwydweithiau cebl mawr eu hunain ar waelod y môr.

Arweiniad i'r Cynnwys

Mae mesurau llywodraethiant byd-eang sy'n gwarchod rhwydweithiau cebl ar waelod y môr wedi bod yn eu lle ers mwy na 100 mlynedd, gan gynnwys confensiynau rhyngwladol a sefydlwyd gyntaf yn yr 1880au (ar gyfer ceblau telegraff a ffôn). Llofnodwyd y cytundeb rhyngwladol cyntaf – **Confensiwn Gwarchod Ceblau dan y Môr** – gan tua 20 o wladwriaethau Ewrop, Gogledd America a De America yn 1884. Heddiw, mae UNCLOS yn darparu ac yn ehangu'r mesurau gwarchod, a oedd yn wreiddiol ar gyfer ceblau telegraff, i holl geblau opteg ffibrau rhyngwladol.

- Mae ceblau data yn isadeiledd hanfodol pwysig yn yr unfed ganrif ar hugain ac felly maen nhw angen gwarchodaeth arbennig; mae'n bosibl i wladwriaethau sefydlu ardaloedd dim-pysgota a dim-angori o amgylch ceblau pwysig.
- Mae pob gwladwriaeth yn rhydd i osod a chynnal ceblau tanfor yn yr Ardal Economaidd Unigryw (EEZ) ac ar sgafellau cyfandirol gwladwriaethau eraill.
- Yn y dyfodol, mae'n bosibl y bydd cyfyngiadau ar osod ceblau ar draws ecosystemau bregus ar waelod y môr. Hyd yn hyn, nid oes unrhyw gyfyngiadau o'r fath yn bodoli.

Peryglon i gysylltedd byd-eang

Gyda chymaint o wybodaeth bwysig yn pasio trwy rwydweithiau a allai fod yn agored i niwed, mae'n syndod efallai nad yw difrod ac achosion o golli gwasanaeth yn fwy cyffredin. Diolch i'r drefn, mae damweiniau yn gymharol brin. Mae Tabl 21 yn dangos nifer o beryglon hysbys sy'n effeithio ar rwydweithiau data.

Tabl 21 Peryglon ffisegol a dynol sy'n effeithio ar geblau data ar waelod y môr

Peryglon tectonig a thirlithriadau	- Mae'n rhaid i ddylunwyr rhwydweithiau telecom oresgyn sialensiau mawr ar ffurf daearyddiaeth ffisegol. Mae systemau modern ar gyfer mapio gwaelod y môr yn defnyddio sonar a phroffilwyr seismig manylder uwch i **liniaru'r** peryglon hyn drwy osgoi cylchfaoedd arbennig o beryglus mewn lleoedd o weithgaredd tectonig ar hyd cefnen canol Iwerydd. - Yn 2006, dinistriodd daeargryn a thirlithriad tanfor gyswllt telecom Taiwan gyda'r Pilipinas.
Tsunami a seiclonau	- Yn dilyn y *tsunami* a gynhyrchwyd gan ddaeargryn Andaman–Sumatra ar 26 Rhagfyr 2004, achoswyd difrod i rwydweithiau telathrebu ar dir yn ardaloedd arfordirol Malaysia a De Affrica. - Yn 1982, ysgogwyd sawl tirlithriad tanfor gan Gorwynt Iwa, a difrodwyd chwech o geblau ffôn ar waelod y môr oedd yn cysylltu Hawaii.
Angorau a threillrwydi	- Y peryglon mwyaf cyffredin o bell ffordd – yn gyfrifol am tua 60% o ddigwyddiadau lle mae ceblau wedi'u torri – yw gollwng angorau a rhwydi pysgota. - Collodd Asia 75% o'i chapasati rhyngrwyd am gyfnod yn 2008 pan dorrodd angor llong gebl rhyngrwyd pwysig ar hyd gwaelod y môr o Palermo yn yr Eidal i Alexandria yn yr Aifft.
Ymosodiadau gan bysgod a siarcod	- Mae gan bysgod, gan gynnwys siarcod, hanes hir o gnoi ceblau, fel y mae olion danneth ar geblau yn dangos. Nodwyd bod barracuda a siarcod yn achosi i geblau fethu. - Mae'n bosibl bod pysgod yn cael eu denu gan deimlad o 'strymio' sy'n cael ei gynhyrchu gan feysydd electromagnetig.
Difrod bwriadol	- Roedd difrodi ceblau'n fwriadol yn gyffredin yn ystod y ddau Ryfel Byd.

Crynodeb

- Mae'r cefnforoedd yn gorchuddio dwy ran o dair o arwyneb y Ddaear, ac yn ofod enfawr y mae dau lif byd-eang sy'n sylfaenol bwysig i globaleiddio yn gallu gweithredu ynddyn nhw: llifoedd o nwyddau (ar longau amlwytho) a llifoedd data (trwy rwydweithiau o geblau ar waelod y môr).
- Mae'r patrymau a'r tueddiadau sy'n gysylltiedig â'r symudiadau a'r llifoedd hyn yn gymhleth. Maen nhw wedi cyflymu dros amser ond nid mewn modd unffurf. Mae cysylltiad gwael iawn gyda rhai rhannau o'r byd.
- Mae nifer o beryglon dynol a ffisegol yn bygwth llifoedd byd-eang o longau a data; gellir cymryd camau rhyngwladol i'w lliniaru yn ogystal â strategaethau llywodraethau a busnesau.

Sofraniaeth adnoddau'r cefnforoedd

Dosbarthiad ac argaeledd adnoddau naturiol

Mae gwaelod y môr yn ffynhonnell adnoddau **anfiotig** i'r gwledydd hynny sy'n meddu ar y dechnoleg angenrheidiol i fanteisio arnyn nhw. Mae'r adnoddau naturiol hyn yn cynnwys **tanwyddau ffosil** (olew a nwy confensiynol ac anghonfensiynol) a **mwynau**.

Adnoddau mwynol

Mae **dyddodion** gwerthfawr yn **nyfroedd arfordirol** rhai gwledydd a gellir adfer y rhain yn weddol rwydd a rhad. Mae'r dyddodion yn tarddu ar dir ac wedi cael eu cludo gan afonydd i forydau a dyfroedd arfordirol gerllaw. Er enghraifft:

- diemwntau oddi ar arfordiroedd deheuol a gorllewinol De Affrica
- dyddodion tun, titaniwm ac aur ar hyd glannau Alaska a rhai o wladwriaethau De America

Mae dyfroedd arfordirol hefyd yn darparu halen, tywod a graean.

Mae **dyfroedd môr dwfn** – sy'n gorwedd y tu hwnt i awdurdodaeth gwladwriaethau unigol – yn cynnwys llawer iawn o adnoddau mwynol heb eu hadfer. Mae'r mwynau hyn yn cynnwys cnepynnau manganîs (fel rheol wedi'u lleoli ar ddyfnder islaw 4 km), cramennau cobalt (wedi'u ffurfio ar hyd ymylon cadwynau o fynyddoedd tanfor) a lleidiau sylffid (sy'n digwydd ar hyd ffiniau platiau). Yn Nhabl 22 ceir manylion am yr adnoddau pwysig hyn sy'n ddwfn ar waelod y môr, ac mae'n bosibl cysylltu eu patrymau dosbarthiad ag ymylon a nodweddion tectonig.

Tabl 22 Adnoddau anfiotig ar waelod y môr

Haearn, copr, sinc ac aur	Mae'r mwynau hyn yn bresennol mewn llaid a mwynau llawn sylffwr yn yr **agorfeydd hydrothermol** (black smokers) a geir ger ffiniau platiau tanfor. Mae agorfeydd hydrothermol yn cynhyrchu sylffidau sy'n llawn haearn ar hyd Ymchwydd Dwyrain y Cefnfor Tawel a Chefnen Canol Iwerydd. Mae copr, sinc ac aur i'w canfod yn ne orllewin y Cefnfor Tawel.
Cnepynnau manganîs	Mae cnepynnau manganîs yn lympiau trwchus o fanganîs, haearn, silicadau a hydrocsidau sy'n amrywio o faint pêl golff i faint pêl tennis. Maen nhw'n tyfu 2 mm bob 1 miliwn o flynyddoedd o ganlyniad i adweithiau cemegol sy'n digwydd yn nŵr y môr. Yn nwyrain y Cefnfor Tawel, mae cnepynnau manganîs yn gorchuddio ardal o waelod y môr sydd yr un maint ag Ewrop. Mae'r crynodiad a geir yma yn gysylltiedig â gweithgaredd hydrothermol ger Ymchwydd Dwyrain y Cefnfor Tawel.
Cramennau cobalt	Mae cramennau cobalt yn ffurfio ar ddyfnder o tua 1-3 km ar ochrau llosgfynyddoedd tanfor mewn ardaloedd lle ceir gweithgarwch tectonig fel De'r Cefnfor Tawel. Mae cobalt i'w gael ar dir mewn ychydig iawn o wledydd yn unig. Mae hyn yn golygu bod cobalt y cefnfor yn werthfawr os yw'n bosibl ei adfer.

Mae diddordeb masnachol mewn adnoddau mwynol dwfn yng ngwaelod y môr wedi amrywio dros amser yn unol ag amrywiadau yn y farchnad a darganfyddiadau newydd o ddyddodion ar y tir sy'n haws cael gafael arnynt.

- Ar hyn o bryd, mae nifer o anawsterau yn golygu mai anaml y bydd yn broffidiol mynd ati i adfer a defnyddio adnoddau mwynol sy'n ddwfn yn y môr. Mae'n broses ddrud, ac nid yw'n llwyddiannus bob amser. Dyma beth sydd gan wefan UNCLOS i'w ddweud am geisio adfer mwynau sy'n ddwfn yn y môr: 'Fel sefyll ar ben un o nendyrau Efrog Newydd ar ddiwrnod gwyntog, yn ceisio sugno marblys o'r stryd islaw gyda sugnwr llwch ynghlwm wrth bibell hir'.

Arweiniad i'r Cynnwys

- Rhwng 2014 a 2016, aeth prisiau llawer o fwynau i lawr gan fod llai o alw o China oherwydd bod twf economaidd wedi arafu yno (gweler t. 25). Mae hyn wedi bod yn ergyd i broffidioldeb gweithgareddau adfer mwynau o waelod y môr.

Tanwyddau ffosil

Mae gwaelod y cefnforoedd yn bwysig ar gyfer adfer tanwyddau ffosil. Mae **cronfeydd olew a nwy** pwysig i'w cael mewn nifer o leoliadau bas a lleoliadau dwfn oddi ar y glannau (Ffigur 34). Mae'r costau mwyaf yn gysylltiedig â chronfeydd dyfnach oddi ar y glannau. Mae'r digwyddiad colli olew yng Ngwlff México yn 2010 yn dangos hyn: gollyngwyd miliynau o gasgenni ar ôl i lwyfan tyllu olew Deepwater Horizon ffrwydro. Er hynny, mae nifer o wladwriaethau yn caniatáu i gwmnïau amlwladol ddrilio am olew mewn dyfroedd dwfn sy'n agos i'w morlin, gan gynnwys Awstralia, Grønland, Norwy, Canada, Libya, China, Brasil ac Angola.

Weithiau, bydd cronfeydd olew newydd yn cael eu darganfod oddi ar y glannau trwy ddefnyddio theori ddaearegol sy'n seiliedig ar ddealltwriaeth o dectoneg platiau. Yn ôl damcaniaeth drych yr Iwerydd, mae amodau daearegol ar hyd arfordir Brasil yn cyfateb i'r amodau ar arfordir gorllewinol Affrica. Roedd y meysydd olew a geir heddiw oddi ar arfordiroedd Angola a Brasil yn wreiddiol yn rhan o un gronfa olew enfawr a rannodd yn ddau pan symudodd y ddau gyfandir oddi wrth ei gilydd tua 100 miliwn o flynyddoedd yn ôl. Pan ddarganfuwyd cronfeydd olew newydd oddi ar lannau Brasil yn 2006 (ym Masnau cyfoethog Santos a Campos), heidiodd daearegwyr a oedd yn gweithio i BP, Total a Statoil i archwilio'r dyfroedd oddi ar lannau Angola. Darganfuwyd nifer o feysydd olew mawr newydd yno.

Mae **cronfeydd olew a nwy** yn feysydd olew a nwy y mae modd eu hadfer yn dechnegol ac yn economaidd. Ni fyddai olew a nwy mewn mannau gyda dŵr dwfn iawn yn cael eu dynodi'n gronfeydd oherwydd ei bod yn annhebygol y byddai'n dechnegol bosibl eu hadfer am gost dderbyniol.

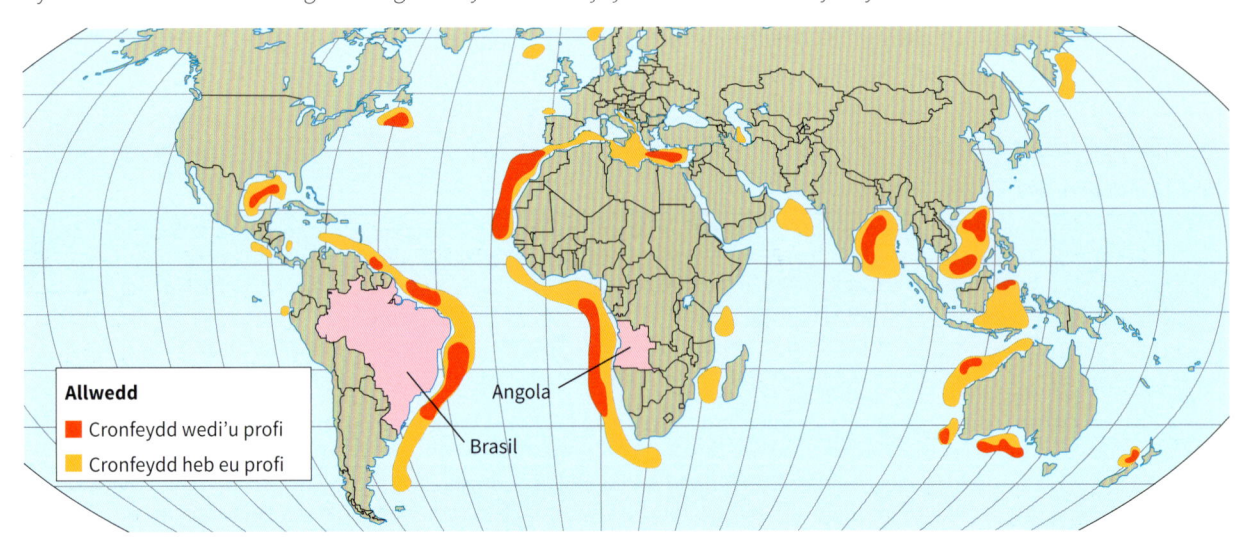

Ffigur 34 Mae cronfeydd tanwydd ffosil y mae modd eu hadfer wedi'u lleoli mewn llawer o leoedd oddi ar y glannau

Allwedd
- Cronfeydd wedi'u profi
- Cronfeydd heb eu profi

Tensiynau geowleidyddol a gwrthdaro

Mae gwledydd arfordirol yn gallu hawlio **hawliau sofran** dros ardal economaidd unigryw (EEZ) sy'n ymestyn i **ardal wedi'i chyfyngu** i 200 milltir o draethlin y wlad (Ffigur 35). Mewn gwirionedd, mae'n bosibl y gall perchnogaeth o'r fath gael ei herio.

- Mae ardaloedd economaidd unigryw weithiau'n gorgyffwrdd pan fydd dwy wladwriaeth yn agos at ei gilydd. Mae Môr Japan (mae gan Japan, De Korea a China ffiniau gyda'r môr hwn) yn achos o'r fath (gweler t. 68).

Sofraniaeth adnoddau'r cefnforoedd

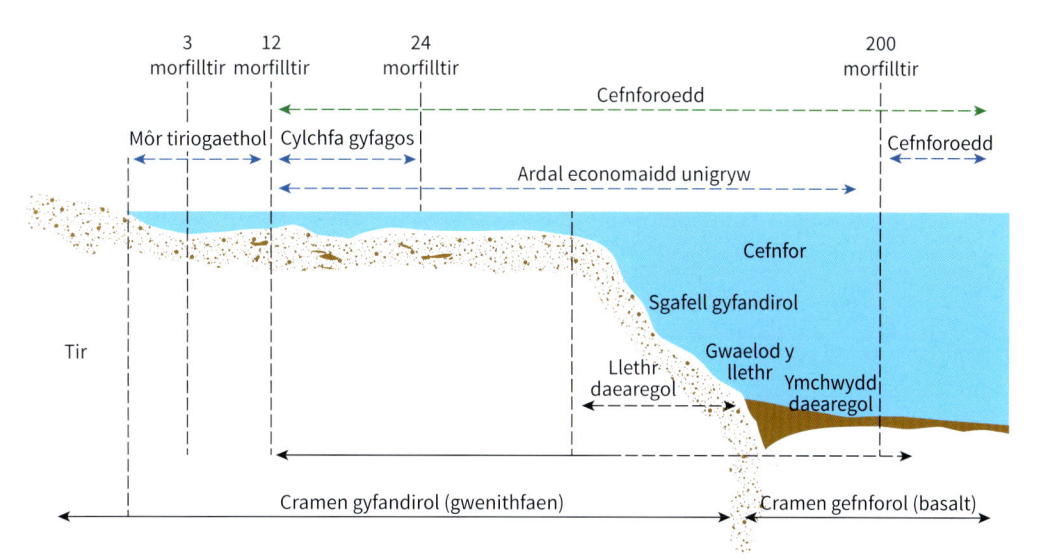

Ffigur 35 Yr ardal economaidd unigryw (sylwer nad yw'r sgafell gyfandirol yn ymestyn y tu hwnt i'r ardal economaidd unigryw yn yr enghraifft hon)

- Mae rhai gwladwriaethau'n berchen ar diriogaethau dros y môr a gallan nhw hawlio statws ardal economaidd unigryw o'u hamgylch. Mae'r DU wedi sefydlu ardal economaidd unigryw o amgylch Ynysoedd y Falkland sy'n agos at arfordir yr Ariannin. Roedd y rhyfel a ymladdwyd gan y ddwy wlad yn 1982 yn rhannol gysylltiedig ag anghytundeb ynghylch awdurdodaeth forol.

Mae'n bosibl i wladwriaethau hawlio'r un darn o waelod y môr y tu hwnt i'r ardal economaidd unigryw. Ers 1994, mae Awdurdod Gwaelod y Môr Rhyngwladol (ISA) wedi helpu i fapio hawliau cyfreithiol gwladwriaethau i ddefnyddio adnoddau gwaelod y môr y tu hwnt i'w dyfroedd tiriogaethol. Mae rhai gwledydd sydd â **sgafell gyfandirol** fawr – gan gynnwys yr Ariannin, Canada, India, Madagascar, México, Sri Lanka a Ffrainc – wedi dadlau y dylid cydnabod hyn fel estyniad o'u tiriogaeth. Mae ISA wedi caniatáu'r posibilrwydd o sefydlu ffin 350 milltir o'u morlinau neu'n bellach, gan ddibynnu ar rai meini prawf daearegol, fel trwch y dyddodion gwaddodol. Mae'r lleoedd ychwanegol hyn yn rhoi cyfle i chwilio am fwynau; nid yw hyn yn newid statws cyfreithiol y dyfroedd uwchben, sy'n parhau i fod yn Gefnforoedd agored.

Mae **sgafell gyfandirol** yn rhan o waelod y môr sydd weithiau'n ymestyn y tu hwnt i ffiniau'r ardal economaidd unigryw i ymyl allanol ffin plât tectonig cyfandirol.

Tensiynau rhwng pwerau mawr

Mae'r llawlyfr eisoes wedi trafod sut mae'r pwerau mawr byd-eang a rhanbarthol yn ceisio diogelu eu cylch dylanwad morol (t. 54). Yn y blynyddoedd diwethaf, mae ynysoedd Môr De China a Chefnfor yr Arctig wedi bod yn ffynonellau tensiwn rhwng y pwerau mawr.

Môr De China

Mae China wedi datgan droeon bod ganddi hawliau tiriogaethol dros rannau o Fôr De China ac mae gwladwriaethau eraill, gan gynnwys y Pilipinas, yn herio hynny. Mae Ffigur 36 yn dangos sut mae China yn hawlio awdurdodaeth dros Fôr De China (o fewn y llinell goch doredig) er gwaetha'r ffaith bod y dyfroedd hyn yn agos i wladwriaethau eraill.

Mae dadl China yn seiliedig ar y ffaith ei bod yn hawlio perchnogaeth dros sawl grŵp o ynysoedd a'u hardaloedd economaidd unigryw, ond mae cymdogion China yn herio'r

Profi gwybodaeth 14

Sut mae astudio tectoneg platiau ar lefel TGAU neu Safon Uwch yn ein helpu i ddeall pam bod rhai gwladwriaethau yn cael perchen ar adnoddau gwaelod y môr hyd at 350 milltir o'u morlin?

Arweiniad i'r Cynnwys

polisi hwn. Yn gyntaf, mae mwy nag un wladwriaeth yn hawlio rhai o'r ynysoedd. Yn ail, creigiau yn unig yw rhai o'r ynysoedd, ac mae China wedi'u helaethu'n artiffisial. Er enghraifft, yn 2014 dechreuodd China adeiladu maes awyr ar dir a adenillwyd o'r môr ar Riff Fiery Cross (yn Ynysoedd Spratly).

Mae Môr De China yn bwysig i China yn nhermau strategol a milwrol: mae'n **llwybr egni** pwysig. Mae diogelwch egni China yn dibynnu ar allu tanceri olew i deithio'n ddiogel drwy'r dyfroedd hyn. Mae'n bosibl hefyd bod cronfeydd olew a nwy yn yr ardaloedd economaidd unigryw o amgylch yr ynysoedd hyn. O ganlyniad, mae China yn annhebygol o roi'r gorau i'w pholisi 'Llinell Naw-toriad' yn fuan (mae enw'r polisi yn cyfeirio at fapiau Tsieineaidd sy'n defnyddio naw toriad i amlinellu'r ardal y mae'r wlad yn ei hawlio ym Môr De China).

Mae gweithredoedd China wedi cynyddu tensiynau rhanbarthol yn y blynyddoedd diwethaf.

- Mae China wedi dechrau cwestiynu hawl llongau ac awyrennau UDA i hwylio a hedfan yn yr ardaloedd y mae dadlau yn eu cylch.
- Yn 2016, daeth tribiwnlys y Cenhedloedd Unedig yn Den Haag i'r casgliad nad oedd unrhyw rai o ynysoedd China a wnaethpwyd gan ddyn yn ddigon sylweddol i haeddu ardaloedd economaidd unigryw 200 morfilltir. Dywedodd y tribiwnlys bod China wedi amharu'n anghyfreithlon ar hawliau sofran y Pilipinas i bysgota a datblygu adnoddau egni yn eu hardal economaidd unigryw arfordirol hwy. Ymateb China oedd datgan bod dyfarniad y CU yn 'anghyfreithlon'.
- Mae'r Pilipinas wedi mabwysiadu polisi o ymosod ar longau pysgota Tsieineaidd sy'n cael eu canfod yn y rhannau o Fôr De China y mae anghydfod yn eu cylch.

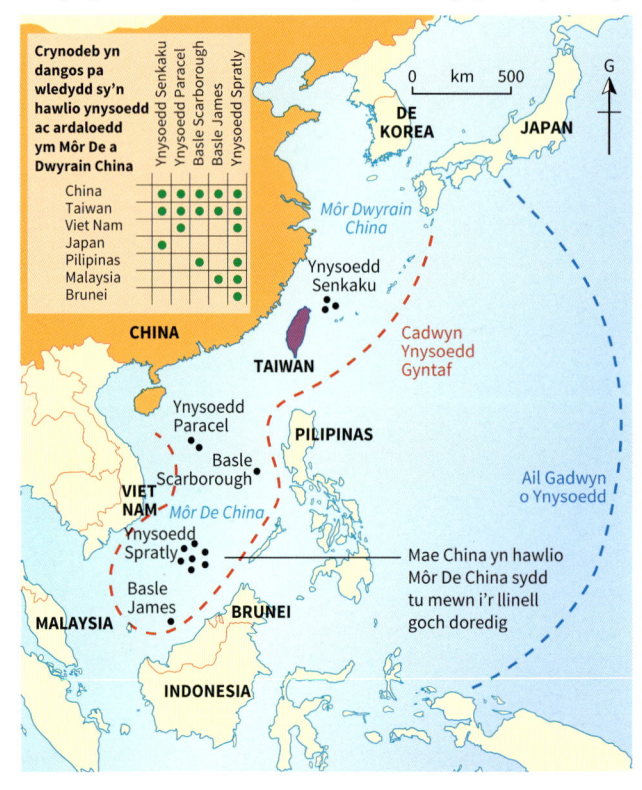

Ffigur 36 Tensiynau ym Moroedd De a Dwyrain China (Ffynhonnell: Cameron Dunn)

Sofraniaeth adnoddau'r cefnforoedd

Materion ynghylch Cefnfor yr Arctig

Mae tensiynau wedi codi yn y blynyddoedd diwethaf ynghylch llywodraethiant adnoddau Cefnfor yr Arctig. Mae'r pwerau mawr, cenhedloedd a grwpiau o bobl frodorol wedi hawlio perchnogaeth ar ddyfroedd y cefnfor.

Credir bod Cefnfor yr Arctig yn dal tua 90 biliwn casgen o olew. Mae'r gorchudd iâ yn teneuo wrth i'r hinsawdd gynhesu ac mae rhai arbenigwyr yn rhagfynegi na fydd unrhyw iâ yn y rhanbarth erbyn 2050. Mae'r ffaith bod tymereddau 20°C yn uwch na'r arfer ar ddiwedd 2016 yn awgrymu y gallai hynny ddigwydd ynghynt. Mae Ffigur 37 yn dangos pwy yn union sy'n hawlio rhannau o waelod Cefnfor yr Arctig. A fydd mwy o hygyrchedd yn ysgogi 'rhuthr am aur du' i adfer olew o'r Arctig pan na fydd iâ yno, gan arwain at densiwn neu wrthdaro geowleidyddol?

- Mae cryn anghydfod ynghylch Cefnen Lomonosov; a yw'r darn hwn o waelod y môr yn estyniad o sgafell gyfandirol Rwsia – ac felly'n estyniad cyfreithiol o'i thiriogaeth – ai peidio.
- Yn 2007, defnyddiodd y Rwsiaid long danfor i osod eu baner ar waelod y môr ym Mhegwn y Gogledd. Caiff hyn ei weld yn gyffredinol fel gweithred geowleidyddol ymosodol.
- Fodd bynnag, cyn iddo adael ei swydd fel Arlywydd UDA yn 2017, cyhoeddodd yr Arlywydd Obama bod UDA a Canada wedi rhoi gwaharddiad ar archwilio am olew a nwy mewn ardal eang o ddyfroedd yr Arctig a hynny am gyfnod 'amhenodol'. Gallai hyn leihau tensiynau yn y rhanbarth. Fodd bynnag, byddai modd i weinyddiaeth wyrdroi'r penderfyniad yn y dyfodol.

Fodd bynnag, mae'n bosibl y bydd economeg yn ffactor pwysicach na gwleidyddiaeth pan ddaw'n fater o benderfynu ar ddyfodol hirdymor yr Arctig. Lleihaodd brwdfrydedd cwmnïau amlwladol olew a nwy am fforio yn yr Arctig pan blymiodd prisiau olew crai yn 2014. Ers hynny, mae pris olew y byd wedi aros yn is na chost adfer olew o Gefnfor yr Arctig. Penderfynodd Royal Dutch Shell roi'r gorau i ddrilio oddi ar lannau Alaska yn 2015 er eu bod eisoes wedi gwario UDA$7 biliwn ym moroedd Chukchi a Beaufort.

> **Profi gwybodaeth 15**
>
> Pam bod tensiynau a gwrthdaro geowleidyddol yn datblygu weithiau dros faterion tiriogaethol yn y cefnforoedd?

> **Cyngor i'r arholiad**
>
> Mae gwybodaeth am astudiaethau achos geowleidyddol yn gallu dyddio'n gyflym iawn. Os ydych yn darllen y llyfr hwn yn 2020 neu'n ddiweddarach, byddai'n syniad da ymchwilio i weld beth sydd wedi digwydd ers i'r llyfr hwn gael ei ysgrifennu. Mae atebion cyfoes yn gwneud argraff ar arholwyr.

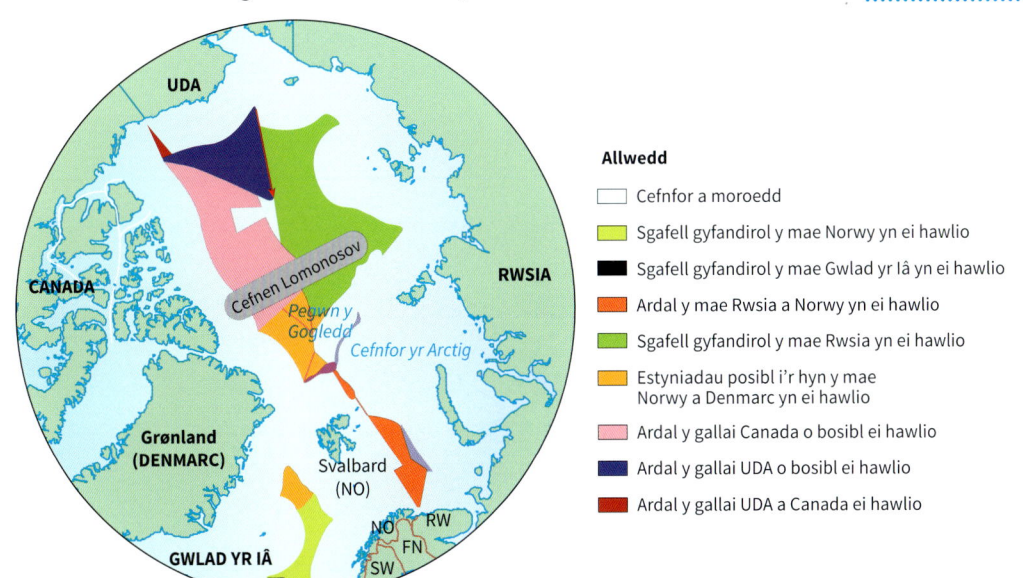

Ffigur 37 Pwy sy'n hawlio tiriogaethau yn yr Arctig (Ffynhonnell: Cameron Dunn)

Allwedd
- Cefnfor a moroedd
- Sgafell gyfandirol y mae Norwy yn ei hawlio
- Sgafell gyfandirol y mae Gwlad yr Iâ yn ei hawlio
- Ardal y mae Rwsia a Norwy yn ei hawlio
- Sgafell gyfandirol y mae Rwsia yn ei hawlio
- Estyniadau posibl i'r hyn y mae Norwy a Denmarc yn ei hawlio
- Ardal y gallai Canada o bosibl ei hawlio
- Ardal y gallai UDA o bosibl ei hawlio
- Ardal y gallai UDA a Canada ei hawlio

Yn wir, mae Shell wedi rhoi'r gorau i'w gweithgareddau yn yr Arctig 'yn y dyfodol rhagweladwy' oherwydd cost uchel gweithio yn nyfroedd yr Arctig, y peryglon o weithio yno a gwerth isel olew ar y farchnad. Hyd yn oed os bydd gwaharddiad Obama yn cael ei wyrdroi yn y dyfodol, nid yw gweithgareddau i adfer olew yn yr Arctig ar raddfa eang yn debygol o ddigwydd tra bod egni yn parhau'n rhad.

Gwledydd a chymunedau tirgaeedig

Mae'r ffaith bod gwledydd tirgaeedig yn gymharol ynysig yn gallu chwarae rôl yn eu sefyllfa economaidd, oherwydd bod mwy o anawsterau iddyn nhw wrth fasnachu heb forlin. Mae anghyfiawnderau pellach yn deillio o fynediad anghyfartal at adnoddau'r cefnforoedd ymhlith gwladwriaethau a chenhedloedd y byd. Yn wahanol i'w cymdogion morol, nid yw'r 45 gwlad tirgaeedig yn gallu manteisio ar y tanwyddau ffosil a'r dyddodion a geir yn nyfroedd arfordirol y cyfandiroedd y maen nhw'n rhan ohonynt. Mae'n hawdd gweld pam bod hanes yn llawn o ryfeloedd a ymladdwyd dros berchnogaeth ynysoedd a rhanbarthau arfordirol.

Gwledydd heb forlinau

Heblaw am ambell eithriad, mae gwledydd tirgaeedig y byd yn gymharol dlawd ac mae ganddyn nhw lefelau is o fasnach na gwledydd morol (gwledydd gyda morlin).
- O'r 15 gwlad isaf yn y mynegrif datblygiad dynol, nid oes gan wyth ohonynt forlin. Mae pob un ohonyn nhw yn Affrica ac mae eu CMC y pen 40% yn is na'u cymdogion morol.
- Yr anhawster mwyaf amlwg iddynt yw symud nwyddau i borthladdoedd ac oddi yno.
- Mae rhai pobl yn credu nad yw gwledydd tirgaeedig wedi mwynhau manteision hanesyddol llifoedd mudo, syniadau a materion diwylliannol newydd byd-eang. Nid yw'r llifoedd byd-eang sydd wedi dod ag arloesedd i wledydd morol wedi effeithio cymaint ar wledydd tirgaeedig.

Fodd bynnag, mae rhai gwledydd tirgaeedig wedi datblygu'n economaidd gan ddod yn ganolfannau byd-eang pwysig. Nid yw bod yn dirgaeedig o reidrwydd yn rhwystro rhyngweithio ar lefel byd-eang. Gallai cytundebau masnach fod yn bwysicach na lleoliad wrth helpu gwlad i ffynnu. Mae'r Swistir yn dirgaeedig ond mae'n ganolfan ariannol fyd-eang bwysig ac mae pencadlys nifer o gwmnïau amlwladol yno, gan gynnwys UBS a Credit Suisse. Mae Botswana yn wlad dirgaeedig incwm canol sy'n allforio diemwntau gan ddefnyddio rhwydweithiau awyr byd-eang.

Mynediad at y cefnfor a masnach

Yn ôl cyfraith ryngwladol, mae gan wledydd heb arfordir morol hawl mynediad at y cefnfor ac oddi wrth y cefnfor drwy **wladwriaethau trawstaith** at ddiben mwynhau 'rhyddid y cefnfor'. Mewn gwirionedd, mae sicrhau'r rhyddid hwn yn gallu bod yn anodd a drud.
- Collodd Bolivia ei morlin ar y Môr Tawel i Chile mewn rhyfel yn ystod y bedwaredd ganrif ar bymtheg.
- Addawodd Chile wedyn y byddai'n caniatáu symudiad masnachol 'llawn a rhydd'. Hyd heddiw, mae'r rhan fwyaf o fewnforion ac allforion Bolivia yn teithio trwy Chile mewn lorïau. Yn anffodus, mae'r daith hon yn llawn rhwystrau gan gynnwys oedi, archwiliadau a ffyrdd gwael. Pan aeth swyddogion tollau Chile ar streic yn 2013, gwelwyd ciw hir o lorïau yn ymestyn 20 km yn Bolivia.
- Yn ôl un cyfrifiad, byddai CMC Bolivia un rhan o bump yn uwch pe byddai'n mwynhau mynediad uniongyrchol i'r môr. Erbyn hyn, Bolivia yw'r wlad dlotaf yn Ne America ac mae'n barnu mai statws tirgaeedig y wlad sydd i gyfrif am hyn.

> **Cyngor i'r arholiad**
>
> Meddyliwch am raddfa. Nid yw pob lle mewn gwlad forol yn elwa o'i morlin. Mae gwladwriaethau morol yn cynnwys ardaloedd gwledig ynysig lle nad oes llawer o gysylltiad rhwng eu poblogaethau a gweddill y byd, naill ai trwy ddewis neu gyfyngiad (fel y gymuned Amish yn UDA, neu lwythau'r Amazon ym Mrasil).

- Mae Bolivia wedi gofyn i'r Llys Cyfiawnder Rhyngwladol yn Den Haag i ganiatáu 'mynediad sofran i'r môr' – hynny yw, mae eisiau adennill darn o'i hen forlin ar y Môr Tawel.

Anghyfiawnderau i bobl frodorol mewn ardaloedd arfordirol

Mae llawer o ymylon arfordirol y byd yn gartref i boblogaethau brodorol ac mae rhai ohonyn nhw bron yn hollol ddibynnol ar bysgota am eu bywoliaeth. Mae rhai cymunedau brodorol wedi cael eu trin yn annheg mewn perthynas â defnyddio adnoddau'r cefnfor yn y dyfroedd cefnforol y maen nhw'n dibynnu arnynt. Mae eraill wedi cymryd camau i amddiffyn eu hawliau.

- Ar hyd morlin Alaska sy'n ymestyn am 14,000 km, mae sawl cymuned o Americaniaid Brodorol yn ennill bywoliaeth mewn pysgodfeydd eog, cranc a physgod gwyn. Maen nhw hefyd yn ddibynnol ar bysgod am ystod o 'ddibenion anfasnachol a thraddodiadol'. Mae pysgod yn darparu bwyd, olew (neu danwydd) ac esgyrn (a ddefnyddir i wneud dillad ac offer) i'r poblogaethau Inuit.
- Pan oedd datblygiad newydd i gloddio am aur ym Mae Bryste, Alaska yn bygwth llygru dŵr ecosystem eogiaid sockeye yr ardal, cynhaliodd cymunedau o Americaniaid Brodorol ymgyrch effeithiol yn erbyn 'yr aur budr'.
- Hyd yma, maen nhw wedi llwyddo i atal y mwynglawdd rhag cael ei sefydlu. Mae llawer o gwmnïau amlwladol, gan gynnwys Tiffany's, wedi addo peidio â defnyddio aur Mwyngladd Pebble petai'r prosiect yn mynd yn ei flaen.

Crynodeb

- Dros amser, mae'r gymuned fyd-eang wedi datblygu set o reolau sy'n cael eu rhannu ynghylch y defnydd a wneir o adnoddau'r cefnforoedd a gwaelod y môr. Mae cytundeb eang ar yr egwyddor bod gwledydd morol yn cael hawliau sofran dros yr ardal economaidd unigryw ac, mewn rhai achosion, dros sgafell gyfandirol ehangach.
- Mae gweithgareddau mwyngloddio dwfn ar waelod y môr ac adfer tanwyddau ffosil yn heriol a chostus; mae'r rhan fwyaf o weithgaredd economaidd yn digwydd yn y dyfroedd mwy bas oddi ar y glannau o fewn yr ardaloedd economaidd unigryw.
- Er gwaetha'r rheolau a'r deddfau sydd wedi'u datblygu, mae tensiynau geowleidyddol yn parhau i fod yn gyffredin. Mae tipyn o ddadlau ynghylch llawer o ynysoedd. Mae newidiadau ffisegol yng Nghefnfor yr Arctig yn creu her newydd yn nhermau llywodraethiant gan fod adnoddau nad oedd modd cael mynediad atynt o'r blaen yn dod yn fwy hygyrch; nid yw'n glir pwy sy'n berchen arnynt.
- Mae anghyfiawnderau yn deillio o fynediad anghyfartal at adnoddau'r cefnforoedd: mae gwledydd tirgaeedig yn aml yn dlotach oherwydd nad oes ganddyn nhw ardal economaidd unigryw na morlin.

Rheoli amgylcheddau morol

Eiddo cyffredin byd-eang

Pedwar eiddo cyffredin byd-eang

Mae rhannau mawr o gefnforoedd y Ddaear yn ofod sy'n cael ei rannu ac sy'n cael ei ddefnyddio gan bob gwladwriaeth; fe'i gelwir yn **eiddo cyffredin byd-eang**. Mae UNCLOS wedi dynodi bod mwy na 60% o'r môr yn gefnforoedd agored. Mae hynny'n golygu eu bod yn **ardaloedd sydd y tu hwnt i awdurdodaeth genedlaethol**.

Mae'n fuddiol i wledydd unigol gydweithio yn yr hirdymor i wneud defnydd cynaliadwy o'r cefnforoedd, ac adnoddau cefnforol, dros amser. Fodd bynnag, er mwyn i lywodraethiant eiddo cyffredin byd-eang fod yn llwyddiannus, mae angen rhywfaint o gytuno rhwng **normau** a chyfreithiau'r gymuned o wladwriaethau sy'n defnyddio'r cefnforoedd mewn ffyrdd gwahanol. Mae hynny'n cynnwys pysgota, adfer mwynau a thanwyddau ffosil, cludiant a chyfathrebu, egni adnewyddadwy a gwaredu gwastraff.

Mae cyfraith ryngwladol yn cydnabod pedwar eiddo cyffredin byd-eang: y cefnforoedd, yr atmosffer, Antarctica a'r gofod.

Mae **eiddo cyffredin byd-eang** yn adnoddau byd-eang mor fawr eu maint fel eu bod yn gorwedd y tu allan i gyrraedd gwleidyddol unrhyw un wladwriaeth.

Normau yw'r ffyrdd derbyniol o ymddwyn y mae'r rhan fwyaf o bobl a llywodraethau yn cytuno â nhw.

Arweiniad i'r Cynnwys

Newid mewn safbwyntiau ynghylch rheoli'r cefnforoedd fel eiddo cyffredin byd-eang

Gellir olrhain yr ymadrodd enwog '**trasiedi'r eiddo cyffredin**' yn ôl i weithiau Adam Smith yn yr 1700au. Fe'i defnyddiwyd yn wreiddiol i ddisgrifio'r defnydd anghynaliadwy o dir ar raddfa leol, ac mae'n cyfeirio at yr hyn sy'n digwydd pan fydd unigolion yn gorddefnyddio adnodd cyffredin neu adnodd sy'n cael ei rannu – gan arwain yn hunanol at niwed hirdymor neu golli'r tir yn llwyr (oherwydd erydiad pridd, er enghraifft). O ganlyniad, mae pawb ar eu colled. Yn yr 1960au, roedd yr ecolegydd Garrett Hardin yn dadlau y gallai'r un peth ddigwydd ar raddfa fyd-eang: wrth i boblogaeth y byd dyfu, gall defnydd anghynaliadwy o amgylcheddau ac ecosystemau sy'n cael eu rannu arwain at orddefnyddio a distryw parhaol.

Mae pysgodfeydd cefnforol a rhywogaethau morol mewn perygl arbennig o gael eu gorddefnyddio. Heb reoliadau, mae modd i lawer gormod o bysgod a mamolion cefnforol gael eu dal cyn iddyn nhw gael amser i fridio ac atgynhyrchu'r genhedlaeth nesaf. Mae hynny'n digwydd oherwydd gwelliannau mewn technoleg gan gynnwys:

- **llinellau pysgota hirach** (mae rhai llongau yn gosod bachau gydag abwyd sy'n ymestyn hyd at 150 km ar waelod y môr)
- y defnydd o **sonar** i ganfod heigiau o bysgod a fyddai efallai heb gael eu canfod fel arall
- llongau **ffatri** mawr gyda rhewgelloedd, sy'n caniatáu i'r llongau aros allan yn hirach ar y môr

I rwystro trasiedi'r eiddo cyffredin, mae angen rheoleiddio. Mae'n bosibl defnyddio un o ddau ddull gwahanol er mwyn amddiffyn y cefnforoedd a'u hecosystemau (mae'r un dewis yn wynebu'r sawl sy'n gyfrifol am reoli amgylcheddau ac ecosystemau ar y tir).

1. Mae'r dull rheoli **cadwraeth** yn caniatáu defnyddio adnoddau naturiol mewn modd effeithlon, diwastraff a chynaliadwy. Mae cadwraeth forol yn caniatáu defnydd masnachol o gefnforoedd o fewn cyfyngiadau penodol. Er enghraifft, gellir gosod **cwotâu** ar bysgota penfras. Mae hyn yn sicrhau bod digon o bysgod ar ôl yn y môr i atgynhyrchu'r genhedlaeth nesaf. Efallai y bydd angen gwahardd llygredd os yw'n fygythiad i fywyd y môr.
2. Mae'r dull rheoli drwy **warchodaeth** yn gweld natur (gan gynnwys y cefnforoedd) fel rhywbeth i'w warchod rhag unrhyw fath o fasnach ddynol. Dyma athroniaeth 'cadwch oddi ar y glaswellt' sydd weithiau'n golygu bod gwaharddiad llwyr ar weithgarwch masnachol neu ar ddal rhywogaethau penodol. Mae'r ymdrech i wahardd hela morfilod yn llwyr yn ddull gwarchod. Yn anffodus, mae'n bosibl nad yw agweddau gwarchod o'r fath yn cynnig dyfodol cynaliadwy i gymunedau sy'n dibynnu ar ddefnyddio cefnforoedd a'u hecosystemau er mwyn goroesi.

Newid agwedd at y cefnforoedd

Mae gan y dulliau cadwraeth a gwarchodaeth eu rhinweddau eu hunain mewn cyd-destunau gwahanol. Maen nhw'n rhannu athroniaeth sy'n rhoi pwyslais ar stiwardiaeth amgylcheddol, ac sy'n gweld pobl fel 'gofalwyr' byd natur. Dros amser, mae'r safbwynt hwn wedi ennill ei blwyf yn fyd-eang, a bellach mae nifer o unigolion a chymdeithasau yn ei fabwysiadu. Mae'r ffaith bod agweddau at hela morfilod wedi newid yn enghraifft o hyn (Ffigur 38).

Yn ystod yr ugeinfed ganrif, bu bron i nifer o rywogaethau o forfilod ddiflannu yn sgil hela, gan ennyn llawer o wrthwynebiad cyhoeddus mewn sawl gwlad. Mae cytundebau byd-eang yn golygu bod rhai poblogaethau o forfilod wedi cael cymorth

Rheoli amgylcheddau morol

i adfer. Ers 1946, mae corff rhynglywodraethol o'r enw Comisiwn Morfila Rhyngwladol (IWC) wedi bod yn gyfrifol am reoleiddio'r diwydiant morfila. Yn 1986, cyflwynodd y Comisiwn waharddiad amhenodol ar hela morfilod masnachol. Yn ôl Confensiwn y Cenhedloedd Unedig ar Gyfraith y Môr (UNCLOS), mae'n rhaid i'r 168 cenedl sydd wedi'i lofnodi hefyd ddilyn canllawiau'r IWC.

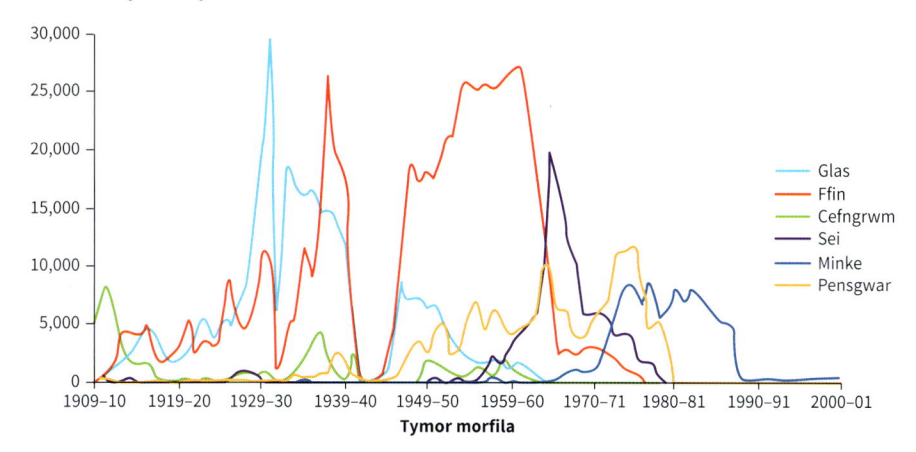

Ffigur 38 Nifer y morfilod a ddaliwyd yng Nghefnfor y De yn yr ugeinfed ganrif

Nid yw ymdrechion y Comisiwn Morfila Rhyngwladol wedi bod yn hollol lwyddiannus. Caniateir hela morfilod gan rai cymdeithasau 'brodorol' (traddodiadol). Mae llawer o wledydd a thiriogaethau yn parhau i ganiatáu hela, er ar raddfa lai o faint nag a welwyd yn y gorffennol. Mae'r rhain yn cynnwys Japan (sydd â hanes hir o herio deddfau morfila er budd yr hyn y mae ei llywodraeth yn ei alw'n 'ymchwil gwyddonol'), Norwy ac Ynysoedd Faroe (lle mae tua 1,000 o forfilod du yn cael eu lladd yn flynyddol yn unol â thraddodiad lleol). Er hynny, nid yw'r rhan fwyaf o wledydd yn credu bellach bod hela morfilod yn dderbyniol.

Mae'n ffaith bod rhai poblogaethau o forfilod wedi adfer yn raddol yn unol â rhagfynegiadau cromlin amgylcheddol Kuznets (Ffigur 39). Mae'r model hwn yn awgrymu bod llawer o wledydd – a thrwy hynny, y gymuned fyd-eang – wedi dod yn fwy ymwybodol o'u heffaith amgylcheddol a'u bod yn ceisio lleihau eu heffaith dros amser. Fodd bynnag, tra bod camau i warchod morfilod wedi cael rhywfaint o lwyddiant, mae gennym lawer i'w wneud eto cyn ein bod wedi mynd i'r afael yn llwyddiannus â phroblemau gorbysgota (t. 75) a llygredd morol (tt. 78–79).

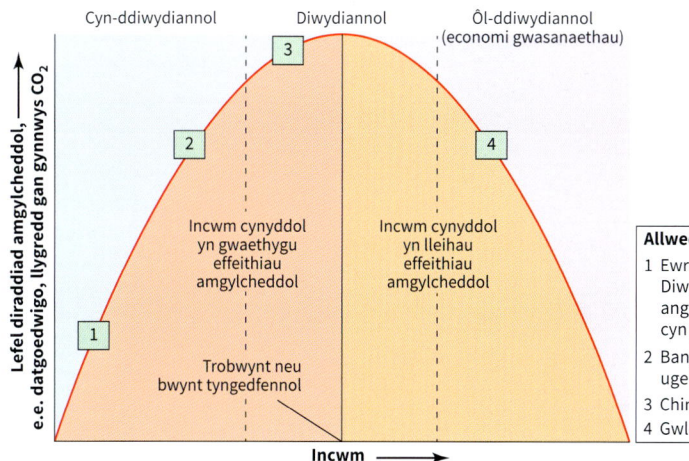

Tasg hunan-astudio 9

Astudiwch Ffigur 39. I ba raddau y mae'r model hwn yn cynnig gobaith y bydd cefnforoedd y Ddaear yn gallu osgoi 'trasiedi'r eiddo cyffredin'?

Profi gwybodaeth 16

Beth y mae'r enghreifftiau o forfila parhaus gan Japan, Norwy ac Ynysoedd Faroe yn ei ddweud wrthym am derfynau llywodraethiant byd-eang? I ba raddau y mae'r gymuned fyd-eang yn cytuno ynghylch morfila neu faterion pwysig eraill?

Ffigur 39 Cromlin amgylcheddol Kuznets

Llywodraethiant Byd-eang: Newid a Sialensiau; Sialensiau'r 21ain Ganrif

Arweiniad i'r Cynnwys

Cymdeithasau cefnog a gorecsbloetio ecosystemau morol

Twf poblogaeth, cyfoeth cynyddol ac adnoddau naturiol

O ganlyniad i fasnach fyd-eang yn bennaf, mae ffyniant wedi dod i economïau lled-ddatblygedig fel India, China, Brasil a grŵp 'MINT' sef México, Indonesia, Nigeria a Twrci. Mae bron i 1 biliwn o bobl yn Affrica, De America ac Asia wedi ennill statws 'dosbarth-canol' yn y 30 mlynedd diwethaf; mae 2 biliwn arall ar fin sicrhau hynny (Ffigur 40). Mae'n anochel y bydd hyn yn rhoi mwy o bwyslais ar adnoddau cefnforol. A fydd y Ddaear yn gallu ymdopi gyda thwf **cymdeithasau defnyddwyr**?

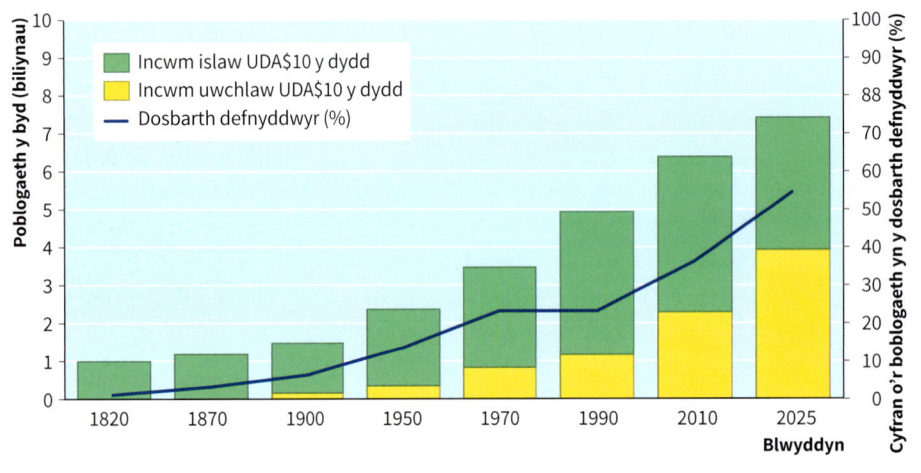

Mae **cymdeithas defnyddwyr** yn gymdeithas o bobl sy'n dyheu am ddefnyddio nwyddau a gwasanaethau moethus.

Ffigur 40 Twf gwirioneddol y 'dosbarth defnyddwyr' neu'r 'dosbarth canol byd-eang newydd' a'r twf a ragwelir, 1820–2025

Mae ôl-troed ecolegol dinesydd cyffredin o'r UDA 20 gwaith yn fwy nag ôl-troed ffermwr ymgynhaliol yn Affrica is-Sahara. Hynny yw, mae'r un arwynebedd o dir sy'n cynnal 10 o ddinasyddion UDA gyda ffyrdd o fyw effaith-uchel yn cynnal 200 o bobl gyda ffyrdd o fyw effaith-isel. Mae'r 'ffordd o fyw Americanaidd' hon yn dod yn ddyhead cynyddol i bobl mewn economïau lled-ddatblygedig a gwledydd sy'n datblygu. Mae'n anochel y bydd hyn yn cynyddu maint **ôl-troed ecolegol** pobl ymhellach.

Er enghraifft, bydd mwy o gyfoeth a dyheadau yn China yn arwain at ddeiet sy'n cynnwys mwy o gig a physgod.

- Ar y tir, mae hyn yn gwaethygu ansicrwydd ynghylch dŵr (bydd tir ffermio sy'n cynnal deg deiet llysieuol ond yn cyflawni anghenion un person sy'n bwyta cig, oherwydd trosglwyddiad egni aneffeithlon rhwng lefelau troffig mewn cadwyn fwyd).
- Yn y cefnforoedd, bydd hyn yn arwain at restr gynyddol o rywogaethau mewn perygl, gan gynnwys eog, twna a chrwbanod y môr. Mae'r siarc yn 'wyneb cyhoeddus' anffodus i'r tueddiad cynyddol anghynaliadwy sy'n cyd-fynd gyda naid China allan o dlodi. Yn niwylliant Tsieineaidd, mae cawl asgell siarc yn ddewis traddodiadol ond drud ar gyfer priodasau. Gan fod mwy o barau priod yn gallu fforddio cynnig y dewis hwn i'w gwesteion, mae nifer y siarcod yn gostwng ymhellach. Gellir crynhoi'r broblem fel a ganlyn: 'arian newydd, hen werthoedd'.

Mae **ôl-troed ecolegol** yn fesuriad bras o arwynebedd y tir neu ddŵr sydd ei angen i ddarparu person (neu gymdeithas) gyda'r egni, y bwyd a'r adnoddau sy'n angenrheidiol i fyw, a hefyd i amsugno gwastraff. I rywun sy'n byw yn y DU, mae'r arwynebedd hwn tua maint chwe chae pêl-droed (mae'r cyfartaledd byd-eang tua un rhan o dair o hyn).

Rheoli amgylcheddau morol

Mae **rhywogaethau goresgynnol** yn broblem arall sy'n gysylltiedig â datblygiad economaidd byd-eang. Mae twf masnach fyd-eang a symudiadau llongau dros amser wedi dod â rhywogaethau 'cudd' i ddyfroedd estron. Mae organebau morol ac aberol brodorol wedi dioddef o bryd i'w gilydd wrth i rywogaethau 'newydd' brofi i fod yn well helwyr. Mae hyn wedi digwydd yn aber Afon Tafwys, lle mae crancod China yn effeithio'n andwyol ar fywyd gwyllt lleol.

Gorecsbloetio ecosystemau morol

Mae gorhela rhywogaeth benodol o bysgod fel tiwna yn ysgogi cyfres o **effeithiau ar y system**. Ni fydd siarcod yn gallu dal digon o diwna a bydd eu nifer yn gostwng hefyd. Ar y llaw arall, mae modd i nifer o organebau i lawr y gadwyn fwyd gynyddu yn y lle cyntaf (gallai nifer y mecryll gynyddu gan fod llai o diwna i'w bwyta).

Os yw'r pysgota yn dod i ben, mae'n bosibl y bydd y cydbwysedd gwreiddiol yn cael ei adfer. Fodd bynnag, mae **gorbysgota** wedi achosi colled barhaol rhai rhywogaethau. Nid yw poblogaeth penfras Gogledd America wedi adfer yn dilyn cyfnod o orbysgota yn Newfoundland yn ystod yr 1970au. Diflannodd rhai rhywogaethau morol mawr gan gynnwys dolffiniaid gwyn Baiji yn ystod yr ugeinfed ganrif. Mae'n annhebygol y bydd poblogaethau morfilod cefngrwm a'r siarcod mawr gwyn yn cynyddu i'w maint gwreiddiol eto.

Mae **gorbysgota** yn golygu cymryd gormod o bysgod neu organebau eraill o'r dŵr cyn iddyn nhw gael amser i atgynhyrchu ac ailgyflenwi stociau i'r genhedlaeth nesaf.

Goblygiadau cwymp stociau pysgod i wahanol gymdeithasau

Mae canlyniadau uniongyrchol ac anuniongyrchol pan fydd bywyd morol yn cael ei orecsbloetio, i'n cymunedau ni (ni fyddwn yn gallu cael mynediad i'r ffynonellau bwyd yr ydym yn eu gwerthfawrogi) ac i gymunedau eraill (a all golli eu cyflogaeth). Y sefyllfa waethaf oll yw bod **stociau pysgod yn dirywio**'n ofnadwy. Er enghraifft, collodd 40,000 o bobl eu gwaith pan fethodd pysgodfa penfras Newfoundland Grand Banks yng Nghanada yn 1992. Dyma un o ardaloedd pysgota mwyaf cynhyrchiol y byd; fodd bynnag, dinistriwyd y cyfan gan flynyddoedd o orbysgota a rheolaeth anfedrus.

Roedd y diwydiant pysgota, y llywodraeth a defnyddwyr ymhlith y rhanddeiliaid. Gyda'i gilydd, roeddent yn gyfrifol am reoli'r ecosystem mewn modd anghynaliadwy. Roedd mwy o bysgod yn cael eu dal (**allbwn system**) yn llawer cyflymach na'r gyfradd adnewyddu naturiol o bysgod ifanc yn cael eu geni (**mewnbwn system**). Pan groeswyd **trothwy**'r system, nid oedd digon o stoc yn weddill, ac nid yw'r stoc wedi adfer ers hynny.

Profi gwybodaeth 17
Pam bod twf economïau lled-ddatblygedig yn golygu ei bod yn anoddach delio â'r broblem gorbysgota?

Yn Ewrop, cafodd penfras eu gorbysgota ym Môr y Gogledd yn yr 1980au a'r 1990au, ond gosodwyd rheoliadau llym ar y diwydiant cyn cyrraedd y pwynt di-droi'n ôl. Erbyn hyn, mae'r stociau yn adfer yn araf. Fodd bynnag, mae'r Gymdeithas Cadwraeth Forol (MCS), sy'n cynnig cyngor i ddefnyddwyr ynghylch bwyd môr, yn dal i gredu y dylid osgoi pysgota penfras Môr y Gogledd gan fod y lefelau yn parhau'n isel iawn. Mae'r Gymdeithas yn cynghori defnyddwyr hefyd i osgoi eog Iwerydd a tiwna Môr y Canoldir sydd wedi'u dal yn wyllt.

Mae effeithiau'r cwympiadau hyn yn stociau pysgod yn gallu effeithio ar nifer o gymunedau gwahanol sydd wedi dod yn gyd-ddibynnol yn sgil y fasnach bysgod, gan gynnwys cymunedau brodorol (gweler t. 71). Efallai bod rhai pobl yn eich cymuned leol yn gwneud bywoliaeth drwy werthu pysgod (Ffigur 41), tra bod llawer o rai eraill yn gwerthfawrogi bod pysgod ar gael fel rhan o'u deiet.

Ffigur 41 Mae'n bosibl bod bwytai pysgod lleol yn dibynnu ar gyflenwadau cyson o benfreision a physgod eraill

Arweiniad i'r Cynnwys

Rheoli amgylcheddau morol yn gynaliadwy

Mabwysiadwyd y term **datblygiad cynaliadwy** yn eang ar ôl Cynhadledd y CU ar yr Amgylchedd a Datblygu yn Rio yn 1992. Mae'r term yn golygu: 'Diwallu anghenion cenedlaethau presennol heb beryglu gallu cenedlaethau'r dyfodol i ddiwallu eu hanghenion hwythau'.

Mae cynaliadwyedd, neu ddatblygiad cynaliadwy yn cwmpasu tri nod (Ffigur 42).

1 **Cynaliadwyedd economaidd:** dylai unigolion a chymunedau gael mynediad at incwm dibynadwy dros amser.
2 **Cynaliadwyedd cymdeithasol:** dylai holl unigolion fwynhau ansawdd bywyd rhesymol.
3 **Cynaliadwyedd amgylcheddol:** ni ddylid gwneud unrhyw ddifrod parhaol i'r amgylchedd; mae'n rhaid rheoli adnoddau adnewyddadwy y cefnfor, y ddaear a'r atmosffer mewn ffyrdd sy'n gwarantu y gellir parhau i'w defnyddio.

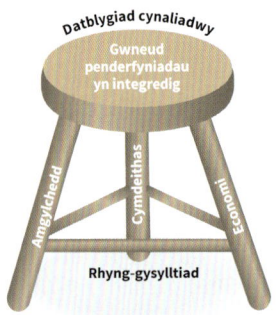

Ffigur 42 Model o ddatblygiad cynaliadwy

Er mwyn cyflawni'r olaf o'r nodau hyn, mae'n rhaid sicrhau lleihad sylweddol yn allbwn economaidd y byd, neu mae'n rhaid canfod **dulliau technolegol newydd** sy'n cynyddu'r adnoddau sydd ar gael ac sy'n atgyweirio niwed amgylcheddol. Nid yw'n debygol y bydd y cyntaf yn digwydd yn wirfoddol; wedi'r cyfan, twf economaidd yw nod economïau marchnad rydd. Gallai'r olaf fod yn anodd i'w weithredu ar raddfa sy'n ddigon mawr i fod yn effeithiol. Felly dylid edrych yn feirniadol ar weithredoedd sydd i fod i gefnogi dulliau cynaliadwy o reoli'r cefnforoedd.

Mae sawl ymdrech ar droed i hybu rheolaeth gynaliadwy ar amgylcheddau morol. Amser a ddengys os gallan nhw gyda'i gilydd ddiogelu'r cefnforoedd ar gyfer cenedlaethau'r dyfodol a hybu twf a sefydlogrwydd byd-eang hirdymor. Mae Tabl 23 yn rhoi crynodeb o weithredoedd a strategaethau a weithredwyd ar raddfeydd gwahanol y mae'n bosibl eu gwerthuso.

> **Tasg hunan-astudio 10**
>
> I ba raddau y mae'r strategaethau a amlinellwyd ar y tudalennau hyn yn gweithredu ar raddfa sy'n ddigon mawr a mentrus i gael effaith gadarnhaol sylweddol?

> **Cyngor i'r arholiad**
>
> Os yw cwestiwn arholiad yn gofyn i chi ysgrifennu am ddatblygiad cynaliadwy, gofalwch nad ydych yn ysgrifennu ateb sy'n canolbwyntio ar yr amgylchedd yn unig. Mae angen i chi feddwl am gynaliadwyedd economaidd a chymdeithasol hefyd.

Tabl 23 Strategaethau cynaliadwy sy'n cael eu gweithredu ar raddfeydd gwahanol gan gyrff gwahanol

Gweithredoedd byd-eang	■ Mae **Sefydliad Bwyd ac Amaethyddiaeth y Cenhedloedd Unedig (FAO)** yn ceisio 'sicrhau cadwraeth a defnydd cynaliadwy o adnoddau morol byw yn y moroedd dwfn a rhwystro effeithiau andwyol sylweddol ar ecosystemau morol sy'n agored i niwed'. Fel rhan o'i waith, mae'r FAO yn gallu dynodi **ardaloedd morol gwarchodedig** yn y cefnforoedd. Disgwylir i wladwriaethau UNCLOS ddilyn rheolau a chanllawiau'r FAO. Fodd bynnag, mae llawer o weithgareddau pysgota anghyfreithlon yn parhau i ddigwydd gan nad oes modd gorfodi'r rheolau hynny. ■ Mae Diwrnod Cefnforoedd y Byd yn 'ddiwrnod o ddathlu a chydweithio byd-eang er mwyn sicrhau dyfodol gwell' ac yn achlysur sy'n cael ei gynnal bob blwyddyn ar 8 Mehefin. Mae'n ddiwrnod o gydweithio rhwng elusen The Ocean Project, y Cenhedloedd Unedig a nifer o bartneriaid eraill er mwyn codi ymwybyddiaeth o faterion yn ymwneud â'r cefnforoedd.
Gweithredoedd rhyngwladol a chenedlaethol (cwotâu/ terfynau pysgota)	■ Mae Polisi Pysgodfeydd Cyffredin (CFP) yr UE yn set o reolau a luniwyd i warchod stociau pysgod yn nyfroedd Ewropeaidd. Mae terfynau ar ddalfeydd o elwir yn **gyfanswm y ddalfa a ganiateir** (TAC) yn cael eu diweddaru'n rheolaidd ar gyfer stociau pysgod masnachol gan ddefnyddio'r cyngor gwyddonol diweddaraf ar statws stociau pysgod. Mae'r TACau yn cael eu rhannu rhwng gwledydd yr UE ar ffurf cwotâu cenedlaethol. Weithiau, mae'r cwotâu hyn yn ddadleuol. Mae llawer o bobl o fewn diwydiant pysgota'r DU yn gwrthwynebu'r ffaith bod terfyn ar eu dalfeydd; maen nhw'n gobeithio y bydd penderfyniad y DU yn 2016 i adael yr UE yn arwain at lai o fiwrocratiaeth. ■ Mae'r CFP yn ddadleuol oherwydd y modd y mae'n gorfodi llongau pysgota i gael gwared ar y **sgil-ddalfa** (pysgod meirw sydd wedi'u dal yn anfwriadol tra'n pysgota am rywogaethau eraill).

76 CBAC Daearyddiaeth

Rheoli amgylcheddau morol

Tabl 23 *parhad*

Gweithredoedd lleol (ardaloedd dim-dal ac ardaloedd cadwraeth morol)	■ Mae llawer o'r Firth of Clyde yng ngorllewin yr Alban wedi'i orbysgota. Yn waeth fyth, mae pysgota am sgolopiau wedi sgwrio gwely'r môr. Mae llongau pysgota'n casglu'r pysgod cregyn hyn trwy ddefnyddio peiriannau carthu trwm wedi'u gwneud o gadwyni a rholeri metel. Mae'r offer yn dinistrio maerl, sy'n perthyn i gwrel, ac sy'n darparu cynefin sy'n feithrinfa bwysig i benfreision, lledod a hadogiaid. Erbyn yr 1990au, roedd rhywogaethau o bysgod bron wedi diflannu'n llwyr mewn rhai dyfroedd alltraeth. ■ Sefydlodd y gymuned ar ynys Arran gorff o'r enw COAST (Community of Arran Seabed Trust). Maen nhw wedi llwyddo i lobïo llywodraeth yr Alban i ddynodi dyfroedd Bae Lamlash fel **ardal dim-dal** cyntaf yr Alban (Ffigur 43). Mae'r holl bysgota o fewn yr ardal benodedig wedi'i wahardd. O ganlyniad i hyn, mae rhai pysgotwyr wedi dod yn ddi-waith.
Busnesau (cynhyrchiant dyframaethu)	■ Mae llawer iawn o eogiaid a phenfreision yn cael eu ffermio'n ddwys mewn lociau caeedig ar hyd morlinau nifer o wledydd gogledd Ewrop. Heddiw, mae mwy na 1,200 o drigolion Ynysoedd y Shetland yn gweithio yn y sector **dyframaethu**. Mae Shetland Aquaculture yn gorff sy'n cynnwys bron i 50 o gynhyrchwyr sy'n gweithio allan o ynysoedd mwyaf gogleddol y DU. Fe'i sefydlwyd yn 1984 i ddarparu dewis amgen i ddulliau pysgota traddodiadol anghynaliadwy. Mae cynhyrchiant wedi ymestyn o 50 tunnell o bysgod i fwy na 50,000. Roedd y pwyslais i ddechrau ar eogiaid, ond mae penfreision, brithyll y môr, hadogiaid a chregyn gleision bellach yn cael eu magu. ■ Mae dyframaethu wedi tyfu'n sydyn yn fyd-eang ers yr 1980au (Ffigur 44). Fodd bynnag, mae ffermio pysgod yn gallu dod â pheryglon newydd i ecosystemau morol. Mae achosion o barasitiaid a chlefydau yn gyffredin ymhlith pysgod mewn cewyll oherwydd diffyg lle. Mae cannoedd o filoedd o eogiaid yn dianc o ffermydd Gogledd yr Iwerydd bob blwyddyn, sy'n golygu bod peryglon i iechyd yn lledaenu i boblogaethau gwyllt.
Dinasyddion (ymgyrchu a defnyddio)	■ Mae'n bosibl i unigolion wneud eu rhan wrth siopa a gwneud dewisiadau sydd ddim yn cefnogi pysgota anghynaliadwy. Er enghraifft, mae llawer o siopwyr yn osgoi prynu tiwna mewn tun a ddaliwyd gyda rhwydi rhag ofn bod y rhwydi hynny wedi dal dolffiniaid hefyd. ■ Mae'r cogydd Hugh Fearnley-Whittingstall yn arwain ymgyrch o'r enw 'Fish Fight', sy'n annog siopwyr i brynu pysgod 'llai ffasiynol' fel mecryll yn hytrach na rhywogaethau poblogaidd fel penfreision a lledod. Mae'r ymgyrch hefyd wedi tynnu sylw'r cyhoedd at (i) yr angen i osgoi cynnyrch sy'n dod o ardaloedd sydd wedi'u gorbysgota a (ii) y gwastraff 'cywilyddus' o bysgod sy'n cael eu gwaredu yn ôl Polisi Pysgodfeydd Cyffredin yr UE. Mae gwybodaeth am ymgyrch Fish Fight yn: www.fishfight.net

Ffigur 43 Arwyddion ym Mae Lamlash yn hysbysu'r cyhoedd eu bod wedi cyrraedd ardal dim-dal

Gwaith maes

Gallai gweithredoedd ac agweddau pobl leol at ddefnyddio pysgod fod yn gyfle ar gyfer astudiaeth. Gallech gynnal arolwg mewn siopau lleol i ganfod o ble daw'r pysgod.

Arweiniad i'r Cynnwys

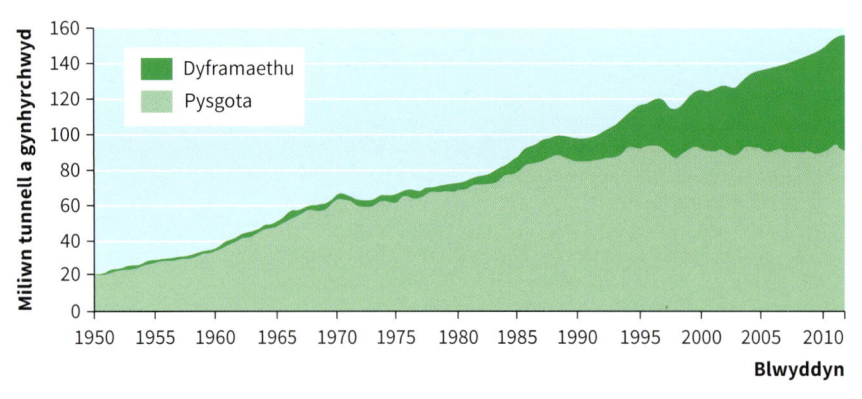

Ffigur 44 Cynhyrchiant pysgod byd-eang, 1950–2012

Crynodeb

- Os yw'r cefnforoedd am gael eu defnyddio'n fwy cynaliadwy fel eiddo cyffredin byd-eang, yna mae'n rhaid i wledydd a phobl y byd gytuno i gadw a gwarchod ecosystemau'r cefnforoedd. Mae'r ffaith bod agweddau at forfila wedi newid dros amser yn dangos ei bod yn bosibl i normau cymdeithasol newid er gwell ar raddfa fyd-eang.
- Mae'n rhaid rheoli stociau o bysgod yn fwy cynaliadwy fel system neu mae perygl i'r cyfan chwalu. Fodd bynnag, mae cyfoeth cynyddol mewn economïau lled-ddatblygedig yn cynyddu'r perygl o groesi trothwy gorbysgota.
- Mae gwahanol gyrff wedi cyflwyno ystod o strategaethau a gweithredoedd ar raddfeydd gwahanol i annog defnydd mwy cynaliadwy o'r cefnforoedd; fodd bynnag, mae angen gwneud llawer mwy.

■ Rheoli llygredd cefnforoedd

Ffynonellau, achosion a chanlyniadau llygredd cefnforoedd

Mae'r cefnforoedd yn darparu adnoddau i ni, ond rydym hefyd yn eu defnyddio fel safle gwaredu gwastraff, yn fwriadol ac yn ddamweiniol. Edrychwyd ar achosion o golli olew ar t. 59. Mae'r adran ganlynol yn edrych ar (1) deunyddiau plastig sy'n llifo i'r cefnforoedd wrth i **ddŵr ffo daearol** gludo gwastraff o strydoedd trefol a safleoedd tirlenwi, a (2) patrwm byd-eang **ardaloedd marw ewtroffig** sy'n ganlyniad i lygredd amaethyddol.

Problem llygredd plastig

Mae llygredd plastig yn broblem wirioneddol 'fyd-eang' erbyn hyn. Mae darnau o blastig sy'n cael eu golchi i'r môr gan ddŵr ffo o ardaloedd poblog wedi cael eu cario gan gerhyntau planedol eu maint i fannau mwyaf anghysbell y byd, gan gynnwys mannau gwyllt yr Arctig ac Antarctica. Mae'r broblem wedi cyflymu: cynhyrchwyd mwy o blastig yn ystod degawd cyntaf yr unfed ganrif ar hugain nag a wnaed yn ystod yr ugeinfed ganrif gyfan ('ganwyd' plastig ar ddechrau'r ganrif honno). Yn 2014,

Rheoli llygredd cefnforoedd

cynhyrchwyd 311 miliwn tunnell o blastig ledled y byd; rhagwelir y bydd hyn yn codi i dros 1,100 miliwn tunnell erbyn 2050. Mae'r canlynol yn rhai o'r rhesymau am y twf hwn yng nghynhyrchiant plastig:

- y defnydd cynyddol o blastig yn ein bywydau bob dydd: mae brwshys dannedd, cardiau credyd, ffonau symudol, pympiau asthma, briciau Lego, biros, polydwnelau a phibelli dyfrhau i gyd wedi'u gwneud o blastig
- mae'r cynnydd mewn nwyddau rhad mewn ymateb i gyflogau isel mewn economïau sy'n datblygu ac economïau lled-ddatblygedig wedi sbarduno agweddau 'taflu i ffwrdd' ar raddfa fyd-eang – os yw rhywbeth yn torri, mae'n rhatach yn amlach i'w roi mewn bin yn lle ceisio ei drwsio
- mae'r twf eithriadol ym mhoblogrwydd dŵr potel a diodydd eraill wedi arwain at ddefnyddio mwy na 2 filiwn o boteli plastig bod 5 munud yn UDA. Mae'r ffigur byd-eang yn llawer uwch. Mae'r defnydd o ddŵr potel yn aml yn ganlyniad i hysbysebu 'ffordd o fyw' (o gofio bod dŵr tap yn berffaith ddiogel i'w yfed mewn llawer o wledydd).

Credir bellach bod plastig yn cyfrif am 90% o'r holl wastraff sy'n arnofio yn y cefnforoedd ac mae Rhaglen Amgylchedd y CU yn amcangyfrif bod 46,000 darn o blastig yn arnofio ymhob milltir sgwâr o'r cefnforoedd. Mae rhannau mawr o gefnforoedd y Ddaear yn dioddef cryn dipyn o lygredd o ganlyniad i weithrediad **cylchgerhyntau**. Cerhyntau cylchol yw'r rhain yn y cefnforoedd, sy'n symud i gyfeiriad clocwedd yn hemisffer y gogledd a chyfeiriad gwrthglocwedd yn hemisffer y de (Ffigur 45). Yng ngogledd y Cefnfor Tawel, mae **ardal sbwriel** plastig sydd ddwywaith maint Texas. Caeadau siampŵ, poteli sebon a darnau o fagiau plastig sydd yno, yn ogystal â gronynnau llai o faint a elwir yn **ficrobelenni** a ychwanegwyd yn ddiangen gan gwmnïau amlwladol at bast dannedd a jelïau cawod (mae Greenpeace yn ymgyrchu o blaid gwahardd microbelenni yn fyd-eang).

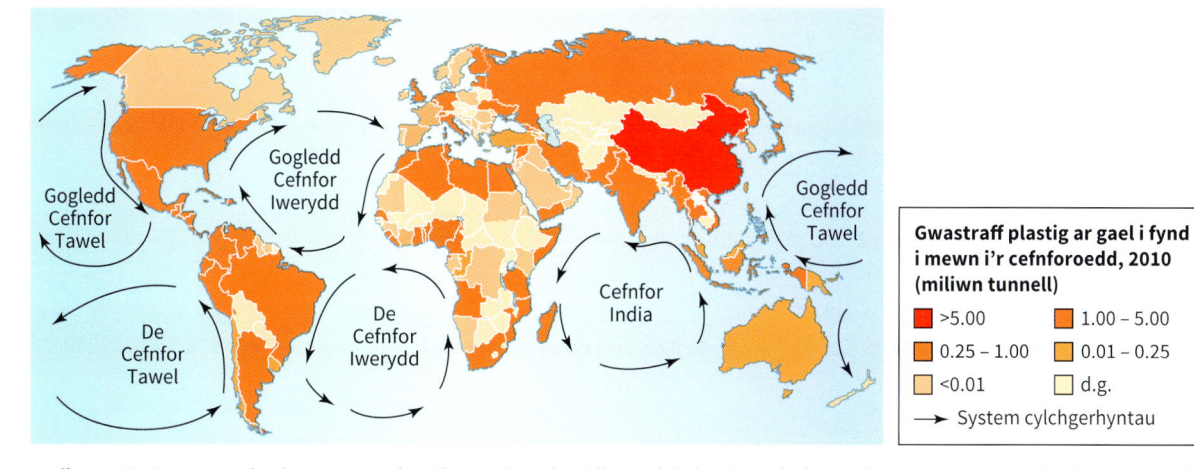

Ffigur 45 Patrymau byd-eang o ranbarthau sy'n achosi llygredd plastig a chylchgerhyntau sy'n symud a dal deunyddiau

Mae cylchgerhyntau hefyd yn cludo gwastraff plastig i ynysoedd anghysbell ac ynysoedd cwrel ymhell i ffwrdd o'r mannau sy'n cynhyrchu'r llygredd.

- Mae lefelau uchel o wastraff plastig wedi'u canfod ar ynysoedd anghysbell yn yr Arctig sy'n fwy na 1,000 km i ffwrdd o'r dref neu bentref agosaf; mae cerhyntau

Arweiniad i'r Cynnwys

cefnforol wedi cludo'r gwastraff yno o'r gwledydd sy'n achosi'r llygredd. Ynys Muffin yw un o'r lleoedd mwyaf anghysbell ar y blaned; eto i gyd, mae plastigau o Norwy, Sbaen ac UDA i'w gweld ar ei thraethau. Nid yw'r broblem llygredd hon yn parchu ffiniau gwledydd.

- Mae grwpiau ymgyrchu wedi tynnu sylw at broblem llygredd ar ynysoedd Hawaii, fel Ynys Tern (dyma sydd wedi ysgogi'r ymgyrch ddiweddar i leihau'r defnydd o fagiau plastig sy'n cael eu taflu yn y DU).
- Mae hwyaid rwber wedi'u canfod ar rai o draethau Alsaka a oedd unwaith yn lân. Fe'u rhyddhawyd i'r môr pan gafodd llong amlwytho ddamwain yn y Cefnfor Tawel yn 1992.

Yn y blynyddoedd diwethaf, mae gwyddonwyr wedi dechrau poeni fwyfwy am effeithiau llygredd plastig ar rywogaethau morol a gweoedd bwyd. Mae data ar adar y môr yn dangos bod llyncu gwastraff plastig wedi'i gofnodi fel achos marwolaeth yn gyntaf yn yr 1950au: bydd gan 95% o adar drycin y graig meirw (adar môr cyffredin) sy'n cael eu golchi i'r lan yn yr Alban rhyw fath o weddillion plastig yn eu perfedd. Ar lefel fyd-eang, mae'n hysbys bod 260 o rywogaethau adar a mamolion yn llyncu gwastraff plastig neu'n cael eu dal ynddo. Mae caeadau coch o boteli dŵr yn broblem benodol – o ran lliw a maint, maen nhw'n debyg i ferdys krill (*krill shrimp*) y bydd yr albatros yn eu bwyta. Mae sawl awtopsi wedi datgelu gweddillion lliw coch ym mherfeddion albatrosiaid meirw. Mae llawer iawn o blastig wedi'i ganfod hefyd yn stumogau morfilod meirw. Rhoddir sylw ar t. 81 i ddulliau o geisio mynd i'r afael gyda'r her o lygredd cefnforoedd.

Ewtroffigedd ac ardaloedd marw morol

Mae **ewtroffigedd** yn effaith dynol arall sy'n achosi canlyniadau arswydus i aberoedd a chefnforoedd.

- Mae'r broses hon yn digwydd pan fydd gormod o faetholion yn cael eu hychwanegu at gorff dŵr. Mae gwrteithiau nitrad yn aml yn cael eu cludo gan ddŵr glaw ffo o dir ffermio i afonydd neu dros ymyl clogwyni i ddyfroedd arfordirol.
- Yn wahanol i lygryddion gwenwynig sy'n lladd, y canlyniad yn yr achos hwn yw gorfwydo: mae'r holl faetholion yn y dyfroedd yn annog tyfiant bywyd morol. Mae organebau bach yn ffynnu ac yn achosi **blŵm algaidd**.
- Am resymau gwahanol, mae presenoldeb cymaint o algâu yn defnyddio'r rhan fwyaf o ocsigen sydd yn y dŵr. Mae pysgod a rhywogaethau cramennog (crancod a chorgimychiaid) yn mygu yn y dŵr dadocsigenedig.

Mae tua 20 o **ardaloedd marw morol** o amgylch ymylon arfordirol y byd, gyda Japan a Gwlff México yn dioddef yn ddrwg. Mae Môr y Gogledd yn dioddef o ewtroffigedd ac mae poblogaethau o gimychiaid wedi'u colli oherwydd diffyg ocsigen. Mae rhai o'r ardaloedd sydd wedi'u heffeithio fwyaf yn ganolfannau i fusnesau amaeth byd-eang, fel Gwlff México.

Rheoli gwastraff morol ar wahanol raddfeydd

Mae gweithredoedd positif yn gallu digwydd ar ystod o wahanol raddfeydd daearyddol. Mae'r rhain yn cynnwys:
- cytundebau byd-eang (UNCLOS)
- rheolau rhyngwladol yr UE a rheolau cenedlaethol ar reoli gwastraff

---

Profi gwybodaeth 18

Yn y broses o greu ardaloedd sbwriel cefnforol, pa mor bwysig yw rôl (a) cerhyntau cefnforol, (b) systemau economaidd byd-eang a (c) llywodraethiant gwael o ran gwaredu gwastraff?

Rheoli llygredd cefnforoedd

- gweithrediadau gan unigolion (dan arweiniad dinasyddion) a sefydliadau anllywodraethol.

Mae llywodraethiant byd-eang llwyddiannus yn fater o gymryd nifer o gamau sy'n ategu ei gilydd a hynny ar yr un pryd ac ar wahanol raddfeydd daearyddol. Wrth iddyn nhw ategu ei gilydd, mae'n bosibl y bydd y gweithredoedd cyfunol hyn yn gallu sicrhau canlyniad cadarnhaol i bobl a lleoedd.

Strategaethau i leihau gwastraff plastig yng nghefnforoedd y Ddaear

Mae'r adran hon yn edrych ar ddulliau rheoli gwastraff plastig yn y cefnforoedd fel enghraifft o **broblem anfad** – rheoli gwastraff ar wahanol raddfeydd.

Mae'r her yn un anferth, fel yr esboniwyd ar tt. 78–79. Mae gwastraff plastig yn llygru rhannau o ddyfroedd arfordirol pob gwlad sydd â morlin: mae afonydd a dŵr ffo o ardaloedd trefol a safleoedd tirlenwi yn cludo llawer iawn o wastraff i'r cefnforoedd. Mae cyfaint y gwastraff plastig yn tyfu ymhob degawd.

> **Problem anfad** yw problem sy'n rhy fawr o ran graddfa i unrhyw un weithred neu sefydliad wneud gwahaniaeth.

Cytundebau byd-eang a'u cyfyngiadau

Ni fydd gwledydd sydd wedi'u rhwymo i reolau UNCLOS yn cael gwaredu gwastraff yn fwriadol yn y môr. Yn hytrach, maen nhw'n defnyddio safleoedd tirlenwi daearol ar gyfer gwaredu gwastraff. Mae gan lawer o wledydd gynlluniau ailgylchu hefyd sy'n didoli gwastraff plastig. Felly pam bod cymaint o wastraff plastig yn cyrraedd y cefnforoedd? Un o'r problemau mwyaf yw arllwysiadau gwastraff o'r tir sy'n cael eu cludo'n ddamweiniol i'r amgylchedd morol o afonydd, aberoedd a'r morlin. Mae glaw trwm yn ysgubo gwastraff plastig i systemau carthffosiaeth; mae llifoedd dros dir yn gallu cludo caeadau poteli plastig a bagiau o safleoedd tirlenwi i rwydweithiau afonydd. Felly camreolaeth ar wastraff, dwysedd poblogaeth ar arfordiroedd a symudiadau'r gylchred ddŵr sy'n gyfrifol am yr holl wastraff plastig a welir yn y cefnforoedd (gweler hefyd Ffigurau 49–52 ar tt. 89–90).

Rheolau Cenedlaethol ac Ewropeaidd

Mae llywodraethau rhai gwladwriaethau bellach yn defnyddio deddfwriaeth i leihau'r defnydd o blastig tafladwy sy'n gallu llygru'r amgylchedd yn ddamweiniol.

- Mae llywodraethau amrywiol wedi gweithredu i wahardd bagiau plastig neu ficrobelenni. Yn China a Bangladesh, mae'r llywodraeth wedi gosod cyfyngiadau ar y defnydd o fagiau plastig tafladwy, lle mae'r defnydd o fagiau plastig tenau (<0.025 mm o drwch) wedi'i wahardd (mae'r bagiau bach hyn hefyd yn tagu cyrsiau dŵr a charthffosydd yn ystod tymor y monsŵn).
- Gwelwyd gostyngiad o 70% yn y defnydd o fagiau plastig ers i Gymru gyflwyno taliadau arnynt yn 2011 (dilynodd Lloegr yn 2016).
- Mae'r Comisiwn Ewropeaidd yn datblygu cyfres o fesurau ar hyn o bryd a fydd yn mynnu bod holl Aelod-wladwriaethau'r UE yn mabwysiadu mesurau tebyg i leihau'r defnydd o fagiau plastig ysgafn.
- Bydd UDA yn gwahardd microbelenni o 2017; mae llawer o adwerthwyr byd-eang eisoes wedi penderfynu eu dileu o'u cynhyrchion yn wirfoddol.

Arweiniad i'r Cynnwys

Codi ymwybyddiaeth a gweithredu'n lleol

Mae gweithredoedd byd-eang a chenedlaethol i fynd i'r afael â gwastraff yn y cefnforoedd wedi cael eu beirniadu am beidio â gwneud digon a bod yn anodd i'w gorfodi. O ganlyniad, mae nifer o ddinasyddion a sefydliadau anllywodraethol wedi ymuno ag ymgyrch gynyddol i fynd i'r afael â llygredd plastig.

- Adeiladodd y grŵp ymgyrchu Adventure Ecology long o'r enw 'Plastiki' allan o 12,500 o boteli plastig. Hwyliodd y llong ar draws y Cefnfor Tawel a thrwy'r ardal sbwriel. Daliwyd sylw'r cyfryngau, gan godi ymwybyddiaeth o'r broblem llygredd. Yn ystod y daith hon yn 2010, cyhoeddodd y criw ffilmiau fideo o'r ardal sbwriel ar y rhyngrwyd.
- Mae llawer mwy o sefydliadau anllywodraethol – gan gynnwys Greenpeace, The Ocean Cleanup a'r Gymdeithas Cadwraeth Forol – wedi ymgyrchu ar hyn; maen nhw wedi rhoi pwyslais arbennig ar y peryglon ddaw yn sgil bagiau plastig, caeadau poteli a microbelenni.
- Mae *Plastic Bag* yn ffilm propaganda fer a grëwyd yn 2010 gan dîm rhyngwladol yn cynnwys y cyfarwyddwr Americanaidd Ramin Bahrani, Werner Herzog o'r Almaen ac aelodau'r grŵp roc Sigur Rós o Wlad yr Iâ.
- Mae Judith a Richard Lang yn defnyddio plastig a ganfuwyd ar draethau California i wneud gwaith celf; mae eu gwaith wedi'i arddangos yn eang gan godi ymwybyddiaeth o'r broblem.
- Mae yna sawl sefydliad anllywodraethol sy'n ymgyrchu i wahardd gwerthu dŵr mewn poteli plastig mewn gwledydd lle mae dŵr tap ar gael.
- Mae'r sefydliad anllywodraethol Ocean Cleanup wedi codi arian o'i rwydwaith byd-eang o gefnogwyr – gan ddefnyddio llwyfan **ariannu torfol** – i adeiladu prototeip o rwystr sy'n arnofio sydd wedi'i wneud o rwber a pholyester gwerth €1.5 miliwn ac sy'n gallu dal a chyfyngu gwastraff mewn un lle. Rhoddwyd y llysenw Boomy McBoomface iddo, ac fe'i lansiwyd oddi ar yr arfordir ger Den Haag yn 2016. Y nod yw ymestyn y model i gynhyrchu rhwystrau siâp V 100 km o faint a'u lleoli yng nghylchgerhyntau'r Cefnfor Tawel.

Gwerthuso llwyddiant strategaethau i ymdrin â gwastraff plastig

Mae llawer o randdeiliaid gwahanol bellach yn gweithio ar raddfeydd gwahanol i fynd i'r afael â'r broblem; wrth gydweithio, maent yn gwneud cynnydd tuag at leihau llif plastig mewn rhai gwledydd. Yng ngwladwriaethau'r DU, mae llywodraethau'n gweithredu ar lefelau cenedlaethol a rhyngwladol; caiff dinasyddion eu haddysgu ynghylch manteision ailgylchu ac mae cynghorau lleol yn darparu'r cyfleusterau ailgylchu angenrheidiol.

Fodd bynnag, mae llwyddiant strategaethau i leihau gwastraff plastig yn y fantol am ddau reswm pwysig.

Mae **ariannu torfol** yn ddull o godi arian ar gyfer achos da neu ddatblygiad arloesol trwy ofyn i lawer iawn o bobl gyfrannu symiau bach yr un gan ddefnyddio llwyfan ar-lein.

Profi gwybodaeth 19

Pam ei bod yn bwysig cynnal ystod o weithredoedd ar wahanol raddfeydd daearyddol os ydym am fynd i'r afael â phroblem gwastraff plastig yn effeithiol?

1. Rhagwelir y bydd y defnydd o blastig yn fyd-eang yn cynyddu pedair gwaith erbyn 2050, yn rhannol oherwydd twf cyfoeth economïau lled-ddatblygedig lle mae strategaethau rheoli gwastraff yn aml yn llai cadarn. A fydd unrhyw gamau a gymerwn – yn enwedig camau ar raddfa leol, fel glanhau traethau – yn 'rhy ychydig, yn rhy hwyr'?
2. Mae'r rhan fwyaf o strategaethau yn targedu **llifoedd newydd** o wastraff plastig yn hytrach na mynd i'r afael â'r stoc o wastraff plastig sydd eisoes wedi cyrraedd y cefnforoedd. Hyd yn oed os yw'r ateb 'Boomy McBoomface' yn gweithio, beth fydd yn digwydd i'r holl blastig ar ôl ei gasglu? Ni all neb ateb y cwestiwn hwn.

Efallai bod y gobaith gorau sydd gennym yn nwylo'r diwydiant plastig ei hunan, sy'n dechrau gweithredu trwy ddatblygu deunyddiau newydd fel plastig bioddiraddadwy neu hyd yn oed plastig bwytadwy. Mae ymchwil wedi canfod bod modd defnyddio protein llaeth o'r enw casein i wneud ffilm fwytadwy a bioddiraddadwy ar gyfer pecynnau.

Diogelu safleoedd treftadaeth forol UNESCO

Mae strategaethau diogelu lleol, rhanbarthol, cenedlaethol a byd-eang yn gorgyffwrdd ac yn rhyngweithio yng ngwaith rheoli safleoedd treftadaeth forol a ddynodwyd gan UNESCO (Sefydliad Addysgol, Gwyddonol a Diwylliannol y Cenhedloedd Unedig).

Llywodraethiant byd-eang gan UNESCO

Ers Confensiwn Treftadaeth y Byd 1972, mae UNESCO wedi dyfarnu statws a gwarchodaeth arbennig i leoedd neu ranbarthau sydd 'â gwerth byd-eang eithriadol'.

- **Eithriadol:** dylai'r safle fod yn arbennig. Mae Confensiwn Treftadaeth y Byd yn mynd ymlaen i ddiffinio 'daearyddiaeth yr eithriadol'.
- **Byd-eang:** dylai'r safle fod yn arwyddocaol i holl bobl y byd ac ni ellir ychwanegu safleoedd i'r rhestr ar sail pwysigrwydd cenedlaethol yn unig.
- **Gwerth:** mae UNESCO yn defnyddio ystod o feini prawf i ddiffinio 'gwerth' eiddo, fel cyfoeth rhywogaeth neu natur unigryw.

Yn 2016, roedd 46 o safleoedd morol ar Restr Treftadaeth y Byd. Maen nhw'n cwmpasu ystod eang iawn o fathau o ecosystemau mewn ardaloedd trofannol a thymherus o'r cefnforoedd. Mae mangrofau, riffiau cwrel a morfeydd heli wedi'u cynrychioli'n dda ar restr sydd hefyd yn cynnwys:

- Môr Wadden yn rhan ddeheuol Môr y Gogledd (lle mae mwy na 10 miliwn o adar yn aros bob blwyddyn ar eu ffordd o'u hardaloedd bridio yn Siberia, Canada neu Sgandinafia)
- Gwarchodfa Ffawna a Fflora Malpelo yng Ngholombia (hanfodol bwysig i gynnal iechyd siarcod a physgod yn y Cefnfor Tawel)
- Gwarchodfa Forol Ynysoedd y Galápagos (**man poeth i fioamrywiaeth** yn fyd-eang)

> **Gwaith maes**
>
> Mae rhai cymunedau lleol wedi gweithredu i leihau'r defnydd o blastig yn lleol (mae Modbury yn Nyfnaint yn un lle o'r fath). Gallai ymchwiliad unigol archwilio gweithredoedd lleol sy'n cysylltu gyda mater byd-eang pwysig.

Arweiniad i'r Cynnwys

Astudiaeth Achos: Bariff Mawr Awstralia

Roedd Bariff Mawr rhyfeddol Awstralia yn un o'r mannau morol cyntaf i'w rhestru ar Restr Treftadaeth y Byd. Mae system riff cwrel mwyaf y byd yn gartref i 30 rhywogaeth o forfilod a dolffiniaid, 1,625 rhywogaeth o bysgod, 3,000 rhywogaeth o folysgiaid ac un o boblogaethau pwysicaf y byd o forfuchod.

Hyd yn hyn, mae rhwydwaith o fudiadau gwahanol wedi cydweithio'n llwyddiannus i warchod y riff, gan atgyfnerthu'r neges bod angen gwarchodaeth arbennig ar yr amgylchedd unigryw hwn (Ffigur 46).

- Sefydlwyd **Sefydliad y Bariff Mawr** mewn ymateb i apêl gan UNESCO ar i ddinasyddion godi arian i ddiogelu safleoedd treftadaeth

- Mae **UNESCO** wedi rhoi'r Bariff Mawr ar Restr Treftadaeth y Byd, gan ysbrydoli rhanddeiliaid eraill i'w ddiogelu

- Mae **cyfryngau** yn **fyd-eang** yn codi ymwybyddiaeth o'r angen i ddiogelu'r riff; ffilmiodd y BBC gyfres amdano yn 2015

- Mae **diwydiannau** a gweithwyr **twristiaeth** yn rhoi pwysau ar y llywodraeth i sicrhau bod y riff yn cael ei reoli'n gynaliadwy er mwyn sicrhau manteision amgylcheddol, economaidd a chymdeithasol hirdymor

- Mae **rhanddeiliaid** wedi'u lleoli mewn **lleoedd** gwahanol ac ar **raddfeydd** gwahanol. Mae'r **rhwydwaith** hwn o randdeiliaid **cydgysylltiedig** yn rhannu'r **pŵer** i weithredu – ac i annog newid. Mae'r newidiadau mwyaf effeithiol yn digwydd pan fyddan nhw'n cydweithio mewn **partneriaeth**

- Mae **prifysgolion Awstralia**, gan gynnwys Sefydliad y Gwyddorau Morol a Phrifysgol James Cook yn ymchwilio i'r dulliau gorau o warchod y riff

- Mae **Llywodraeth Awstralia** wedi addo gwario £600 miliwn yn 2016 i wella ansawdd y dŵr o amgylch y riff

Ffigur 46 Rhwydwaith o fudiadau gwahanol sy'n gweithio ar raddfeydd gwahanol i gefnogi a gwarchod y Bariff Mawr

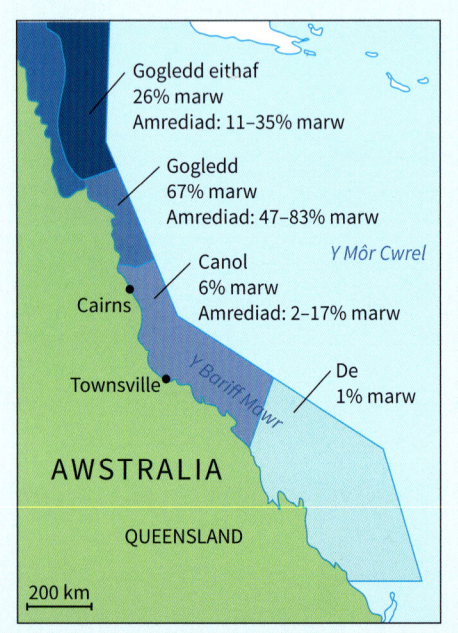

Gogledd eithaf
26% marw
Amrediad: 11–35% marw

Gogledd
67% marw
Amrediad: 47–83% marw

Y Môr Cwrel

Canol
6% marw
Amrediad: 2–17% marw

Cairns

Townsville

Y Bariff Mawr

De
1% marw

AWSTRALIA
QUEENSLAND

200 km

Ar hyn o bryd, mae'r riff yn wynebu'r argyfwng mwyaf yn ei hanes. Yn 2016, cododd tymereddau'r môr yn rhan ogleddol y riff 2–3°C uwchlaw'r tymheredd uchaf arferol o tua 30°C. Digwyddodd hyn oherwydd system dywydd gref **El Niño** a thueddiad cyson tuag at gynhesu byd-eang. Dangosodd adroddiad gan Brifysgol James Cook bod dwy ran o dair o'r cwrelau mewn un rhan o'r riff wedi marw oherwydd bod **cwrelau'n cael eu cannu** mewn dŵr a oedd yn rhy gynnes (Ffigur 47). Mae llawer o'r mudiadau sy'n cefnogi'r Bariff Mawr o'r farn nad yw Llywodraeth Awstralia yn gwneud digon i ffrwyno cynhyrchiant glo domestig ac i fynd i'r afael â newid hinsawdd. Maen nhw'n ystyried erbyn hyn bod ymgyrchu ynghylch newid hinsawdd yn rhan o'u gwaith yn diogelu'r riff.

Ffigur 47 Effaith cwrelau'n cael eu cannu ar y Bariff Mawr yn 2016. Mae'r amrediadau yn cynrychioli'r chwarteli uchaf ac isaf (Ffynhonnell: ARC Centre of Excellence for Coral Reef Studies)

Mae **system dywydd El Niño** yn deillio o anomaledd cyson yn nhymheredd arwyneb y môr ar draws canol y Cefnfor Tawel sy'n parhau am gyfnodau o 2–7 mlynedd.

> **Crynodeb**
> - Mae llygredd cefnforoedd yn 'broblem anfad'. Mae iddi nifer o achosion dynol a ffisegol, gan gynnwys mwy o gyfoeth a cherhyntau'r cefnforoedd.
> - Mae strategaethau wedi'u cyflwyno ar wahanol raddfeydd i geisio lleihau llygredd cefnforoedd. Fodd bynnag, mae'n anodd gorfodi rheolau byd-eang, ac ychydig iawn y mae rhai gweithredoedd lleol yn ei gyflawni o edrych ar y 'darlun mawr'. Os am wneud cynnydd gwirioneddol, mae'n rhaid i lywodraethau ddechrau rheoli gwastraff yn effeithiol. Mae angen i ailgylchu ddod yn norm cymdeithasol i'r holl bobl a chymdeithasau.
> - Mae gwahanol fudiadau wedi cyflwyno ystod o strategaethau a gweithredoedd ar raddfeydd gwahanol i gefnogi safleoedd morol UNESCO fel y Bariff Mawr; mae newid hinsawdd yn golygu bod angen mwy fyth o weithredoedd cydgysylltiedig i ddiogelu safleoedd UNESCO yn y dyfodol.

Sialensiau'r 21ain Ganrif

Mae Adran C arholiad Safon Uwch Systemau Byd-eang a Llywodraethiant Byd-eang yn ymdrin â Sialensiau'r 21ain Ganrif. Mae'n cynnwys un traethawd ymateb estynedig, ar ffurf **asesiad synoptig**.

Beth yw asesiad synoptig?

Mae asesiad synoptig yn profi eich gallu i ddwyn ynghyd elfennau o bob rhan o'r cwrs Safon Uwch yr ydych yn ei astudio. Yn eich cwrs Safon Uwch, byddwch yn astudio gwahanol destunau, fel rheol mewn trefn linellol sy'n caniatáu datblygu dealltwriaeth fanwl o bob testun yn ei dro. Mae bod yn synoptig yn golygu gweld 'y darlun mawr' a 'meddwl fel daearyddwr'. Felly mae'n golygu:

- gwneud cysylltiadau rhwng testunau, damcaniaethau, prosesau neu syniadau
- 'uno'r dotiau' i ddangos sut all lleoedd, cymdeithasau ac achosion gwahanol fod yn gyd-ddibynnol neu'n gysylltiedig â'i gilydd
- gwerthfawrogi natur gymhleth gwneud penderfyniadau daearyddol, yn enwedig mewn perthynas â 'phroblemau anfad' fel newid hinsawdd, dibyniaeth y byd ar danwyddau ffosil neu ffurfiau newydd o eithafiaeth wleidyddol.

Cysylltu themâu a chysyniadau

Yn yr arholiad, bydd disgwyl i chi dreulio tua 35-40 munud yn ysgrifennu'r traethawd hwn, sydd wedi'i ategu gyda phedwar ysgogiad darluniadol. Bydd cysylltiad rhwng y rhain ag o leiaf dwy o themâu craidd a chyffredin Daearyddiaeth Safon Uwch CBAC, sef:

- Lleoedd sy'n newid
- Tirweddau newidiol (arfordiroedd/rhewlifoedd)
- Peryglon tectonig
- Mudo byd-eang a llywodraethiant o'r cefnforoedd
- Cylchredau dŵr a charbon

Mae'r asesiad synoptig wedi'i ddylunio hefyd i'ch galluogi i ddefnyddio cysyniadau arbenigol priodol a chysyniadau daearyddol allweddol. Mae'r rhain yn cynnwys cysyniadau **achosiaeth**, **cydbwysedd**, **adborth**, **hunaniaeth**, **anghydraddoldeb**, **cyd-ddibyniaeth** (gweler t. 31), **globaleiddio** (gweler t. 10), **lliniaru ac addasu**, **cynrychiolaeth**, **systemau a throthwyau**, **risg**, **gwytnwch** a **chynaliadwyedd** (gweler t. 76). Mae Tabl 24 yn archwilio sut mae rhai o'r cysyniadau hyn yn cael eu defnyddio.

Arweiniad i'r Cynnwys

Tabl 24 Rhai cysyniadau arbenigol a ddefnyddir mewn Daearyddiaeth Safon Uwch

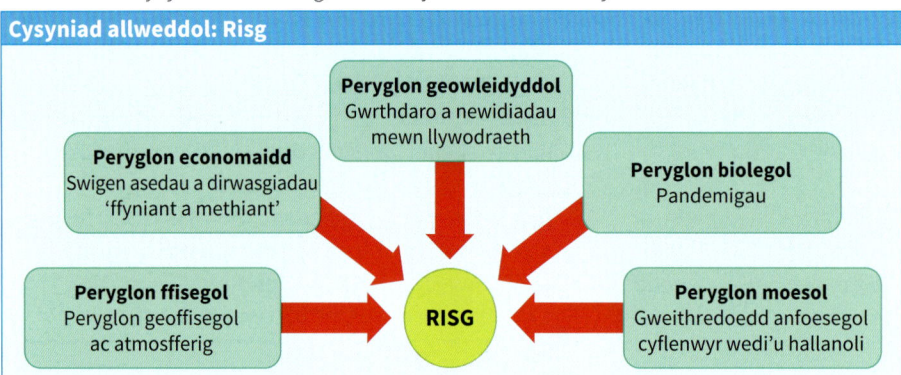

Cysyniad allweddol: Risg

Peryglon geowleidyddol
Gwrthdaro a newidiadau mewn llywodraeth

Peryglon economaidd
Swigen asedau a dirwasgiadau 'ffyniant a methiant'

Peryglon biolegol
Pandemigau

Peryglon ffisegol
Peryglon geoffisegol ac atmosfferig

RISG

Peryglon moesol
Gweithredoedd anfoesegol cyflenwyr wedi'u hallanoli

Mae **risg** yn fygythiad real neu ganfyddiadol yn erbyn unrhyw agwedd ar fywyd cymdeithasol neu economaidd, neu'r amgylchedd.
- Efallai eich bod yn gyfarwydd â chysyniad risg gan eich bod wedi astudio peryglon tectonig. Ond gellir ei ddefnyddio mewn unrhyw gyd-destun daearyddol arall hefyd. Er enghraifft, un categori risg yw bygythiadau ffisegol allan o sawl un yng nghyd-destun astudio systemau byd-eang.
- Mae'r darlun yn dangos risgiau posibl yn erbyn pobl, economi a busnesau gwlad.

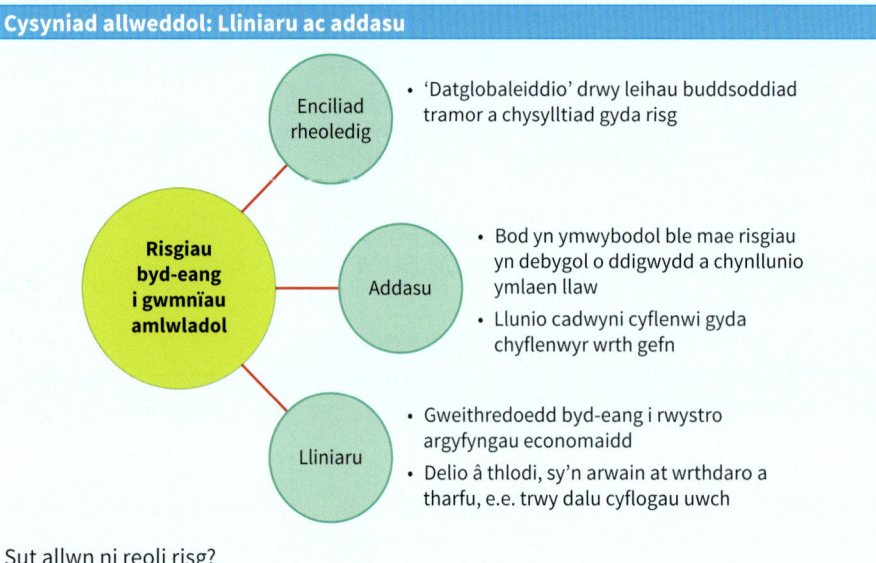

Cysyniad allweddol: Lliniaru ac addasu

Risgiau byd-eang i gwmnïau amlwladol

- **Enciliad rheoledig**
  - 'Datglobaleiddio' drwy leihau buddsoddiad tramor a chysylltiad gyda risg

- **Addasu**
  - Bod yn ymwybodol ble mae risgiau yn debygol o ddigwydd a chynllunio ymlaen llaw
  - Llunio cadwyni cyflenwi gyda chyflenwyr wrth gefn

- **Lliniaru**
  - Gweithredoedd byd-eang i rwystro argyfyngau economaidd
  - Delio â thlodi, sy'n arwain at wrthdaro a tharfu, e.e. trwy dalu cyflogau uwch

Sut allwn ni reoli risg?
- Mae'r darlun yn dangos strategaethau addasu a lliniaru a fabwysiadwyd gan gwmnïau amlwladol mawr mewn perthynas â'r risgiau gweithredol y maen nhw'n eu canfod yn eu systemau.
- Mae **lliniaru** yn golygu rhwystro rhywbeth rhag digwydd, er enghraifft, lleihau gollyngiadau nwyon tŷ gwydr nawr i atal cynhesu byd-eang yn y dyfodol, neu geisio rhoi terfyn ar dlodi a gwrthdaro yn y lleoedd hynny sy'n cynhyrchu'r nifer mwyaf o ymfudwyr.
- Mae **addasu** yn golygu delio ag effeithiau rhywbeth, er enghraifft, addasu ein ffyrdd o fyw i ymdopi â byd sy'n cynhesu, neu delio â bygythiad byd-eang firysau cyfrifiadur trwy osod meddalwedd gwrthfirws.

Tabl 24 *parhad*

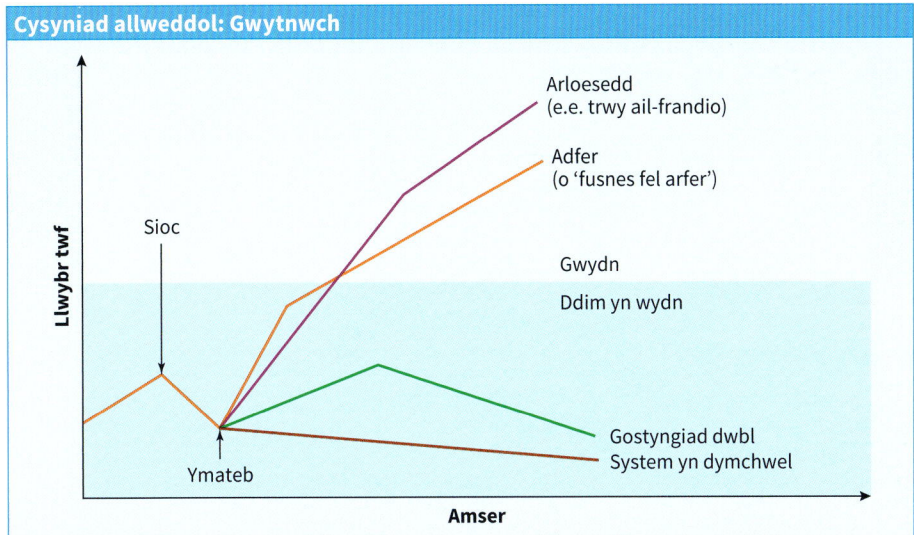

Cysyniad allweddol: Gwytnwch

[Graff yn dangos Llwybr twf yn erbyn Amser, gyda Sioc ac Ymateb wedi'u labelu, a llwybrau: Arloesedd (e.e. trwy ail-frandio), Adfer (o 'fusnes fel arfer'), Gwydn, Ddim yn wydn, Gostyngiad dwbl, System yn dymchwel]

Mae **gwytnwch** yn golygu bod â'r gallu i adlamu ac adfer yn dilyn achos o darfu neu drychineb.
- Mae gwreiddiau'r byd yn gorwedd yn bennaf mewn ecoleg (dadansoddi pŵer ecosystemau a ddifrodwyd i hunan-adfer).
- Mae academyddion, arweinwyr busnes a gwleidyddion bellach yn cofleidio'r gair fel cyfrwng ar gyfer disgrifio gallu cymdeithasau, economïau ac amgylcheddau i ddelio â'r risgiau amrywiol gaiff eu creu gan ddatblygiad.
- Mae'r darlun yn dangos sut mae cysyniad gwytnwch yn cael ei gymhwyso i'r modd y mae economi yn ymateb i argyfwng ariannol.

Cyfranogwyr, pŵer a phersbectifau

Byddwch yn gwneud cysylltiadau rhwng testunau a defnyddio cysyniadau daearyddol i ffurfio eich ateb. Yn ogystal, mae'n bosibl y bydd yr asesiad synoptig hefyd yn rhoi cyfle i chi werthuso pwysigrwydd gwahanol **gyfranogwyr** gyda lefelau gwahanol o **bŵer**, neu ystyried mater o **bersbectifau** gwahanol.

- **Cyfranogwyr:** dyma'r bobl, grwpiau, sefydliadau a gwladwriaethau sy'n achosi materion daearyddol, sy'n dioddef yn sgil eu canlyniadau, ac sy'n gwneud penderfyniadau neu'n ceisio eu rheoli. Defnyddir y term 'cyfranogwr' i gyfeirio at unrhyw un sy'n cyfranogi mewn mater daearyddol sy'n gallu effeithio ar – neu gael eu heffeithio gan – newid (gweler t. 83). Mae cyfranogwyr yn gweithredu ar raddfeydd cydgysylltiedig gwahanol, fel y dangosir yn Ffigur 48.
- **Pŵer:** y lefel y mae cyfranogwyr gwahanol yn dylanwadu ar fater; eu gallu i benderfynu canlyniad prosesau gwneud penderfyniadau.
- **Persbectifau:** safbwyntiau gwahanol gyfranogwyr, pam fod ganddynt y safbwyntiau hyn a sut maen nhw'n effeithio ar brosesau gwneud penderfyniadau a dewis gweithredoedd.

Cyngor i'r arholiad

Mae'n hanfodol treulio ychydig o funudau yn cynllunio eich ateb synoptig. Ceisiwch ddefnyddio diagram pry cop i gysylltu eich syniadau. Penderfynwch ar y ffordd orau i'w trefnu fel paragraffau.

Arweiniad i'r Cynnwys

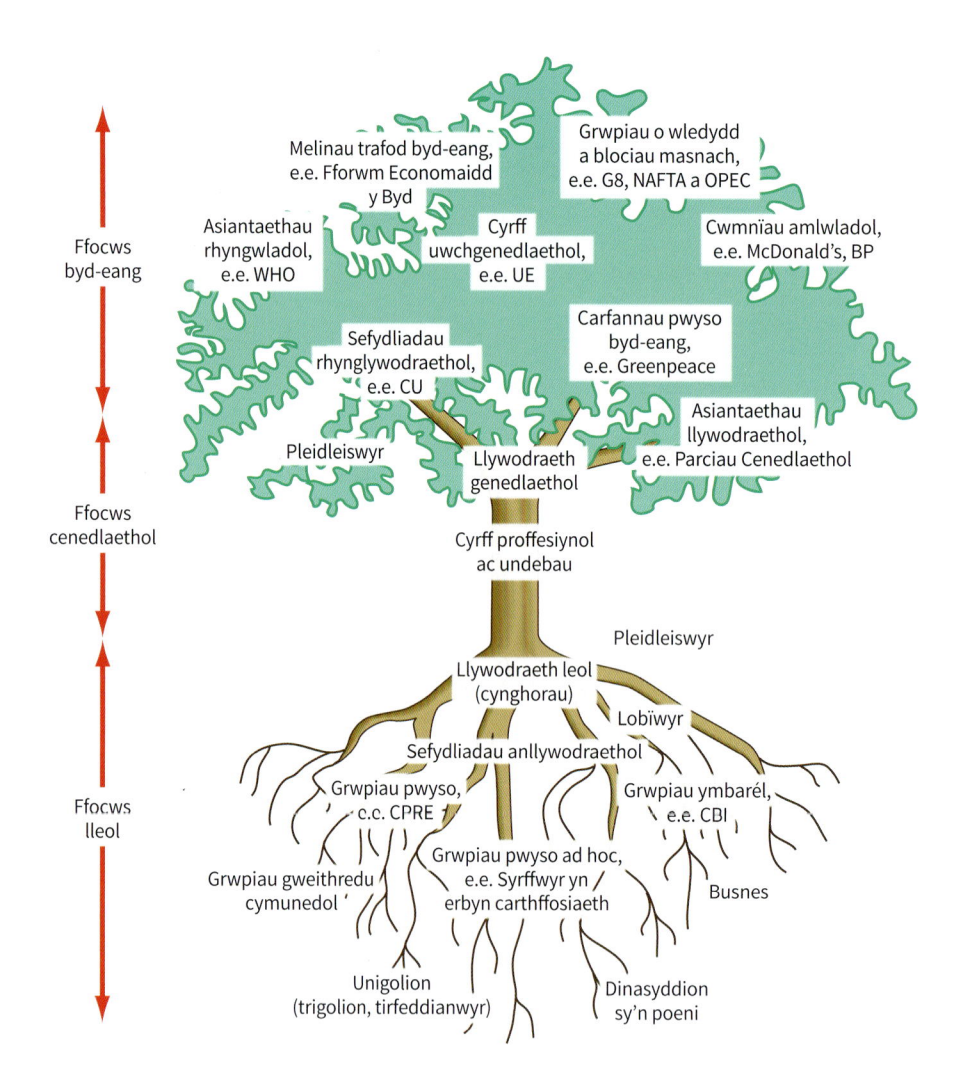

Ffigur 48 Cyfranogwyr sy'n rhan o faterion daearyddol a phrosesau gwneud penderfyiadau (Ffynhonnell: Cameron Dunn)

Deall a chymhwyso'r amcanion asesu

Mae enghraifft o draethawd synoptig yn ymddangos isod yn nhasg hunanasesu 11. Ceir ateb myfyriwr i'r cwestiwn hwn, gyda sylwebaeth, ar tt. 101-103. Cyn darllen ymhellach, astudiwch Dabl 25. Mae hwn yn dangos sut mae traethawd synoptig yn cael ei farcio: fel y gwelwch, mae tri o feini prawf unigol. Mae'n hanfodol eich bod yn deall y rhain, ac y gallwch gynhyrchu darn strwythuredig o ysgrifennu estynedig sy'n ceisio cydbwyso'r tri gofyniad a ddangosir.

Sialensiau'r 21ain Ganrif

Tabl 25 Amcanion asesu a'r marciau a ddyrennir i'r asesiad synoptig

Amcan asesu	Marciau ar gael CBAC	Beth mae'n rhaid i chi ei wneud
AA3 Defnyddio amrywiaeth o sgiliau meintiol, ansoddol a gwaith maes perthnasol i ddehongli, dadansoddi a gwerthuso data a thystiolaeth	6	Defnyddiwch y pedwar ffigur yn llawn a chyfeiriwch atynt yn glir yn eich ateb ('Fel y mae Ffigur 52 yn dangos...'). Os yn bosibl, gwnewch gysylltiadau rhwng y ffigurau i gryfhau eich dadl ('O edrych arnynt gyda'i gilydd, mae Ffigur 51 a Ffigur 52 yn dangos...'). Mae nifer fawr o'r marciau sydd ar gael yn targedu eich dadansoddiad o'r ffigurau. Dylid neilltuo cryn dipyn o'ch ateb i'r dasg hon.
AA1 Dangos gwybodaeth a dealltwriaeth o leoedd, amgylcheddau, cysyniadau, prosesau, rhyngweithiadau a newid, ar amrywiaeth o raddfeydd.	10	Ni allwch obeithio ennill marciau llawn trwy ddefnyddio'r wybodaeth o'r ffigurau yn unig. Mae disgwyl i chi gymhwyso eich gwybodaeth a'ch dealltwriaeth eich hun hefyd. Gellir gwneud hyn trwy esbonio prosesau a chyflwyno cysyniadau nad ydynt yn cael eu dangos yn y ffigurau ond sydd eto'n berthnasol i'r dasg. Gallwch hefyd sôn yn fras am unrhyw astudiaethau achos cymharol neu dystiolaeth ategol sy'n eich helpu i lunio eich dadl.
AA2 Cymhwyso gwybodaeth a dealltwriaeth mewn gwahanol gyd-destunau i ddehongli, dadansoddi a gwerthuso gwybodaeth a materion daearyddol.	10	Mae'r traethawd wedi'i eirio mewn ffordd sy'n eich gorfodi i werthuso, asesu neu drafod ystod o wahanol faterion, themâu, safbwyntiau neu ganlyniadau cyn dod i gasgliad. I lawer o fyfyrwyr, dyma'r Amcan Asesu anoddaf i berfformio'n dda ynddo. Bydd angen i chi gynllunio eich ateb yn ofalus fel y gallwch ddod i gasgliad y credwch fod modd ei gyfiawnhau a'i amddiffyn.
	Cyfanswm: 26	

Tasg hunanasesu 11

Astudiwch Ffigurau 49, 50, 51 a 52. Gan ddefnyddio'r wybodaeth hon a'ch syniadau chi eich hun, trafodwch y safbwynt mai ffactorau ffisegol sydd bennaf ar fai am blastig yn cronni yng nghefnforoedd y Ddaear.

Ffigur 49 Gwastraff plastig wedi'i gamreoli (heb ei ailgylchu) a gynhyrchwyd gan wahanol wledydd morol (arfordirol), 2010 (Ffynonellau: Science, Prifysgol Georgia, Prifysgol California, Sea Education Association)

Llywodraethiant Byd-eang: Newid a Sialensiau; Sialensiau'r 21ain Ganrif

Arweiniad i'r Cynnwys

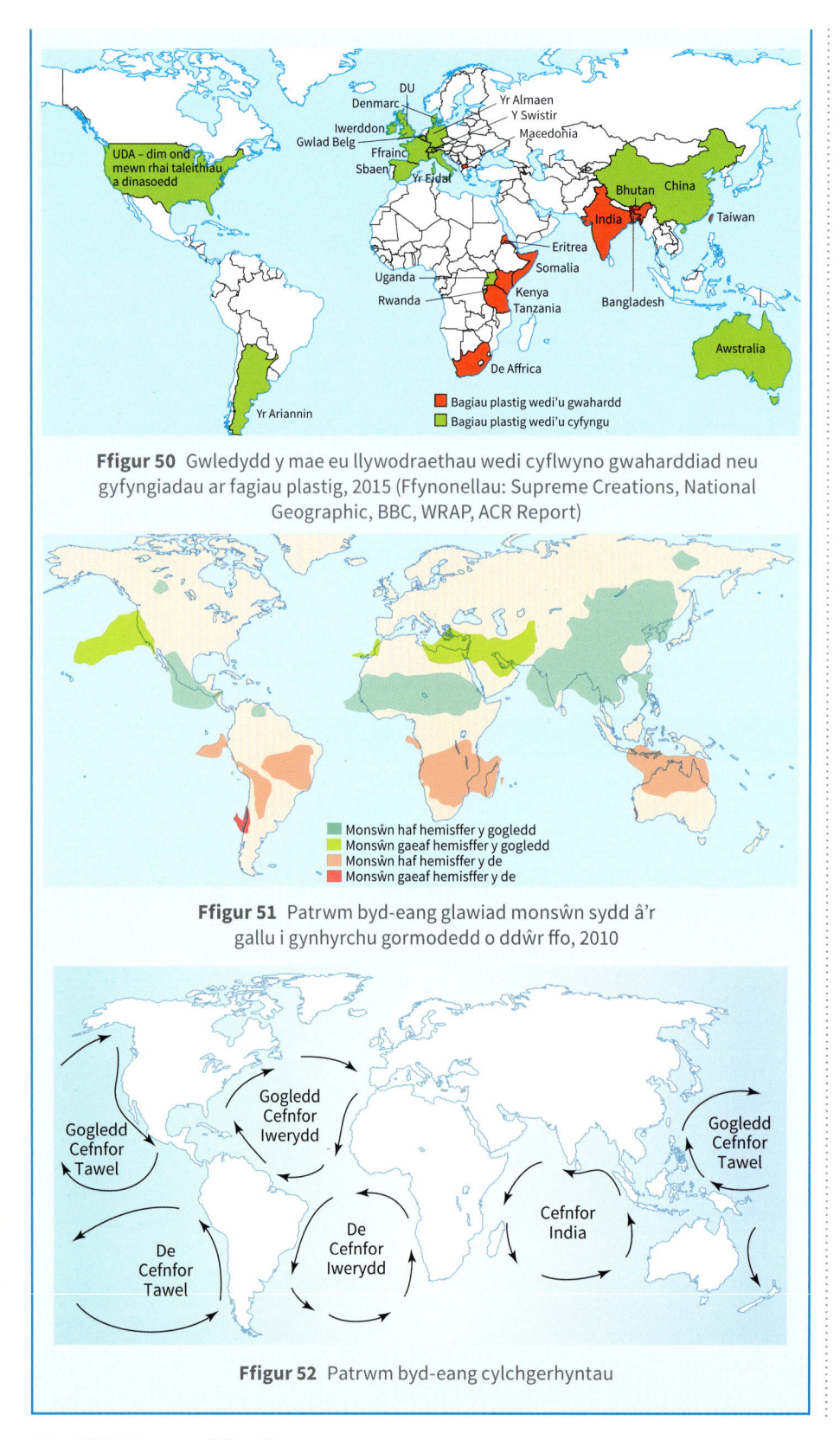

Ffigur 50 Gwledydd y mae eu llywodraethau wedi cyflwyno gwaharddiad neu gyfyngiadau ar fagiau plastig, 2015 (Ffynonellau: Supreme Creations, National Geographic, BBC, WRAP, ACR Report)

Ffigur 51 Patrwm byd-eang glawiad monsŵn sydd â'r gallu i gynhyrchu gormodedd o ddŵr ffo, 2010

Ffigur 52 Patrwm byd-eang cylchgerhyntau

Cwestiynau ac Atebion

Gwybodaeth am y rhan hon

Mae'r cwestiynau isod yn nodweddiadol o'r arddull a'r strwythur y byddwch yn eu gweld ar y papur arholiad.

Mae sylwadau wedi eu nodi ar gyfer pob cwestiwn a ddynodir gan y symbol ⓔ, sy'n rhestru'r pwyntiau y dylai ateb da eu cynnwys ac yn darparu cynllun marcio. Caiff atebion gan fyfyrwyr eu cynnwys, gyda sylwadau pellach a ddynodir gan y symbol ⓔ. Mae'r sylwadau yn nodi sut y gellir gwella'r ateb a nifer y marciau a fyddai'n cael eu dyfarnu. (Noder bod y rhan fwyaf o atebion myfyrwyr a roddir yma yn ennill gradd uchel.) Mae'r cyfeiriadau wedi'u rhifo a geir ymhob ateb myfyriwr yn dynodi'r pwyntiau y mae sylwadau penodol yn cyfeirio atynt.

Darperir pedwar cwestiwn sampl. Mae'r rhain yn berthnasol i adran B ac adran C arholiadau CBAC ar **Lywodraethiant byd-eang: newid a sialensiau**, a **Sialensiau'r 21ain ganrif**. Mae ffigur yn cyd-fynd â Chwestiynau 1 a 2 (adran B), a dylech ddefnyddio'r ffigur hwn i'ch helpu i ateb y cwestiynau a ysgogwyd gan ddata sy'n dilyn. Mae cwestiwn traethawd 3 (adran B) werth mwy o farciau, ac nid yw'n cyfeirio at ffigur. Yn olaf, cwestiwn 4 (adran C) yw'r asesiad synoptig. Mae'r traethawd hwn werth 26 marc ac yn defnyddio pedwar ffigur.

Pan fydd yr arholwyr yn darllen eich gwaith, byddan nhw'n defnyddio grid gyda bandiau marc sy'n nodi uchafswm y marciau ar gyfer pob amcan asesu (AA) (gweler t. 7). Yn yr enghreifftiau sy'n dilyn, rhoddir y grid ar ôl pob rhan o'r cwestiwn.

Cwestiynau ac Atebion

Cwestiwn 1

Mae hwn yn dilyn y ffurf a ddefnyddir gan gwestiynau Safon Uwch byr, strwythuredig CBAC. Mae gennych tua 11–12 munud i astudio Ffigur 1 ac ateb dau ran y cwestiwn (sy'n ymwneud â mudo).

(a) Defnyddiwch Ffigur 1 i ddadansoddi pwysigrwydd newidiol arian a drosglwyddir yn ôl gartref ar lefel byd-eang. Dylech gynnwys data perthnasol yn eich ateb. (5 marc)

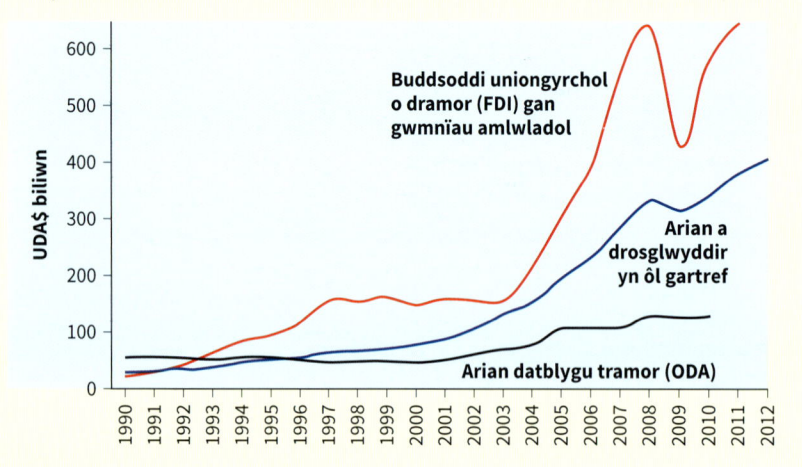

Ffigur 1 Gwerth arian a drosglwyddir yn ôl gartref ar lefel byd-eang, buddsoddi uniongyrchol o dramor (FDI) gan gwmnïau amlwladol ac arian datblygu tramor (ODA), 1990–2012 (Ffynhonnell: Dangosyddion World Development ac amcangyfrifon Banc y Byd)

e Gallai atebion gynnwys y pwyntiau AA3 canlynol:

- Yn gyffredinol, mae gwerth a phwysigrwydd arian a drosglwyddir yn ôl gartref wedi codi.
- Ers 2003, mae FDI wedi codi'n gyflym, ac felly mae arian a drosglwyddir yn ôl gartref yn llai pwysig.
- Yn 2009, roedd y gostyngiad yn FDI yn golygu bod arian a drosglwyddir yn ôl gartref yn bwysicach yn nhermau cymharol.
- Gostyngodd yr arian a drosglwyddir yn ôl gartref rhyw ychydig yn 2009 o 320 biliwn i 300 biliwn.

Bydd ymatebion da yn gwahaniaethu rhwng pwysigrwydd newidiol arian a drosglwyddir yn ôl gartref dros amser a hefyd pwysigrwydd newidiol arian a drosglwyddir yn ôl gartref mewn cymhariaeth â llifoedd ariannol eraill.

92 **CBAC Daearyddiaeth**

Cwestiynau ac Atebion

Cynllun marcio lefel

Band	Marciau	Defnyddiwch Ffigur 1 i ddadansoddi pwysigrwydd newidiol arian a drosglwyddir yn ôl gartref ar lefel byd-eang. Dylech gynnwys data perthnasol yn eich ateb.
3	4–5	Dadansoddiad datblygedig o'r newidiadau a ddangosir yn yr arian a drosglwyddir yn ôl gartref dros amser
		Defnydd eang o dystiolaeth i adnabod newidiadau ym mhwysigrwydd cymharol yr arian a drosglwyddir yn ôl gartref
2	2–3	Dadansoddiad rhannol o'r newidiadau a ddangosir yn yr arian a drosglwyddir yn ôl gartref dros amser
		Defnydd rhannol neu ddim defnydd o gwbl o'r adnodd i adnabod newidiadau ym mhwysigrwydd cymharol yr arian a drosglwyddir yn ôl gartref
1	1	Sylwadau cyfyngedig, heb ddefnyddio tystiolaeth o gwbl
	0	Ni ellir gwobrwyo'r ateb/nid oedd cynnig ar yr ateb hwn

Ateb ymgeisydd

Mae'r arian a drosglwyddir yn ôl gartref yn dod yn bwysig. Mae'r arian hwn wedi cynyddu dros amser o tua UDA$20 biliwn i dros UDA$400 biliwn. Mae'r cynnydd wedi bod yn gymharol gyson ond dechreuodd gynyddu'n gyflymach yn 2000. Roedd ychydig o ostyngiad yn 2008 cyn adfer eto yn 2010. Felly mae'r arian a drosglwyddir yn ôl gartref wedi dod yn bwysicach dros amser.

e Dyfarnwyd 3/5 marc Dyma ateb cul sy'n gwneud dim mwy na disgrifio'r tueddiad o ran arian a drosglwyddir yn ôl gartref dros amser (nid yw'r cwestiwn yn gofyn am hynny). Defnyddir peth data, sy'n arddangos sgiliau meintiol y myfyriwr yn ddigonol. Fodd bynnag, nid oes cyfeiriad at bwysigrwydd newidiol arian a drosglwyddir yn ôl gartref mewn perthynas â FDI ac ODA. Yn gyffredinol, mae'r ateb hwn ym mand 2.

(b) Awgrymwch sut gallai'r newidiadau yn yr arian a drosglwyddir yn ôl gartref a ddangosir yn Ffigur 1 fod wedi effeithio ar anghydraddoldebau economaidd byd-eang. (5 marc)

e Gallai atebion gynnwys y pwyntiau AA2 canlynol:

- Mae arian a drosglwyddir yn ôl gartref yn ffordd o drosglwyddo adnoddau ariannol o ranbarthau craidd system fyd-eang i'r rhanbarthau ymylol.
- Maen nhw'n gallu helpu lleihau anghydraddoldebau trwy ariannu datblygiad economaidd a chymdeithasol. Mae Ffigur 1 yn awgrymu bod mwy o siawns i hyn ddigwydd nawr nag yr oedd yn y gorffennol.
- Mae rhai pobl yn anfon arian gartref i'w teuluoedd, a chaiff ei ddefnyddio i helpu addysgu'r brodyr a chwiorydd iau.
- Mae'r arian a drosglwyddir yn ôl gartref gan ymfudwyr yn ddylifiad cyfalaf o'r wlad sy'n eu croesawu: mae hyn yn gallu helpu mynd i'r afael ag anghydraddoldeb yn fyd-eang.

Gallai atebion da gymhwyso'r cysyniad o gyd-ddibyniaeth.

Cwestiynau ac Atebion

Cynllun marcio lefel

Band	Marciau	Awgrymwch sut gallai'r newidiadau yn yr arian a drosglwyddir yn ôl gartref a ddangosir yn Ffigur 1 fod wedi effeithio ar anghydraddoldebau economaidd byd-eang
3	4–5	Awgrymiadau datblygedig ynghylch sut y mae arian a drosglwyddir yn ôl gartref yn effeithio ar anghydraddoldeb byd-eang
		Defnydd eang o'r adnodd neu dystiolaeth y myfyriwr ei hun i ategu'r ddadl
2	2–3	Awgrymiadau rhannol ynghylch sut y mae arian a drosglwyddir yn ôl gartref yn effeithio ar anghydraddoldeb byd-eang
		Defnydd rhannol o'r adnodd neu dystiolaeth y myfyriwr ei hun i ategu'r ddadl
1	1	Sylwadau cyfyngedig, heb ddefnyddio tystiolaeth o gwbl
	0	Ni ellir gwobrwyo'r ateb/nid oedd cynnig ar yr ateb hwn

Ateb ymgeisydd

Byddai'r cynnydd yn yr arian a drosglwyddir yn ôl gartref yn Ffigur 1 yn newyddion da i'r lleoedd y mae'r ymfudwyr wedi dod ohonynt. Gellir defnyddio'r arian a anfonir gartref at amrywiaeth o ddibenion, fel addysg i blant neu brynu tŷ. Mae ymfudwyr yn anfon arian gartref i aelodau teuluol gan obeithio y gellir defnyddio'r arian ar gyfer datblygiad economaidd. Gan fod yr arian a anfonir gartref yn cynyddu dros amser, mae hyn yn golygu bod mwy o arian yn cael ei drosglwyddo o wledydd cyfoethog sy'n croesawu lle mae ymfudwyr yn byw i wledydd ymylol y maent wedi'u gadael. Mae hyn yn golygu y gall anghydraddoldebau economaidd byd-eang leihau dros amser. Mae'r arian a anfonir o UDA i México yn un enghraifft; credir bod mwy na dau biliwn o ddoleri yn cael eu hanfon bob blwyddyn.

e Dyfarnwyd 4/5 marc Dyma ateb cymwys gyda ffocws da ar y cwestiwn, ac sy'n ymdrin yn glir gydag anghydraddoldebau economaidd byd-eang gan ddefnyddio México fel enghraifft. Yn gyffredinol, byddai'r ateb hwn ym mand 3. Am farciau llawn, byddai angen cydnabyddiaeth bod gwerth yr arian a drosglwyddir yn ôl gartref yn is o lawer na chynnyrch mewnwladol crynswth gwledydd cyfoethocaf y byd. Hefyd, mae gwledydd tlawd wedi colli'u hadnoddau dynol mwyaf gwerthfawr i fudo, a gallai hynny gynyddu anghydraddoldeb (mae'r arian a drosglwyddir yn ôl gartref ond yn rhannol wrthbwyso hyn). O ganlyniad, mae'n bosibl bod arian a drosglwyddir yn ôl gartref ond yn dylanwadu ychydig iawn ar anghydraddoldebau economaidd byd-eang.

Cwestiynau ac Atebion

Cwestiwn 2

Mae hwn yn dilyn y ffurf a ddefnyddir gan gwestiynau Safon Uwch byr, strwythuredig CBAC. Mae gennych tua 12–13 munud i astudio Tabl 1 ac ateb dau ran y cwestiwn (sy'n ymwneud â llywodraethiant o'r cefnforoedd).

(a) Defnyddiwch Dabl 1 i gymharu tueddiadau o ran môr-ladrata mewn gwahanol ranbarthau llongau. Dylech gynnwys data perthnasol yn eich ateb. (5 marc)

Tabl 1 Lleoliad achosion o fôr-ladrata mewn perthynas â llongau yn ne-ddwyrain Asia, 2010–2014

Lleoliad	2010	2011	2012	2013	2014
Indonesia	40	46	81	106	100
Culfor Malacca	2	1	2	1	1
Malaysia	18	16	12	9	24
Pilipinas	5	5	3	3	6
Culfor Singapore	3	11	6	9	8
Gwlad Thai	2	0	0	0	2
Myanmar (Burma)	0	1	0	0	0
Cyfanswm	70	80	104	128	141

Ffynhonnell: ICC International Maritime Bureau

e Gallai atebion gynnwys y pwyntiau AA3 canlynol:

- Mae môr-ladrata wedi cynyddu'n sylweddol yn Indonesia, o 40 i 100 achos.
- Mae wedi cynyddu hefyd yn ddiweddar o 9 i 23 ym Malaysia.
- Ychydig iawn sydd wedi newid ac mae niferoedd wedi parhau'n isel yn y Pilipinas a Singapore.
- Mewn cymhariaeth, ychydig iawn o achosion neu newid sydd ym Malacca, Myanmar a Gwlad Thai.

Bydd atebion da yn defnyddio iaith gymharol ('tra', 'mewn cymhariaeth â').

Cynllun marcio lefel

Band	Marciau	Defnyddiwch Dabl 1 i gymharu tueddiadau o ran môr-ladrata mewn gwahanol ranbarthau llongau. Dylech gynnwys data perthnasol yn eich ateb.
3	4–5	Cymhariaeth ddatblygedig o'r rhanbarthau gwahanol a ddangosir
		Defnydd eang o'r adnodd fel tystiolaeth i adnabod newidiadau
2	2–3	Cymhariaeth rannol o rai o'r rhanbarthau a ddangosir
		Defnydd rhannol o'r adnodd fel tystiolaeth i adnabod newidiadau
1	1	Sylwadau cyfyngedig, heb ddefnyddio tystiolaeth o gwbl
	0	Ni ellir gwobrwyo'r ateb/nid oedd cynnig ar yr ateb hwn

Cwestiynau ac Atebion

> **Ateb ymgeisydd**
>
> Mae achosion o fôr-ladrata wedi cynyddu'n gyson ers 2010. Yn gyffredinol, mae nifer yr achosion o fôr-ladrata gwirioneddol neu ymgais i wneud hynny wedi cynyddu o 70 i 141. Mae'r cynnydd mwyaf wedi bod yn Indonesia. Mae nifer y digwyddiadau wedi cynyddu yno o 40 i 100. Mewn ardaloedd eraill, nid yw'r duedd mor amlwg. Ychydig iawn o ddigwyddiadau sydd ym Myanmar a Malacca. Ym Malaysia, gostyngodd nifer y digwyddiadau rhwng 2010 a 2013 cyn cynyddu'n gyflym o 9 i 24 yn 2014. Yn gyffredinol, mae'r tueddiadau yn wahanol iawn pan ydych yn cymharu'r rhanbarthau gwahanol.

e Dyfarnwyd 4/5 marc Dyma ymgais gadarn i gymharu gwahanol ranbarthau. Mae'r tueddiadau pwysicaf wedi cael eu hadnabod a'u meintioli. Cynigir cymhariaeth benodol yn y frawddeg olaf. Yn gyffredinol, mae'r ateb yn haeddu marc band 3. Noder nad oes angen y ddwy frawddeg gyntaf oherwydd nid ydynt yn ateb y cwestiwn a ofynnwyd (sef cymharu'r tueddiadau mewn gwahanol ranbarthau).

(b) Amlinellwch y prif faterion diogelwch sy'n bygwth masnach forol, ac eithrio môr-ladrata. (5 marc)

e Gallai atebion gynnwys y pwyntiau AA1 canlynol:

- Mae materion diogelwch ac eithrio môr-ladrata yn cynnwys tagfannau trawsteithiau olew.
- Mae llywodraethiant Camlas Suez a Chamlas Panama yn bwysig.
- Mae smyglo a masnachu pobl yn weithgareddau troseddol a allai effeithio ar fasnach gyfreithlon.
- Mae anghydfod ynghylch ardaloedd economaidd unigryw (EEZ) ac ynysoedd yn gallu gwaethygu ac achosi gwrthdaro a allai fod yn niweidiol i longau.
- Efallai y bydd atebion da yn trafod sut mae gwrthdaro rhwng pwerau mawr yn y gorffennol wedi amharu ar fasnach (1939–1945).

Cynllun marcio lefel

Band	Marciau	Amlinellwch y prif faterion diogelwch sy'n bygwth masnach forol, ac eithrio môr-ladrata.
3	4–5	Ateb datblygedig yn amlinellu ystod (o leiaf dau) o faterion diogelwch
		Defnydd cyson o dystiolaeth ategol i ddangos sut mae hyn yn effeithio ar fasnach
2	2–3	Ateb sy'n amlinellu'n rhannol un neu ddau o faterion diogelwch
		Peth defnydd o dystiolaeth ategol i ddangos sut mae hyn yn effeithio ar fasnach
1	1	Sylwadau cyfyngedig, heb ddefnyddio tystiolaeth o gwbl
	0	Ni ellir gwobrwyo'r ateb/nid oedd cynnig ar yr ateb hwn

Cwestiynau ac Atebion

> **Ateb ymgeisydd**
>
> Mae yna nifer o wahanol faterion diogelwch sy'n bygwth masnach forol ac eithrio môr-ladrata. Er enghraifft, mae gwrthdaro yn gallu digwydd rhwng gwladwriaethau fel y digwyddodd rhwng yr Ariannin a'r DU adeg yr anghydfod ynghylch Ynysoedd y Falkland yn 1982. Yn fwy diweddar, mae China wedi bod yn datblygu ei phŵer llyngesol ym Môr De China, sy'n bygwth diddordebau UDA yn yr ardal. Mae llywodraeth Indonesia wedi bod yn chwythu llongau pysgota Tsieineaidd i fyny, gan honni eu bod wedi mynd i mewn i ardal economaidd unigryw Indonesia. Mae hyn wedi creu pryderon ynghylch diogelwch ledled Môr De China. Mae tagfannau olew yn fater diogelwch arall. Gan fod cymaint o olew yn symud drwy Gamlas Suez, mae'n bosibl y bydd llongau yn cael eu dal i fyny. Mae hyn yn bygwth diogelwch egni y gwledydd sydd angen yr olew.

e Dyfarnwyd 4/5 marc Nid yw'r ateb hwn bob amser yn canolbwyntio'n ddigonol ar sut mae'r bygythiadau yn effeithio ar fasnach forol. Byddai'n well petai'r ymgeisydd wedi sefydlu cysylltiad rhwng gwrthdaro mewn rhanbarth a'r risgiau i longau masnachol a allai godi o hyn. Fel arall, mae yma rai pwyntiau da, sy'n defnyddio terminoleg yn dda. Gallai'r ymateb hwn ennill marc band 3, ond ni fyddai'n ennill marciau llawn gan nad yw'n canolbwyntio'n ddigon manwl ar y cwestiwn.

Cwestiwn 3

Mae hwn yn dilyn y ffurf a ddefnyddir gan gwestiynau traethawd Safon Uwch CBAC. Noder: yn arholiad CBAC, mae'n rhaid i chi ddewis rhwng dau gwestiwn traethawd (pob un werth 18 marc). Bydd un traethawd yn ymwneud â mudo yn unig. Bydd y traethawd arall yn ymwneud â llywodraethiant o'r cefnforoedd yn unig.

Trafodwch newidiadau diweddar ym mhatrwm mudo byd-eang. (18 marc)

e Gallai atebion gynnwys y pwyntiau canlynol:

- Gwahanol fathau o fudo, h.y. wedi'i orfodi neu'n wirfoddol.
- Mudo o economïau lled-ddatblygedig i wledydd datblygedig, ac o wledydd datblygedig i economïau lled-ddatblygedig, h.y. mae'r sefyllfa economaidd yn gallu bod yn gymhleth.
- Y twf diweddar yn nifer y ffoaduriaid yn bennaf oherwydd y rhyfel yn Syria. Mae patrwm y llif ffoaduriaid hwn yn cynnwys niferoedd mawr yn symud i wledydd cyfagos a niferoedd llai yn symud i'r UE.
- Yn fyd-eang, mae niferoedd mawr o bobl yn parhau i fudo o ardaloedd gwledig i ardaloedd trefol. Mewn rhai gwledydd, fel China, mae'r symudiad hwn bellach yn arafu.

Mae'n bosibl y bydd atebion da yn defnyddio cysyniadau daearyddol arbennig fel globaleiddio, cyd-ddibyniaeth neu anghydraddoldeb.

Cwestiynau ac Atebion

Cynllun marcio lefel

Band	Marciau	Trafodwch newidiadau diweddar ym mhatrwm mudo byd-eang.	
		AA1 (uchafswm 10 marc)	AA2 (uchafswm 8 marc)
3	13–18	Gwybodaeth a dealltwriaeth gywir ac eang o batrymau mudo byd-eang	Trafodaeth ddatblygedig a strwythuredig o newidiadau diweddar dros amser
2	7–12	Peth gwybodaeth a dealltwriaeth gywir o batrymau mudo byd-eang	Trafodaeth rannol neu anghytbwys o newidiadau diweddar dros amser
1	1–6	Gwybodaeth a dealltwriaeth gywir gyfyng o batrymau mudo byd-eang	Trafodaeth gyfyng neu ddim trafodaeth o newidiadau diweddar dros amser

Ateb ymgeisydd

Mae mudo yn symudiad o bobl sy'n parhau am o leiaf un flwyddyn. Mae ymfudwyr yn symud am resymau economaidd ond hefyd pan fyddan nhw'n cael eu gorfodi i ffoi rhag peryglon naturiol, rhyfel, gwrthdaro ac erledigaeth. Gelwir pobl sy'n cael eu gorfodi i symud yn ffoaduriaid. Yn y blynyddoedd diwethaf, mae patrwm mudo byd-eang wedi dod yn fwy cymhleth oherwydd twf economïau lled-ddatblygedig a hefyd llifoedd o ffoaduriaid o'r Dwyrain Canol. [a]

Edrychwn yn gyntaf ar fudo economaidd. Yn y gorffennol, roedd y system economaidd fyd-eang yn gymharol syml. Roedd craidd yn bodoli, sef gwledydd Ewropeaidd a Gogledd America, ac ymylon mawr byd-eang o wledydd tlotach. Byddai llawer o bobl yn symud o'r ymylon i'r craidd. Er enghraifft, yn yr 1950au, symudodd niferoedd mawr o ymfudwyr ôl-drefedigaethol i'r DU o gyn-diriogaethau trefedigaethol Prydain. [b] Daeth meddygon o India i weithio yn y Gwasanaeth Iechyd Gwladol a sefydlwyd ar ôl 1945. Daeth pobl eraill o Jamaica i weithio ar drenau tanddaearol Llundain. Gellir gweld patrwm tebyg yn y symudiad o bobl o gyn-drefedigaethau Ffrainc yng ngogledd Affrica a groesodd Fôr y Canoldir i weithio yn Ffrainc.

Ers yr 1990au, mae'r patrwm hwn wedi dod yn fwy cymhleth. Mae twf yr economïau BRIC a gwledydd lled-ddatblygedig eraill wedi golygu bod gan bobl yng ngwledydd mwyaf tlawd y byd fwy o ddewis o wledydd cymharol gefnog y gallan nhw symud iddynt er mwyn chwilio am waith. Er enghraifft, mae pobl o India wedi symud i Qatar ac i Dubai er mwyn gweithio yn y diwydiant adeiladu yno. [c] Mae'r symudiad hwn yn gallu digwydd y ffordd arall hefyd. Mae niferoedd mawr o weithwyr Tsieineaidd wedi mudo i rai o wledydd lleiaf datblygedig Affrica fel Angola a De Sudan lle maen nhw wedi canfod gwaith gyda chwmnïau olew a mwyngloddio Tsieineaidd sydd wedi dechrau ecsbloetio Affrica fel yr arferai'r Ewropeaid ei wneud yn yr 1800au. Mae patrymau anghydraddoldeb byd-eang wedi dod yn llawer mwy cymhleth ac mae hyn wedi newid patrwm llifoedd byd-eang fel mudo. [d]

Nid yw'r holl fudo yn wirfoddol. O'r 250 miliwn o bobl sydd ddim yn byw yn y wlad lle cawsant eu geni ynddi, mae tua hanner yn ffoaduriaid. [e] Mae hyn yn golygu eu bod wedi cael eu gorfodi i ffoi'r wlad y maen nhw'n byw ynddi oherwydd rhyfel, erledigaeth neu drychineb naturiol. Yn y blynyddoedd diwethaf, mae pum miliwn o bobl wedi ffoi o Syria. Mae dwy filiwn yn byw drws nesaf yn Nhwrci. Mae llawer mwy wedi ceisio lloches yn Ewrop. Mae miloedd wedi marw wrth geisio croesi Môr y Canoldir mewn cychod nad ydynt yn ddiogel. Maen nhw'n talu llawer iawn o arian i

Cwestiynau ac Atebion

smyglwyr pobl, nad ydynt yn poeni rhyw lawer am dynged y ffoaduriaid. Mae cymaint wedi colli eu bywydau ac mae'r papurau newydd wedi bod yn llawn o adroddiadau am gyrff yn cael eu golchi i fyny ar ynysoedd a thraethau Groeg. f

Mae llif arall o ffoaduriaid yn cynnwys pobl sy'n ffoi rhag sychder yng ngogledd-ddwyrain (Horn) Affrica. Er enghraifft, mae llawer o bobl wedi ffoi o Somalia gan deithio i'r de tua Kenya. Maen nhw wedyn yn ddibynnol ar loches a ddarperir gan y Cenhedloedd Unedig a Sefydliad Iechyd y Byd. Mae gwersylloedd ffoaduriaid yn gallu darparu bwyd a dŵr i bobl a'r lloches sydd ei angen arnyn nhw. Fodd bynnag, ni allan nhw gynnig cyflogaeth iddynt, ac felly mae trafferthion y ffoaduriaid yn parhau. g

I gloi, mae patrwm economaidd mudo byd-eang wedi dod yn llawer mwy cymhleth oherwydd byd 'tri-chyflymder' gyda nifer o symudiadau yn digwydd (yn hytrach na'r hen system craidd-ymylon). Mae symudiadau o ffoaduriaid wedi digwydd ers cyn cof ond oherwydd eu natur, mae'r tarddiad a'r gyrchfan yn newid wrth i broblemau gael eu creu a'u datrys. Heddiw, mae'r llif allan o Syria yn creu patrwm; yn y blynyddoedd i ddod, bydd patrymau gwahanol yn datblygu ynghylch gwladwriaethau lle mae problemau newydd wedi datblygu. h

e **Dyfarnwyd 15/18 marc** Dyma ateb hynod o gymwys sy'n cyrraedd canol band 3. Mae wedi'i strwythuro'n dda ac mae'n gwahaniaethu rhwng symudiad gwirfoddol a gorfodol yn glir. Mewn mannau, ceir tystiolaeth ategol ardderchog, er nad oes ffocws pendant ar y cwestiwn drwyddi draw. Mae'r casgliad yn cwblhau'r gwerthusiad mewn ffordd gywrain, sy'n dangos bod y myfyriwr yn meddwl yn feirniadol. a Mae hyd y cyflwyniad yn addas: mae'n sefydlu cysyniadau allweddol (mudo gwirfoddol a gorfodol; patrwm mudo byd-eang). b Mae yma ddefnydd da o derminoleg a thystiolaeth sy'n sgorio'n uchel ar gyfer AA1. c Mae hwn yn dangos dealltwriaeth gyfoes dda o'r byd, gyda thystiolaeth ategol. d Dyma bwynt ardderchog: mae'r patrwm byd-eang yn cynnwys llifoedd newydd o wledydd lled-ddatblygedig i'r gwledydd lleiaf datblygedig. e Mae llinyn newydd yn dechrau fan hyn ar ddechrau paragraff newydd: mae'r traethawd wedi'i strwythuro'n dda. f Yn yr adran hon, mae'r myfyriwr yn colli ffocws. Mae'r darn hwn yn darllen mwy fel astudiaeth achos o symudiadau ffoaduriaid a chanlyniadau hynny nag o drafodaeth ar batrwm mudo byd-eang. g Mae diffyg ffocws ar y cwestiwn fan hyn hefyd. h Mae'r pwynt olaf ynghylch ffoaduriaid fel elfen barhaus o'r patrwm byd-eang, ond gyda'r gwledydd lle mae gwrthdaro'n digwydd a lle mae pobl yn ffoi oddi wrthynt yn newid dros amser, yn bwynt ardderchog.

Cwestiynau ac Atebion

Cwestiwn 4

Mae'r cwestiwn synoptig hwn yn dilyn y ffurf a ddefnyddir gan gwestiynau traethawd Adran C CBAC. Mae gennych tua 35 munud i gynllunio ac ysgrifennu eich traethawd (sef asesiad synoptig sy'n tynnu ar nifer o syniadau a drafodir ar draws eich cwrs daearyddiaeth). Y marc uchaf i CBAC yw 26 marc.

Cyn rhoi cynnig ar y cwestiwn hwn, edrychwch yn ôl ac astudiwch Ffigurau 49, 50, 51 a 52 ar tt. 89–90.

Gan ddefnyddio'r wybodaeth hon a'ch syniadau chi eich hun, trafodwch y safbwynt mai ffactorau ffisegol sydd bennaf ar fai am groniad plastig yng nghefnforoedd y Ddaear.

(26 marc)

🅔 Gallai atebion da gynnwys y pwyntiau canlynol:

- Mae dŵr ffo yn cludo gwastraff i'r cefnforoedd; mae'r problemau yn gallu bod yn waeth mewn rhanbarthau monsŵn gyda symudiadau cylchred ddŵr arddwysedd uchel (Ffigur 51).
- Mae cylchgerhyntau yn dal a chludo llygredd plastig ac yn golygu bod y gwastraff yn cronni mewn rhanbarthau a morlinau cefnforol penodol (Ffigur 52).
- Mae'r defnydd o blastig yn ganlyniad i ddatblygiad economaidd a thechnoleg dros amser. Mae llawer iawn o wastraff plastig erbyn hyn yn dod o economïau lled-ddatblygedig (Ffigur 49).
- Mae rhai gwledydd bellach wedi gwahardd bagiau plastig, gan gynnwys India a China a gwledydd eraill sy'n cael eu heffeithio gan lawiad trwm a dŵr ffo (Ffigur 50).
- Byddai modd rheoli defnydd gwahanol o blastig hefyd, a gellid gwneud mwy i ailgylchu. Y methiant gwleidyddol i wneud hyn yw'r prif reswm dros broblem llygredd.
- Gallai gwerthusiad terfynol ddadlau bod y datganiad yn anghywir, ac mai ffactorau dynol yn hytrach na ffactorau ffisegol sy'n bennaf ar fai: datblygiad a chyfoeth sy'n creu'r broblem, ac mae methiant gwleidyddol i'w rheoli.

Cynllun marcio lefel

Band	Marciau CBAC	Gan ddefnyddio'r wybodaeth hon a'ch syniadau chi eich hun, trafodwch y safbwynt mai ffactorau ffisegol sydd bennaf ar fai am groniad plastig yng nghefnforoedd y Ddaear.
3	20–26	Gwybodaeth a dealltwriaeth gywir yn bennaf o ystod o ffactorau (AA1)
		Gwerthusiad datblygedig a strwythuredig o bwysigrwydd ffactorau ffisegol (AA2)
		Defnydd eang o'r ffigurau fel tystiolaeth i ategu dadleuon (AA3)
2	10–19	Gwybodaeth a dealltwriaeth rhannol gywir o ystod o ffactorau (AA1)
		Gwerthusiad rhannol neu anghytbwys o bwysigrwydd ffactorau ffisegol (AA2)
		Defnydd rhannol o'r ffigurau fel tystiolaeth i ategu dadleuon (AA3)
1	1–9	Gwybodaeth a dealltwriaeth gywir gyfyng o ystod o ffactorau (AA1)
		Gwerthusiad cyfyng neu anghytbwys o bwysigrwydd ffactorau ffisegol (AA2)
		Defnydd cyfyng neu ddim defnydd o dystiolaeth o'r ffigurau (AA3)
	0	Ni ellir gwobrwyo'r ateb/nid oedd cynnig ar yr ateb hwn

Cwestiynau ac Atebion

Ateb ymgeisydd

Ai ffactorau ffisegol sydd bennaf ar fai am groniad plastig yng nghefnforoedd y Ddaear? Bydd y traethawd hwn yn edrych ar ddwy ochr y ddadl. Ar un llaw, mae cerhyntau cefnforol a symudiadau'r gylchred ddŵr yn chwarae rôl bwysig wrth drawsgludo plastig i'r cefnforoedd lle bydd cylchgerhyntau mawr wedyn yn symud y plastig o amgylch y cefnforoedd. Fodd bynnag, mae'n amlwg na fyddai llygredd plastig heb bobl. Gellir rheoleiddio, rheoli ac ailgylchu plastig os oes llywodraeth gref. **a**

Mae Ffigur 51 yn dangos bod ardaloedd mawr o'r byd yn profi naill ai monsŵn yr haf neu'r gaeaf yn fyd-eang. **b** Mae rhai o'r ardaloedd hyn ymhlith y mannau mwyaf dwys eu poblogaeth ar y Ddaear. Maent hefyd yn wledydd lle mae twf economaidd cyflym wedi achosi i lawer o bobl ddod yn rhan o'r dosbarth canol byd-eang. Dyma'r bobl sy'n ennill tua $10.00 y dydd ac sy'n gallu fforddio nwyddau traul fel dŵr potel ac eitemau sy'n cael eu rhoi mewn bagiau plastig pan fyddan nhw'n mynd i siopa. **c**

Fel y dengys Ffigur 49, mae China, sef economi mwyaf y byd erbyn hyn, yn cynhyrchu bron i 9 miliwn tunnell o wastraff plastig nad yw'n cael ei reoli'n briodol bob blwyddyn. **d** Gallai hyn olygu bod y gwastraff yn cael ei adael ar y strydoedd neu mewn safleoedd tirlenwi. Fodd bynnag, pan fydd glaw trwm yn digwydd, mae hyn yn gallu arwain at orlifo cyflym gan nad oes digon o amser i'r dŵr ymdreiddio i'r ddaear. Yn hytrach, mae'n llifo dros arwyneb y tir tuag at yr afon agosaf. Mae'r llif hwn yn gallu cario bagiau plastig a chaeadau poteli i'r system ddŵr. Yn y pen draw, bydd afonydd yn cario'r gwastraff plastig hwn i'r cefnforoedd. O ganlyniad, mae ardal sbwriel plastig sydd yr un maint â Texas yn y Cefnfor Tawel erbyn hyn. **e**

Mae'r ardal sbwriel hon yng Ngogledd y Cefnfor Tawel yn tyfu dros amser wrth i fwy a mwy o ddeunydd gael ei ddal gan y cylchgerhyntau. Dangosir y cerhyntau hyn yn Ffigur 52, ac fel y gwelwch, mae pump ohonyn nhw. Mae symudiad y cylchgerhyntau hyn yn golygu bod gwastraff plastig yn cael ei olchi i draethau mannau anial ac amhoblog yn Alaska, Gogledd Canada ac Ynysoedd y Cefnfor Tawel. Mae adar môr meirw wedi'u canfod ar ynysodd y Cefnfor Tawel a'u stumogau yn llawn o gaeadau poteli plastig. Felly, mae'n amlwg bod ffactorau ffisegol yn chwarae rhan fawr yng nghroniad plastig mewn rhannau o'r cefnforoedd lle nad oes pobl yn byw. **f**

Fodd bynnag, nid yw o reidrwydd yn dilyn bod yn rhaid i'r cefnforoedd ddioddef llygredd oherwydd bod cymdeithasau cefnog yn cynhyrchu gwastraff plastig. Fel y dengys Ffigur 49, mae lefel y gwastraff plastig nad yw'n cael ei reoli'n briodol yn UDA ond yn gyfran fach iawn o lefel hynny yn China er mai UDA yw'r bedwaredd wlad fwyaf yn y byd yn ôl poblogaeth. **g** Mae hefyd yn wlad gyfoethog iawn lle mae biliynau o boteli diod plastig yn cael eu prynu'n flynyddol. Ond fel y gwelwch, ychydig iawn o wastraff sydd ddim yn cael ei reoli'n briodol. Mae hyn yn awgrymu y byddai llawer llai o lygredd plastig yn mynd i mewn i'r cefnforoedd petai mwy o wledydd yn rheoli eu gwastraff yn effeithiol ac yn cyflwyno cynlluniau ailgylchu gorfodol. **h** Mae lefelau gwastraff nad yw'n cael ei reoli'n briodol hefyd yn isel iawn yn yr UE gan fod yna reolau llym ynghylch rheoli gwastraff ac ailgylchu. Asia yw'r rhanbarth gyda'r lefelau uchaf o wastraff nad yw'n cael ei reoli'n briodol a hynny o gryn dipyn.

Cwestiynau ac Atebion

Mae'r wybodaeth yn Ffigur 50 yn awgrymu bod y gwledydd gyda'r problemau gwastraff plastig mwyaf erbyn hyn yn ceisio gwneud mwy i geisio atal bagiau plastig rhag cael eu golchi i afonydd a chefnforoedd. Mae gan China ac India gynlluniau sy'n gwahardd neu'n cyfyngu ar y defnydd o fagiau plastig. **i** Yn anffodus, rhan fach o'r broblem yn unig yw bagiau plastig, ac mae'n debyg mai dyna'r rheswm pam bod Ffigur 49 yn dangos bod y gwledydd hyn yn dal i ddioddef lefelau uchel o wastraff nad yw'n cael ei reoli'n briodol. **j** Ond mae'n cynnig gobaith ac yn dangos efallai mai'r ffactor pwysicaf a fydd yn pennu os yw mwy o blastig yn cronni yn y cefnforoedd yw agweddau llywodraethau at wastraff a'r deddfau gaiff eu cyflwyno i rwystro hynny. **k**

I gloi, nid ffactorau ffisegol sydd bennaf ar fai am groniad plastig yng nghefnforoedd y Ddaear. Mae glawiad a dŵr ffo yn chwarae rhan bwysig wrth gludo gwastraff i afonydd a chefnforoedd ond mewn gwirionedd, methiant llywodraethau i reoli gwastraff yw'r broblem wirioneddol yn hyn o beth. Gellir dadlau efallai mai ffactorau ffisegol sydd bennaf ar fai am groniad plastig mewn rhannau o'r cefnforoedd sydd ymhell i ffwrdd o'r mannau sy'n cynhyrchu'r gwastraff. Fodd bynnag, rhaid cofio na fyddai problem gyda gwastraff plastig oni bai bod defnyddwyr yn prynu a thaflu plastig i ffwrdd. Felly, ar y cyfan, nid wyf yn cytuno gyda'r datganiad. **l**

e **Dyfarnwyd 26/26 marc** Yn gyffredinol, dyma ateb ardderchog sy'n sgorio marciau llawn. Mae'n cydbwyso amcanion asesu'r prawf yn dda. Ceir cyfeiriadau cyson at y pedwar ffigur, ac fe'u defnyddir fel tystiolaeth i ategu'r dadleuon a wneir. Mae'r ateb yn arwain at gasgliad ystyrlon a pherswadiol, ac at ddyfarniad terfynol sy'n argyhoeddi.

a Agoriad eglur a chryno sy'n awgrymu bod y traethawd wedi'i gynllunio'n ofalus yn gyntaf. **b** Credyd AA3 am ddefnyddio'r ffigur. **c** Credyd AA1 i'r ymgeisydd am gymhwyso ei wybodaeth a'i ddealltwriaeth. **d** Credyd AA3 am ddefnyddio'r ffigur. **e** Credyd AA1 i'r ymgeisydd am gymhwyso ei wybodaeth a'i ddealltwriaeth. Mae'r paragraff hwn yn sôn am ymdreiddiad (y gylchred ddŵr) ac ardal sbwriel y Cefnfor Tawel, er enghraifft.
f Credyd AA2 – cynigir gwerthusiad o bwysigrwydd cymharol ffactorau gwahanol.
g Credyd AA3 am ddefnyddio'r ffigur. **h** Credyd AA2 - cynigir gwerthusiad o bwysigrwydd allweddol ffactorau dynol (gwleidyddol). **i** Credyd AA3 am ddefnyddio'r ffigur. **j** Credyd AA2 – cynigir gwerthusiad beirniadol o'r hyn y mae'r ffigur yn ei ddangos.
k Credyd AA2 – cynigir gwerthusiad o bwysigrwydd hirdymor y ffactorau gwahanol.
l Credyd AA2 – casgliad ystyrlon a gwerthusol sy'n gwneud llawer mwy na chytuno neu anghytuno'n syml gyda'r datganiad. Ceir sawl cam rhesymegol yn y ddadl.

Profi gwybodaeth atebion

Profi gwybodaeth – atebion

1. Nid oes ffordd benodol gywir neu anghywir i ysgrifennu'r traethawd hwn. Er mwyn asesu pa mor llwyddiannus ydych chi wedi bod yn gyffredinol, ystyriwch y tri maen prawf canlynol a'u cymhwyso i'ch ateb chi. Yn gyntaf, a ydych chi wedi darparu strwythur eglur? A ydych chi wedi dechrau paragraff newydd wrth ymdrin ag agwedd newydd ar globaleiddio, fel globaleiddio gwleidyddol? Yn ail, a ydych chi wedi defnyddio terminoleg yn eich ateb neu a ydych chi wedi ysgrifennu mewn ffordd gyffredinol? Gallai ateb da gyfeirio at syniadau a chysyniadau fel diaspora, y byd sy'n crebachu neu gwmnïau amlwladol, er enghraifft. Yn drydydd, a ydych chi wedi defnyddio tystiolaeth o ansawdd? A ydych chi wedi darparu gwybodaeth fanwl a chywir i ategu eich syniadau? Er enghraifft, gallech fod wedi enwi rhai gwledydd y mae'r ffrwythau a'r llysiau yr ydych yn eu bwyta wedi dod ohonynt.

2. Gweler y tabl isod.

Llif	Cysylltiadau gyda newid diwylliannol, datblygiad a democratiaeth
Bwyd	Mae masnach mewn bwydydd yn gallu helpu gwledydd i ddatblygu: mae llawer o wladwriaethau yn Affrica yn dal i ddibynnu ar allforion amaethyddol am lawer o'u CMC. Mae masnach mewn bwyd hefyd yn gysylltiedig â newid diwylliannol: mae llawer o fwydydd nad oedd yn arfer cael eu mewnforio i'r DU yn y gorffennol yn cyrraedd yn rheolaidd erbyn hyn, ac mae deietau Prydeinig wedi newid yn fawr dros amser o ganlyniad i hynny.
Arian	Mae llifoedd buddsoddiad yn bwysig ar gyfer datblygiad economaidd – mae China yn enghraifft amlwg o wlad lle mae datblygiad cyflym iawn wedi digwydd oherwydd buddsoddiad cynhyrchiol gan gwmnïau tramor fel Apple. Mae rhai pobl yn gweld symudiadau i greu cyfoeth fel rhan o broses ddatblygu ehangach all arwain at fwy o ddemocratiaeth.
Ymfudwyr	Mae ymfudwyr yn trosglwyddo arian yn ôl gartref sy'n gallu helpu datblygiad y cenhedloedd y maen nhw'n dod ohonynt yn wreiddiol. Er enghraifft, mae UDA$10 biliwn yn dychwelyd i México yn flynyddol. Mae ymfudwyr hefyd yn dod â newidiadau diwylliannol gyda nhw – mae mudo i'r DU o Asia a'r Caribî wedi dod â llawer o newidiadau diwylliannol i'r DU, gan gynnwys cerddoriaeth a bwyd.
Syniadau	Mae ymfudwyr yn gallu dod â syniadau newydd gyda nhw neu ddychwelyd adref gyda syniadau newydd. Dros filoedd o flynyddoedd, mae mudo wedi arwain at ledaenu a chymysgu syniadau, ieithoedd a chrefyddau gwahanol.

3. Gellir priodoli'r broses sy'n lleihau'r byd i dechnoleg cludiant a hefyd y rhyngrwyd a'r cyfryngau byd-eang. Gallech archwilio themâu fel y modd y mae cludiant cyflymach fel awyrennau wedi'i gwneud yn haws a chyflymach i fudo mewn cymhariaeth â theithio ar longau stêm ganrif yn ôl. Thema arall yw'r ffordd y mae rhwydweithiau cymdeithasol ac apiau yn galluogi darpar ymfudwyr i ganfod gwybodaeth am leoedd pell i ffwrdd. Gall hyn beri i fwy o bobl fod eisiau mynd ar daith. Er mwyn gwneud asesiad ynghylch pa dechnoleg sydd wedi cael yr effaith fwyaf, meddyliwch am wahanol raddfeydd amser a graddfeydd gofodol. Mae mudo wedi bod yn digwydd ers miloedd o flynyddoedd, tra bod y rhyngrwyd ond wedi bodoli am rai degawdau. Gallai felly fod yn ddoeth dod i gasgliad bod llongau stêm yn y bedwaredd ganrif ar bymtheg a'r ugeinfed ganrif wedi cael yr effaith fwyaf o ystyried faint o bobl a deithiodd yn wreiddiol o Ewrop i UDA neu Ganada. Roedd mudo o'r Caribî i'r DU yn yr 1950au hefyd yn ddibynnol ar longau.

4. Bydd eich ateb yn dibynnu ar leoliad eich ysgol. Mae'n bosibl y bydd myfyrwyr yn rhai o ysgolion Bwrdeistrefi Llundain yn gallu dweud bod mwyafrif eu ffrindiau yn perthyn i gymuned ddiaspora Asiaidd, Ewropeaidd neu Garibïaidd. Mae llawer o bobl enwog yn perthyn i gymuned ddiaspora. Mae'r canlynol yn fannau da i chwilio am dystiolaeth: timau pêl-droed yr uwchgynghrair; cast cyfres opera sebon Eastenders; a grwpiau/unigolion enwog ym myd cerddoriaeth yng ngwobrau MOBO (cerddoriaeth Ddu Brydeinig).

Profi gwybodaeth atebion

5 Gweler y tabl isod am awgrymiadau. Gall persbectifau wahaniaethu ynghylch beth yw'r meini prawf pwysicaf dros sicrhau statws fel pŵer mawr. Gallai un safbwynt ddadlau mai pŵer economaidd sydd bwysicaf; heb bŵer o'r fath, mae'n bosibl mai ychydig iawn o arian fyddai ar gael ar gyfer gwariant milwrol neu i gynnal cyfryngau sy'n gallu cyfleu pŵer meddal gwlad.

Nigeria	Pŵer rhanbarthol pwysig oherwydd statws Lagos fel canolfan economaidd; mwynhau ychydig o amlygrwydd byd-eang drwy ddiwydiant ffilm 'Nollywood'; gwlad bwysig o ran olew yn fyd-eang
De Affrica	Pŵer rhanbarthol pwysig oherwydd cryfder ei heconomi; mwynhau ychydig o amlygrwydd byd-eang drwy ei chwaraeon a'i diwylliant
India	Pŵer byd-eang lled-ddatblygedig oherwydd maint ei phoblogaeth (1.3 biliwn) a chryfder yr economi, gan gynnwys cwmnïau amlwladol (Tata); cael llawer o amlygrwydd diwylliannol byd-eang (Bollywood, cerddoriaeth a bwyd Indiaidd)
Rwsia	Pŵer mawr milwrol byd-eang a phŵer rhanbarthol cryf (yn bennaf dros ddwyrain Ewrop wrth reoli cyflenwadau nwy); dylanwadau diwylliannol cryf (e.e. Bolshoi)
Brasil	Economi ymhlith economi mwyaf y byd, a phŵer rhanbarthol mawr; mwynhau amlygrwydd diwylliannol byd-eang drwy ddiwylliant, cerddoriaeth a chwaraeon
Japan	Pŵer mawr economaidd byd-eang pwysig a phŵer rhanbarthol pwysig gyda llynges sylweddol; dylanwad diwylliannol a thechnolegol byd-eang, e.e. Pokémon a Sony
Saudi Arabia	Dylanwad economaidd mawr oherwydd ei rôl arweiniol o fewn cartél olew OPEC

6 Un ddadl bosibl yw bod pwerau mawr yn dibynnu ar arloesedd a thechnoleg i sicrhau bod eu heconomïau yn symud yn eu blaen. Felly mae'n bwysig denu arbenigwyr technolegol hynod o fedrus fel ffisegwyr neu raglenwyr cyfrifiadur. Manteisiodd UDA yn fawr iawn o groesawu llawer o'r gwyddonwyr a oedd wedi gorfod ffoi o Ewrop yn yr 1930au a'r 1940au, er enghraifft Albert Einstein. Neu gallwn ystyried pa mor hanfodol oedd llafur ymfudol i Brydain Oes Fictoria: er enghraifft, daeth nifer fawr iawn o weithwyr Gwyddelig i helpu adeiladu system trenau tanddaearol Llundain. Yn fwy diweddar, mae llawer o bwerau newydd y Dwyrain Canol fel Qatar a'r Emiradau Arabaidd Unedig wedi dod yn ddibynnol ar ymfudwyr Indiaidd yn y diwydiannau adeiladu. Fodd bynnag, mae Japan yn rhyw fath o anomaledd. Dyma bedwerydd economi mwyaf y byd ond eto prin iawn yw'r ymfudwyr parhaol sydd yno.

7 Dyma gyfle i chi feddwl ac ysgrifennu'n feirniadol am gysyniad daearyddol allweddol cyd-ddibyniaeth. Yn y ddwy enghraifft a ddangosir, mae gan y gwledydd sy'n croesawu CMC llawer uwch y pen na'r gwledydd y mae'r ymfudwyr wedi eu gadael. Mae'r gwledydd sy'n croesawu yn manteisio ar lafur miliynau o bobl, a llawer o'r rheiny yn gweithio oriau hir am gyflog isel. Gallai absenoldeb cymaint o weithwyr ifanc a brwd o India a'r Pilipinas olygu bod y ddwy wlad wedi colli adnoddau dynol gwerthfawr. Mae'n amheus i ba raddau y mae'r llifoedd arian a drosglwyddir yn ôl gartref yn gwneud iawn am hyn. Fodd bynnag, mae llawer o economegwyr yn credu nad yw'r llifoedd arian a drosglwyddir yn ôl gartref bob amser yn gwneud iawn am yr holl weithwyr ifanc a gollwyd o gofio bod eu mamwlad wedi eu hyfforddi a'u haddysgu.

8 Bydd eich ateb wrth gwrs yn dibynnu ar ble rydych yn byw. Mae nifer o ddinasoedd a rhanbarthau lle mae llawer iawn o bobl nad ydyn nhw wedi'u geni yn y DU yn byw, yn dangos agweddau positif tuag at fewnfudo. Efallai mai'r rheswm am hyn yw bod llawer iawn o'r sawl a ymatebodd i'r holiadur yn ymfudwyr eu hunain! Mae hefyd yn ffaith bod llawer o aelodau'r cymunedau hyn ac anwyd yn y DU wedi mynychu ysgolion amlddiwylliannol ac aml-ffydd ac yn credu'n ddidwyll ar sail eu profiadau eu hunain bod mewnfudo wedi cyfoethogi bywyd diwylliannol. Pethau eraill i'w hystyried yw safbwyntiau pobl sy'n byw yn agos i ardaloedd lle mae cryn dipyn o ymfudo wedi digwydd, ond sydd heb brofi hynny'n bersonol. Byddwch yn ofalus wrth ateb y cwestiwn hwn: mae'r ffocws ar agweddau at fywyd diwylliannol, nid economaidd. Felly nid yw ymatebion pobl wedi'u heffeithio gan broblemau ynghylch nifer y swyddi sydd ar gael.

9 Mae'r enghreifftiau a ddefnyddir yn y testun yn cyfrannu'n helaeth at ddangos y ffactorau cysylltiedig sy'n effeithio ar fudo. Mae'n werth nodi bod llawer o ddadansoddwyr o'r farn bod newid yn yr hinsawdd o bosibl wedi gwaethygu sychder a symudiadau poblogaeth mewn gwladwriaethau a rhanbarthau sy'n dioddef gwrthdaro ar hyn o bryd, fel Syria a Sudan. Mae achosion o gipio tir yn gallu achosi i ffermwyr bugeiliol orfod symud tuag at ardaloedd o dir ymylol sydd wedi'u heffeithio gan sychder. Yn aml, bydd grwpiau mudol yn canfod eu hunain yn cystadlu gyda ffermwyr sefydledig am yr un adnoddau tir. Felly, mae'r ffactorau achosol gwahanol yn aml yn gydgysylltiedig yn rhai o wledydd a rhanbarthau tlotaf y byd.

10 Mae'r enghreifftiau a ddefnyddir yn y testun yn dangos bod perchnogaeth ar ynysoedd yn strategaeth geowleidyddol bwysig i wledydd sy'n dymuno ymestyn yr ardal o ddŵr y gallant hawlio hawliau tiriogaethol drosti. Mae enghreifftiau yn cynnwys hawl y DU dros Ynysoedd y Falkland, ac ymdrechion China i hawlio perchnogaeth dros ynysoedd ym Môr De China. Mae ynys fach yn gallu cynhyrchu ardal economaidd unigryw mawr crwn gyda diamedr o 400 km. Os yw'n hysbys bod y dyfroedd hyn yn cynnwys adnoddau biotig sylweddol, a bod gwely'r môr yn ffynhonnell adnoddau anfiotig pwysig, yna mae'n hawdd gweld pam bod hawlio perchnogaeth dros diriogaethau ynys yn dod mor bwysig.

11 Gan ddefnyddio'r ffigur, gellir gwneud amcangyfrif bras i nodi nad yw tri chwarter o lifoedd masnach mewn-ranbarthol sy'n cysylltu rhanbarthau'r byd yn gysylltiedig gan dir. Mae'r unig lifoedd sylweddol sy'n digwydd dros dir yn ôl y diagram rhwng Asia a gorllewin Ewrop, a rhwng dwyrain Ewrop a gorllewin Ewrop. Mae'n bosibl nad yw rhai o'r llifoedd yn digwydd fel yr hed y frân (dyna sut mae'r diagram yn portreadu'r llifoedd). Felly dylem drin unrhyw amcangyfrif a wneir o'r diagram hwn yn ofalus. Mae'n ymddangos bod y llifoedd mwyaf dros gefnforoedd – os yn wir mai dyna ydynt – yn digwydd rhwng Asia a Gogledd America, a gorllewin Ewrop a Gogledd America. Mae hyn yn adlewyrchu'r ffaith bod marchnadoedd defnyddwyr mwyaf y byd i'w cael yng ngwledydd datblygedig Gogledd America a gorllewin Ewrop, a hefyd yn Japan. Mae'n ddiddorol gweld bod China yn farchnad bwysig yn ogystal â man cynhyrchu.

12 Mae Ffigur 29 yn dangos y twf enfawr yn symudiadau llongau amlwytho rhwng 2000 a 2014. Mae'r nifer wedi codi o 200 i tua 800 o symudiadau llongau amlwytho. Mae hyn yn awgrymu bod llifoedd masnach wedi cynyddu pedair gwaith (er na allwn fod yn siŵr bod yr holl gynwysyddion yn hollol lawn). Bu dirywiad yn nifer y symudiadau am gyfnod byr rhwng 2008 a 2009. Yr argyfwng ariannol byd-eang a achosodd i'r DU a gwledydd eraill fynd i ddirwasgiad am gyfnod byr oedd yn gyfrifol am hyn; roedd llai o alw am nwyddau ymhlith y boblogaeth yn ei chyfanrwydd. Ers 2010, mae'r ffigurau wedi adfer ond fel y gwelwch, mae twf yn arafach nag yr oedd yn y cyfnod cyn yr argyfwng.

13 Mae categorïau gwahanol o risg yn cynnwys bygythiadau geowleidyddol fel gwrthdaro a therfysgaeth, neu symudiadau gan filwyr. Gallai cwmnïau mawr fod eisiau osgoi ardaloedd lle gallai eu gweithredoedd neu eu cynhyrchion ddioddef ymosodiad neu ladrad, neu lle gallai eu staff gael eu herwgipio a'u dal yn wystlon. Perygl arall yw'r perygl moesol sy'n gysylltiedig gydag ecsbloetio gweithwyr a safonau iechyd a diogelwch gwael yn y gweithle. Penderfynodd rhai cwmnïau roi'r gorau i ddefnyddio Bangladesh fel man ar gyfer cynhyrchu eu nwyddau ar ôl achos enwog pan fu farw llawer o weithwyr ar ôl i ffatri ddymchwel. Mae Apple nawr yn edrych yn ofalus ar ei gadwyn gyflenwi am dystiolaeth o ecsbloetio gweithwyr oherwydd gallai hynny niweidio enw da'r cwmni. Yn olaf, mae peryglon naturiol yn parhau i fod yn ystyriaeth bwysig. Mae *tsunami* Japan 2011 yn enghraifft dda o sut y daeth nifer o gwmnïau i sylweddoli pa mor fregus oedd eu cadwyni cyflenwi.

14 Mae astudiaeth tectoneg platiau yn cyflwyno'r syniad i fyfyrwyr bod dau fath o gramen: cramen gyfandirol a chramen gefnforol. Yn nhermau daearegol, mae'r sgafell gyfandirol yn rhan o'r gramen gyfandirol a gall ymestyn gryn bellter y tu hwnt i ymylon arfordirol gwlad. Gan fod y sgafell gyfandirol yn ddaearegol yn rhan o'r màs tir sy'n ffurfio gwlad, mae achos cryf dros sicrhau ei fod yn cael ei gydnabod yn gyfreithlon fel rhan o'r wladwriaeth honno. Cydnabyddir yr hawl honno dan Gonfensiwn y Cenhedloedd Unedig ar Gyfraith y Môr.

15 Mae tensiynau a gwrthdaro geowleidyddol yn codi'n gyntaf oherwydd y modd y mae morlinau gwahanol wledydd yn aml yn rhedeg yn agos at ei gilydd. Ceir enghraifft dda o hyn ym Môr De China, lle mae rhannau o Dde China yn gorwedd yn agos at forlin Fiet Nam. O ganlyniad, mae'r ardal o ddŵr sy'n ymestyn 200 morfilltir o bob gwlad yn gorgyffwrdd. Mae angen cyflafareddiad (*arbitration*) er mwyn penderfynu ble yn union y lleolir y ffin. Mae ymgais China i hawlio Ynysoedd Spratly wedi arwain at wrthdaro ynghylch rhannau eraill o'r cefnfor y mae'r Pilipinas yn eu hawlio fel eu dyfroedd tiriogaethol nhw. Mae daearyddiaeth wedi arwain at y potensial ar gyfer tensiwn dros hawliau tiriogaethol; ond mae twf poblogaeth a chyfoeth wedi gwaethygu'r sefyllfa ymhellach. Mae anghenion gwladwriaethau fel China a'r Pilipinas o ran adnoddau wedi cynyddu'n fawr yn y degawdau diwethaf. Mae hyn wedi arwain at densiwn cynyddol ynghylch perchnogaeth ar adnoddau'r cefnforoedd.

16 Mae'r ffaith bod Japan, Norwy ac Ynysoedd Faroe yn eithriadau yn datgelu gwendid yn y ddadl y gall llywodraethiant byd-eang arwain at fabwysiadu normau cyffredinol yn llwyddiannus. Mae yna bron i 200 o wladwriaethau, a phob un gyda'i diwylliant neu ddiwylliannau unigryw (mae rhai gwladwriaethau yn cynnwys nifer o wledydd, e.e. y DU). Mae'n gallu bod yn anodd llunio deddfau a chytundebau cyffredinol oherwydd amrywiaeth o safbwyntiau a phersbectifau cenedlaethol gwahanol. I'r gwledydd y cyfeiriwyd atynt, mae morfila yn parhau i fod yn rhan bwysig o'u diwylliant er bod y mwyafrif o wledydd bellach yn gwrthwynebu'r arfer. Mae llawer o enghreifftiau eraill lle mae cytundebau byd-eang wedi methu sicrhau consensws. Ni lofnododd pob gwlad Gytundeb Paris ar newid hinsawdd. Mae anawsterau wedi codi hefyd pan mae'r Cenhedloedd

Profi gwybodaeth atebion

Unedig wedi ceisio gosod sancsiynau neu ganiatáu gweithredu milwrol yn erbyn gwledydd sydd wedi torri deddfau rhyngwladol. Yn aml, bydd gwledydd eraill yn cefnogi'r wladwriaeth sydd wedi torri'r deddfau a hynny am resymau gwleidyddol eraill.

17 Yn y blynyddoedd diwethaf, mae mwy nag 1 biliwn o bobl sy'n byw mewn economïau lled-ddatblygedig wedi dianc rhag tlodi. Yn China, India, Indonesia a'r Pilipinas, rhagwelir y bydd 1 biliwn pellach o bobl yn sicrhau statws dosbarth canol erbyn 2025. Mae cyfoeth cynyddol ar raddfa o'r fath wrth reswm yn rhoi pwysau mawr ar adnoddau'r byd, gan gynnwys ecosystemau morol. Deiet lysieuol yn bennaf sydd gan ffermwyr ymgynhaliol, ond wrth i gymdeithas esgyn yr ysgol incwm, mae mwy a mwy o bobl yn mabwysiadu deiet sy'n cynnwys llawer o gig a chynnyrch llaeth. Felly daw'n anoddach o flwyddyn i flwyddyn i reoli stociau pysgod yn gynaliadwy a rhwystro gorbysgota.

18 Mae'r tri ffactor yn chwarae rôl bwysig yn y broses o greu ardaloedd o sbwriel. Mae crynodiad gwastraff mewn rhannau mawr o'r cefnforoedd yn ganlyniad i gylchgerhyntau: mae ganddyn nhw symudiad cylchol sy'n crynhoi deunyddiau mewn rhannau penodol o'r cefnforoedd. Fodd bynnag, rhaid cydnabod mai ffactorau dynol sydd i gyfrif am y ffaith bod llawer iawn o wastraff plastig yn llifo i gefnforoedd y Ddaear.

Y system economaidd fyd-eang yw'r ffactor pwysicaf; mae'r system hon wedi arwain at ddefnydd helaeth iawn o blastig mewn nifer cynyddol o genhedloedd incwm canol ac uchel. Mae darbodion maint a systemau cynhyrchu effeithlon yn golygu bod plastig yn sylwedd rhad, tafladwy. Mae llywodraethau yn wynebu sialens fawr: mae logisteg casglu, crynhoi ac ailgylchu plastig yn enfawr. Er y gallai llywodraethau ymhobman wneud mwy i reoli gwastraff plastig, mae'r ffaith fod mwy a mwy yn cael ei ddefnyddio'n barhaus yn golygu bod hon yn sialens anodd ei threchu.

19 Mae'r sialens mor fawr fel bod yn rhaid cael cydweithrediad ystod o wahanol randdeiliaid/cyfranogwyr os am fynd i'r afael â hi. Mae dwy broblem wahanol yn bodoli: yn gyntaf, mae angen i ni leihau llif y plastig newydd i'r cefnforoedd, ac yn ail, mae angen i ni gymryd mesurau i symud a gwaredu'r storfeydd mawr o blastig sydd eisoes yn y cefnforoedd; ni fydd y storfeydd hyn yn diflannu'n fuan oherwydd natur anfioddiraddadwy plastig. Felly mae angen i rai gweithredoedd ganolbwyntio ar gasglu gwastraff yn lleol a mesurau sy'n annog ailgylchu neu leihau'r defnydd o blastig tafladwy. Gallai'r camau hyn fod yn fwy effeithiol os yw deddfau llywodraethol ar lefel cenedlaethol neu ryng-genedlaethol yn eu hategu. Ar yr un pryd, mae angen gweithredoedd eraill i lanhau'r llanast sydd eisoes ar fod.

Atebion tasgau hunan-astudio

1. De Asia, 1.4 miliwn; Dwyrain Asia, 0.8 miliwn; De-ddwyrain Asia, 0.6 miliwn

2. Mae gwerth y pwyntiau lleiaf tua 5% neu lai. Mae'r gwerthoedd uchaf i'w gweld yn rhai o Fwrdeistrefi Llundain gydag uchafswm o 50%. Felly 45% yw'r amrediad. Cyfrifir hyn trwy dynnu'r gwerth lleiaf o'r gwerth mwyaf yn y set ddata.

3. Mae Gweriniaeth Ddemocrataidd Congo yn enghraifft dda. Dangosir bod gan y wlad fawr hon yng Nghanolbarth Affrica gannoedd o ffiniau ethnig. Ymhellach, mae rhai mamwledydd wedi'u rhannu'n ddau fel bod hanner y bobl yn byw yng Ngweriniaeth Ddemocrataidd Congo a'r gweddill yn byw mewn gwladwriaeth gyfagos, fel Uganda er enghraifft. Mae nifer o sialensiau yn codi. Yr un amlycaf yw'r sialens wleidyddol sy'n datblygu pan fydd grŵp o bobl sydd wedi'u rhannu eisiau ail-uno o fewn un wladwriaeth fodern gyda'u sofraniaeth eu hunain; sialens arall yw'r nifer o amrywiaethau ethnig y mae rhai gwladwriaethau yn eu hwynebu yn nhermau nifer y gwahanol ieithoedd a siaredir a'r gwahanol grefyddau. Mae hyn yn creu sialens wrth geisio sefydlu gwladwriaeth a sicrhau cydlyniad cymunedol.

4. Mae Ffigur 19 yn dangos bod y nifer mwyaf o ffoaduriaid i'w canfod yn y gwladwriaethau sy'n ffinio gyda Syria. Gwlad Iorddonen, Libanus a Thwrci yw'r gwledydd hynny. Mae'r nifer uchaf yn Nhwrci – 2,503,550. Mae nifer y ffoaduriaid yn is ymhellach i ffwrdd, er enghraifft yn Libya, Sbaen a'r Swistir. Mae Sweden yn ymddangos yn anomaledd. Er bod y wlad ymhellach i ffwrdd o Syria na bron unrhyw wladwriaeth arall, mae Sweden wedi derbyn 102,870 o geisiadau am loches.

5. Mae cryn dipyn o amrywiad. Mae'r Almaen wedi derbyn mwy na dwyweith nifer y ceisiadau nag unrhyw wladwriaeth Ewropeaidd arall. Mae UDA hefyd wedi derbyn nifer uchel – 121,160. Er bod yr Almaen ac UDA wedi derbyn nifer uchel o geisiadau, maen nhw ond wedi derbyn 42% a 30%, yn y drefn honno. Mae'r ganran derbyn uchaf yn Sweden, lle mae 77% o'r 75,090 person a wnaeth gais wedi bod yn llwyddiannus. Mae yna hefyd amrywiad mawr yn y rhanbarthau sy'n darddleoedd yn nhermau'r ceisiadau am loches a wnaed ymhob gwlad. Mae gwledydd Ewropeaidd wedi derbyn nifer mawr o geiswyr o Syria a Serbia, tra bod UDA yn derbyn ceisiadau o México a China. O fewn Ewrop, mae'r patrwm yn amrywio. Daw hanner o geisiadau Hwngari o Serbia, tra bod 40% o geisiadau Sweden yn dod o Syria. Yn olaf, mae'r ffordd mae ceiswyr lloches yn cael eu trin yn amrywio o wlad i wlad. Mae'n rhaid aros hiraf ym Mhrydain – 12 mis, tra bod Sweden yn caniatáu i bobl weithio'n syth. Yr Almaen sy'n cynnig y budd-daliadau mwyaf hael, a Sweden yn dilyn. Hwngari sy'n cynnig y budd-dal gwladol lleiaf sef €86.00 yn unig. Mae'r amrywiadau hyn yn adlewyrchu daearyddiaeth y gwledydd: mae'n gymharol rwydd cyrraedd gwladwriaethau Ewropeaidd o Syria a Serbia, tra ei bod yn rhwydd cyrraedd UDA o México. Mae rhai gwledydd yn derbyn nifer uchel o geisiadau oherwydd bod ceiswyr lloches yn credu bod croeso iddyn nhw yno. Mae'n bosibl y bydd amrywiadau yn y ffordd y mae ceiswyr lloches yn cael eu trin yn adlewyrchu cyfoeth y wlad, costau byw ac agweddau'r llywodraeth a'r pleidleiswyr sydd wedi'i hethol.

6. Rhwng 2009 a 2010 cynyddodd nifer yr ymosodiadau, a chyrraedd cyfanswm o 688. Ers hynny, mae'r nifer wedi gostwng, er bod y duedd yn anwastad. Cododd y niferoedd ychydig yn 2014 cyn gostwng eto yn 2015 i 306. Yn ystod yr amser hwn, mae'r patrwm wedi amrywio. Yn ystod y tair blynedd gyntaf, Dwyrain Affrica oedd y prif leoliad ar gyfer môr-ladrata. Er enghraifft, roedd 400 allan o bron i 679 ymosodiad yn 2011 ger Dwyrain Affrica. Ers hynny, mae mwy o achosion o fôr-ladrata yn digwydd yn Ne-ddwyrain Asia.

7. Mae'r pum llif masnach mwyaf fel a ganlyn:

Asia i Ogledd America	UDA$600 biliwn
Asia i Orllewin Ewrop	UDA$250 biliwn
Gorllewin Ewrop i Ogledd America	UDA$250 biliwn
Gorllewin Ewrop i Asia	UDA$100 biliwn
Gwladwriaethau'r Gwlff i Asia	UDA$75 biliwn

8. Yr ateb yw 40,000 gigabit yr eiliad. Dyma adnodd cymhleth sydd angen astudiaeth fanwl a gofalus. Peidiwch â rhuthro tasgau dadansoddi data. Mae'n hawdd gwneud gwallau fel cynnwys data llifoedd o fewn Ewrop ei hunan, neu ysgrifennu '40' yn hytrach na '40,000'. Mae'r gwerth yn uchel oherwydd bod hwn yn rhanbarth cyfoethog a bod incymau yn ddigon uchel i bobl fforddio ffonau clyfar, tabledi a gliniaduron. Felly, mae llawer o weithgarwch yn digwydd ar-lein fel rhwydweithio cymdeithasol a siopa ar-lein. Mae llawer iawn o weithgarwch hefyd yn y diwydiannau gwasanaeth a chwaternaidd, gan gynnwys ymchwil gan brifysgolion sy'n rhwydweithio â phrifysgolion eraill mewn rhanbarthau eraill o'r byd.

9. Ar un llaw, mae'r model hwn yn awgrymu y gall effeithiau amgylcheddol gweithgaredd dynol leihau dros amser ar ôl cynyddu i ddechrau. Mae llawer o wledydd wedi gwella eu record amgylcheddol yn fawr yn y blynyddoedd diwethaf ac mae record gref o lywodraethiant byd-eang dan nawdd y Cenhedloedd Unedig sy'n anelu at helpu'r blaned. Felly, mae'n bosibl y gallem yn ystod yr unfed ganrif ar hugain weld lleihad yn y niwed a wneir

Atebion tasgau hunan-astudio

i'r cefnforoedd a'u hecosystemau. Yn ystod yr ugeinfed ganrif, cafwyd camau llwyddiannus i leihau morfila ac mae hyn yn cynnig ychydig o obaith i'r dyfodol. Ar y llaw arall, mae poblogaeth a chyfoeth yn parhau i godi, a hynny'n cynyddu ôl-troed ecolegol dynolryw y tu hwnt i drothwy lle y gall difrod na ellir ei ddadwneud ddigwydd. Mae'n bosibl y bydd yn llawer anoddach symud plastig o'r cefnforoedd ac amddiffyn ystod eang o rywogaethau morol sy'n diflannu nag yr oedd i amddiffyn un math o anifail yn unig, e.e. morfilod.

10 Gellir ateb y cwestiwn hwn mewn sawl ffordd. Am ateb effeithiol, gwiriwch eich bod wedi gwneud y canlynol:
- Cyfeirio at yr holl strategaethau a amlinellwyd ar y tudalennau perthnasol.
- Rhoi sylw i'r gwahaniaeth ystyr rhwng graddfa fawr a graddfa feiddgar. Er enghraifft, roedd y weithred ym Mae Lamlash ar raddfa fach iawn. Pa mor ymarferol fyddai cyflwyno cylchfa dim-dal ar raddfa fwy o lawer a gorfodi hynny'n effeithiol?
- Darparu ateb cytbwys sy'n canmol graddfa rhai strategaethau a gweithgareddau, fel twf dyframaethu, yn ogystal ag adnabod strategaethau llai pwysig.

11 Gweler tt. 101–102 am ateb myfyriwr i'r cwestiwn hwn, gyda sylwadau ategol.

Mynegai

Noder: rhifau mewn **print trwm** yn dynodi termau a ddiffinnir.

A

achosiaeth 8
adborth 8, 20
adborth positif 20
adeiladu ymerodraeth 11
adlifo, mudo 32
adnoddau 27–28, 52–53, 65, 69
adnoddau cefnfor anfiotig 53, 65
adnoddau cefnfor biotig 53
adnoddau dynol 27–28
adnoddau mwynol 65
adnoddau naturiol 28
    cwymp stociau pysgod 75
    defnydd cynaliadwy o 72
    dosbarthiad ac argaeledd 65–66
addasu 8, 86
Affrica 37–38
    G.Dd. Congo, symudiadau trawsffiniol 44–45
    môr-ladrata 55, 56
    tarddle ffoaduriaid 40–41
agorfeydd hydrothermol 65
agweddau
    at fewnfudo 35–36
    at y cefnforoedd 72–73
    gwladwriaethau at loches 43
anghydraddoldeb 8
    a symudiadau mudol 30, 31
ailgylchu 81, 82
Alaska, cloddio am aur 71
Alban, Yr
    ardal dim-dal 77
    poblogaeth ddiaspora 22
allfudo
    ffactorau economaidd 19–21
    pŵer mawr 28
alltraeth, canghennau 46
amaethyddiaeth fecanyddol 46
amcanion asesu (AA) 7, 88–90
amgylcheddau morol 76–78
Amnest Rhyngwladol 43
anfon arian adref 16
ardal dim-dal, Yr Alban 77
ardal wedi'i chyfyngu 66
ardaloedd economaidd arbennig (SEZs) **47**

ardaloedd economaidd unigryw (EEZs) 52
ardaloedd gwledig, gwella 47
ardaloedd marw morol 80
ardaloedd morol gwarchodedig (MPAs) 76
ardaloedd prosesu allforion 47
ardaloedd sbwriel 79, 81
ardaloedd trefol, mudo i 45–50
ardaloedd tu hwnt i awdurdodaeth genedlaethol 71
argyfwng ariannol byd-eang 14
arholiad CBAC 5–6
arian brwnt, llifoedd 60
ariannu torfol **82**
asesiad synoptig 85–90
    cwestiwn enghreifftiol ac ateb 101–103

B

bandiau marcio 7–8
Bariff Mawr Awstralia 84
barn y cyhoedd, mudo 35–36
benthyciadau bach 48
blociau masnach 21
blŵm algaidd 80
Boko Haram, Nigeria 40, 45
Bolivia 70
'Boomy McBoomface' 82
BRIC, gwledydd 57
busnesau amaethyddol 46
bwâu aur, damcaniaeth gwrthdaro'r 33
byd sy'n lleihau 17, 61
    pobl a lleoedd 'heb eu cysylltu' 19
    technolegau 18

C

cadwyn gyflenwi fyd-eang **46**
caethwasiaeth ar y môr 61
caethwasiaeth fodern 61
Camlas Panama 55
canolbarth Affrica 37–38, 44–45
canolfannau byd-eang 27–28
carfannau pwyso 88
ceblau data, tanfor 61–64
Cefnfor Arctig, chwilio am olew 69–70
cenedlaetholdeb **33**
Cenhedloedd Unedig, Y (UN) 51
    FAO 76
    UNCLOS 51, 52–53, 59, 64, 65, 73

UNESCO 51, 83
UNHCR 42, 51
Chile 70
China 24, 25
    ardaloedd economaidd arbennig 47
    cyfoeth a dyheadau cynyddol 74
    diaspora 22
    pŵer morol 54
cipio tir 39
CITES, rheoliadau 53
CMC (cynnyrch mewnwladol crynswth) 14, 57
CMC y pen 20, 25, 70
colli olew 59, 66
Comisiwn Morfila Rhyngwladol (IWC) 72–73
Confensiwn Gwarchod Ceblau dan y Môr 64
confensiynau, byd-eang 51
    cyfyngiadau 81
cromlin amgylcheddol Kuznets 73
cronfeydd nwy ac olew **66**
cwmnïau amlwladol (MNCs) **10,** 46, 47, 63
    risgiau byd-eang i 86
cwotâu pysgota 72, 76
cwrelau, cannu 84
cwymp stociau pysgod 75
cyd-ddibyniaeth 8
    manteision a risgiau 33
    mudo a 31–33
cyfanswm y ddalfa a ganiateir 76
cyflogaeth a mudo gwledig-trefol 46
cyfoeth, effaith ar adnoddau'r byd 74
cyfoeth petroddoler, Qatar 25
cyfranogwyr 87–88
Cyfundrefn Masnach y Byd (WTO) 21
cylchgerhyntau 79
cylchoedd dylanwad 54
Cymanwlad 23
Cymdeithas Cadwraeth Forol (MCS) 75, 81
cymdeithasau defnyddwyr **74**
cymunedau diaspora **21–22**, 33
cynaliadwyedd 9
cynaliadwyedd amgylcheddol 76
cynaliadwyedd cymdeithasol 76
cynaliadwyedd economaidd 76
cynhyrchiant economaidd, gostwng mewn ardaloedd gwledig 47

Mynegai

cynnyrch mewnwladol cryswth (CMC) 14, 57
cynrychioliad 9
cynrychioliad y cyfryngau o leoedd 18
cynwysyddion rhyngfoddol **58**
cysylltedd, ceblau data ar waelod y môr 61–64
cysylltedd byd-eang, risgiau i 64
cysylltiadau rhwng pobl a lleoedd 11
cysyniadau arbenigol 8–9
Cytundeb Preswylio Mercosur 23
Cytundeb Schengen 23, 32, 33
cytundebau cynaliadwyedd 53
cywasgiad amser a lle 17, 19

Ch
chwilio am olew, Cefnfor Arctig 69–70

D
dadleoli mewnol, pobl 36, 40
damcaniaeth gwrthdaro'r bwâu aur 33
datblygiad cynaliadwy 76
datblygiadau trafnidiaeth 18
Datganiad Cyffredinol y Cenhedloedd Unedig ar Hawliau Dynol (UDHR) 33–34, 42
De America, cytundeb symudiad rhydd 23
diaspora 'Iwerydd Du' 22
diffeithdiro 39
'dinasyddion byd-eang', ymfudwyr elitaidd 30
diogelwch egni 39, 55, 68
diwydiant llongau
    risg o fôr-ladrad 55–56
    rheoleiddio llifoedd llongau 59
    tagfannau trawsteithiau olew 54–55
    tueddiadau llongau amlwytho 58
dosbarth canol byd-eang **13**
dosbarth canol, twf 13, 74
draen doniau 15, 16, 30
dull rheoli cadwraeth 72
Dwyrain Canol, Y
    argyfwng ffoaduriaid 40–41
    gwrthdaro 38–39
    pwerau mawr rhanbarthol 25
    tagfannau olew 55
dyfroedd arfordirol 65
dyfroedd môr dwfn 65

E
economïau lled-ddatblygedig (EEs) **13**, 20, 48, 57
    cyfoeth yn cynyddu 74
ecosystemau morol
    gorecsbloetio 75
    rheolaeth gynaliadwy o 76–78
ecwilibriwm 8
EEZs *gweler* ardaloedd economaidd unigryw
effaith diferu i lawr 32
egwyddor dim dychwelyd i wlad beryglus 42
Eidal, Yr, ceisiadau am loches 41
eiddo cyffredin byd-eang **71**
El Niño, system dywydd **84**
elit rhyngwladol 30
Ewrop fel rhwydwaith 12
ewtroffigedd 80

F
Fish Fight, ymgyrch 77

Ff
ffactorau atynnu, mudo i ardaloedd trefol 46–47
ffactorau gwthio, mudo 19–21
    ardaloedd gwledig 46
ffermio pysgod 77
ffoaduriaid 15
    hawliau 42
    symudiadau 26, 36–45
ffonau symudol 18
    yn Affrica wledig 47–48

G
G20 grŵp o wledydd 51, 52
G77 grŵp o wledydd sy'n datblygu 52
G8 grŵp o wledydd 51, 52
globaleiddio 8, 10–12
    cymdeithasol 11, 62
    diwylliannol 11, 62
    economaidd 11, 62
    gwleidyddol 11, 62
gorbysgota **75**, 77
gorecsbloetio 72, 75
gorgynhyrchu 20–21
graddfeydd daearyddol 9
    safbwyntiau sy'n gwrthdaro am fudo 35–36
Groeg, ceisiadau am loches 41
Grŵp o wyth (G8) 51
grwpiau brodorol
    dadleoli 39
    mewn ardaloedd arfordirol 71
grwpiau-G, llywodraethiant byd-eang 51–52
gwastraff morol, rheoli 80–82
gwastraff plastig
    confensiynau byd-eang 81
    cyfyngiadau strategaethau 82
    gwahardd bagiau plastig 81
    tasg hunan-astudio 89–90, 101–103
    ymgyrchoedd codi ymwybyddiaethau 82
Gweriniaeth Ddemocrataidd Congo 21, 44
gwladwriaethau trawstaith 70
gwledydd datblygedig incwm uchel 20
gwledydd heb forlinau 70
gweledydd sy'n datblygu incwm isel 20
gwrthdaro 33, 36, 38–39, 66–69, 86
gwrthdaro geowleidyddol 66–70
gwytnwch 9, 87

H
hawl llongau i hwylio'n ddiogel 59
hawliau ffoaduriaid 42
hunaniaeth 8
    diwylliannol 34
    trawsffiniol 44

I
India
    ardaloedd prosesu allforion 47
    datblygu ardaloedd gwledig 47
    diaspora 22
    draen doniau 30
    poblogaeth sy'n heneiddio 47
    trosglwyddo arian gartref gan weithwyr EAU 32
    twf megaddinasoedd 49
    ymfudwyr o 26, 27

K
Karachi, Pakistan 49
Kenya, gwasanaeth M-Pesa 47, 48
Kuznets, cromlin 73

Mynegai

Ll
lle 9
   cynrychioliad y cyfryngau a phenderfyniadau mudo 18
llifoedd anghyfreithlon ar draws cefnforoedd 60–61
llifoedd ariannol 13
llifoedd byd-eang 12–14
llifoedd gwybodaeth 61–64
llifoedd mudo 13
llifoedd nwyddau 56–57
llifoedd troseddu cyfundrefnol rhyngwladol 60–61
llinellau pysgota hirach 72
lliniariad 8, 86
lloches **40**
llongau, chwalu 58
llongau, diwydiant *gweler* diwydiant llongau
llongau ffatri 72
llygredd trawsffiniol, digwyddiadau 59
llygredd y cefnforoedd 78–82
llywodraethiant byd-eang 50
llywodraethiant, gwledydd sy'n datblygu 21
llywodraethiant y cefnforoedd 50–84

M
Makoko, Lagos 49
mannau poeth bioamrywiaeth 83
marchnadoedd, mynediad gwael i 21
marchnadoedd troseddol 60–61
masnachu pobl 60, 61
materion Cefnfor Arctig 69–70
megaddinasoedd 48
mewnfudo
   a phrinder llafur 25–26
   agwedd Japan tuag at 26
   Awstralia ac UDA yn cael budd 27
   mudiadau gwrth-fewnfudo 34–35
   safbwyntiau sy'n gwrthdaro 35–36
microbelenni 79, 81
milisia **40**
model neo-ryddfrydol, mudo 32
morfila 72–73
Môr De China 67–68
môr-ladrata 55–56
M-Pesa 47, 48
mudiadau gwrth-fewnfudo 34–35

mudo 14–50
   a chyd-ddibyniaeth 31–33
   ac anghyfartaleddau economaidd 29–31
   achosion mudo gorfodol 36–39
   achosion mudo rhyngwladol 19–23
   argyfwng ffoaduriaid 42–43
   byd sy'n lleihau 17–19
   canlyniadau mudo gorfodol 40–42
   diffyg rhai gwledydd i rwystro 44–45
   gwledig-trefol 45–50
   llifoedd 14–16
   manteision i bwerau mawr 25–28
   polisïau 33–36
mudo economaidd 19–20
mudo gorfodol
   achosion 36–39
   effeithiau 40–42
mudo gwirfoddol 15, 26
mudo gwledig-trefol 45–50
mudo mewngyrchol 48
mudo mewn-ranbarthol 16
mudo ôl-drefedigaethol 23
mudo rhyng-ranbarthol 16
Mumbai, India 49

N
NATO 51
newid hinsawdd 39
nodau datblygu cynaliadwy (SDGs) 53
normau **71**
nwy ac olew, cronfeydd **66**
nwyddau, masnach fyd-eang mewn 56–57

O
Ocean Cleanup 82
olew a nwy, cronfeydd **66**
ôl-troed ecolegol **74**

P
Panama, Camlas 55
patrymau a rhwydweithiau masnach 56–57
patrymau masnach byd-eang 56–57
persbectifau 87
   dyddodion gwerthfawr 65
personau heb wladwriaeth 42

peryglon 86
   effeithio ceblau data ar waelod y môr 64
Plastic Bag (ffilm) 82
pobl a lleoedd 'heb eu cysylltu' 19
pobl yn symud am resymau economaidd 14
pobl wedi'u dadleoli'n fewnol 36, 40
poblogaeth sy'n heneiddio 26, 47
prinder llafur 25–26
prisiau nwyddau 20–21
problem llygredd plastig 78–80
problemau anfad **81**
problemau gwledig 47–48
problemau trefol 48–49
pŵer 9, 87
pŵer caled **24**
pŵer craff 24
pŵer meddal **24**
pŵer morol 54
pwerau mawr 24–28
   allfudo 28
   byd-eang 24–25
   canolfannau byd-eang 27–28
   manteision mudo 25–27
   morol 54
   rhanbarthol 25
   tensiynau 67–70
pwerau morol **51**
pysgod, cwymp stociau 75
pysgota 'sgil-ddalfa', 76

Q
Qatar 25

R
risg/risgiau 9, 86

Rh
rheilffyrdd cyflym 18
rheoli drwy warchodaeth 72
Rhestr Treftadaeth y Byd, safleoedd morol 81–83
rhwydweithiau byd-eang 12
rhwystr sy'n ymyrryd **17**
rhyngrwyd 18
rhywogaethau goresgynnol 75
rhywogaethau mewn perygl 74

Mynegai

S
safleoedd treftadaeth forol 83
Saudi Arabia, gweithwyr Filipino 32
Schengen, Cytundeb 23, 32, 33
sector dyframaethu 77, 78
sector gwaith anffurfiol 46
sefydliadau anllywodraethol (NGOs) 40
    cefnogi hawliau ffoaduriaid 43
    delio â gwastraff o'r cefnforoedd 81–82
sefydliadau uwchgenedlaethol, llywodraethiant byd-eang 50–52
SEZs *gweler* ardaloedd economaidd arbennig
sgafell gyfandirol **67**
sgiliau daearyddol 8–9
sialensiau'r 21ain ganrif 85–90
slymiau 49
smyglo 61
sofraniaeth **33**
    o adnoddau'r cefnfor 65–71
Somalia, môr-ladron 55
strategaethau tai, ardaloedd trefol 49
strategaethau tai trefol o'r gwaelod i fyny 49
strategaethau twf trefol o'r top i lawr 49
sychder, symudiadau ffoaduriaid 39
symud gweithrediadau **58**
symudiad cyflogaeth byd-eang 46
symudiadau ffoaduriaid 26, 36–45
symudiadau trawsffiniol 44–45
Syria, argyfwng 39
Syria, ffoaduriaid o 38, 41, 43
systemau 9, 75

T
tagfannau trawsteithiau olew 54–55
tai anffurfiol 48
tanwydd ffosil, cronfeydd 66
technoleg gyfathrebu 18
    hygyrchedd anhafal i 19
technolegau newydd 76
teithiau awyr, fforddiadwyedd 18
tensiynau
    mudo yn achosi 31
    sofraniaeth adnoddau'r cefnforoedd 66–69
terfysgaeth 35, 39
TGCh (technoleg gwybodaeth a chyfathrebu) defnydd a globaleiddio 61–62
    ysgogydd dros fudo 17
tlodi 19–20
tlodi cymharol 20
tlodi eithafol 20
tollau mewnforio 21, 24
trasiedi'r eiddo cyffredin 72
trefedigaethol 24, 26, 37–38, 54
trefoli **14,** 45
trothwy 9
    stociau pysgod 75
tueddiadau llongau amlwytho 58
twf megaddinasoedd 49
twf poblogaeth 74
twf telegyfathrebu 18
twristiaeth 13

Th
theori adnoddau'n gallu bod yn felltith 21

U
UDA 25
    agweddau at ffoaduriaid 43
    manteision mewnfudo 27
    ôl-troed ecolegol 74
    polisïau mudo sy'n ymrannu'r farn gyhoeddus 34–35
    pŵer morol 54
Undeb Affrica 23
Undeb Ewropeaidd (UE) 51
    adleoli ffoaduriaid 43
    gwastraff plastig, rheolau/strategaethau 81, 82
    mudo a chyd-ddibyniaeth 32–33
    Polisi Pysgodfeydd Cyffredin (CFP) 76, 77
    symudiadau ffoaduriaid 40–42
Uwchgynhadledd y Ddaear (1992) 51

Y
Ymerodraeth Brydeinig, Yr 54
ymfudwyr elitaidd 30
ymfudwyr mewnol **14**
ymgyrchoedd/lluoedd cadw heddwch 42